土家族非物质文化遗产传承人口述史·土家织锦

刘代娥口述史

李芳 周鼎 著

学苑出版社

图书在版编目（CIP）数据

刘代娥口述史 / 李芳，周鼎著 . —北京：学苑出版社，2019.11
ISBN 978-7-5077-5857-3

Ⅰ.①刘… Ⅱ.①李… ②周… Ⅲ.①土家族—民族文化—非物质文化遗产—研究—龙山县 Ⅳ.① K287.3

中国版本图书馆 CIP 数据核字（2019）第 247628 号

责任编辑：洪文雄
出版发行：学苑出版社
社　　址：北京市丰台区南方庄 2 号院 1 号楼
邮政编码：100079
网　　址：www.book001.com
电子信箱：xueyuanpress@163.com
联系电话：010-67601101（营销部）、010-67603091（总编室）
经　　销：全国新华书店
印 刷 厂：河北赛文印刷有限公司
开本尺寸：889×1194　1/16
印　　张：29
字　　数：500 千字
版　　次：2019 年 11 月第 1 版
印　　次：2020 年 6 月第 1 次印刷
定　　价：800.00 元

本书编委会

策　划：刘冬生　时荣芬

顾　问：邱运华　李　松　彭官章　杨盛龙
　　　　　龙颂江　彭司礼　张小军　潘守永

主　任：蔡　龙　田大治

主　编：洪文雄　向邦平

副主编：李　芳　许雪莲

编　委（按姓氏笔画排序）：

　　　　　王　旎　龙　璞　田　明　田禹顺　田隆信　刘能朴
　　　　　祁进玉　李开奇　吴文化　吴新苗　张登赤　周东征
　　　　　周　鼎　赵书峰　洪文斌　黄金东　彭成刚　彭光忠
　　　　　彭英子　谭必友　颜碧君　魏福生

总 序

将大众富有创造性的文化艺术生活实践和感受置于文化的记忆当中，是人类文化遗产概念不断深化和扩大的结果，有赖于文化遗产概念的不断普及，在国际、国家、家乡乃至个人的不同语境中，文化秩序和民众生活可以成为一个共同的议题。《土家族非物质文化遗产传承人口述史》丛书应运而生，作为入选人类非物质文化遗产代表作名录项目数量居世界首位的中国，全社会对中国非物质文化遗产的挖掘、保护、利用和创新，给与了前所未有的关注度和极大的热情。众所周知，非物质文化遗产的丰富性与遗产地经济发展程度之间，往往形成一种背反的对应关系，使文化保护与与经济发展的话题更容易形成一种二元对立的状态。但在这些传承人的文化叙事中，文化与生活、手艺与生计、发展与亲情却是那样自然平和的表达，也许这恰恰是在生态、语境、结构、机理、机制、方法、路径、内涵、矛盾、博弈、底层结构等等如汗牛充栋般的喧哗中不同凡响的意义所在，本质上，它深刻而又从容地彰显了保护与发展相和谐的可能。

土家族是一个历史悠久的民族，世居在湘、鄂、渝、黔交界地带的武陵山区。在漫长的历史进程中，土家族人创造了灿烂的文化遗产，用本民族的智慧，为中华文明、乃至人类文明积淀了宝贵的财富。其中，土家族的非物质文化遗产是我国非物质遗产大家庭中的重要组成部分，其种类繁多、内涵丰富，最具代表性的项目如土家族摆手舞、梯玛歌、毛古斯、打溜子、咚咚喹、土家织锦技艺、吊脚楼营造技艺、撒叶儿嗬、土家族民歌、哭嫁歌、薅草锣鼓、土家年等，形式多样、生动鲜活，这些文化事项，对研究土家族历史、文化、信仰、生产、生活、民俗等都有十分重要的价值，是了解和研究土家文化的重要窗口。在人类社会现代化进程不断加快的今天，科学技术快速发展以及全球经济一体化的时代已经来临，越来越多的地区和人口被纳入到世界变化的总体格局之中。中华文化延续着我们国家和民族的精神血脉，既需要薪火相传、代代守护，也需要与时俱进、推陈出新。保持人类文化的多样性，是与人类社会的可持续发展紧密相连的。而保护土家族具有独特创造个性和蓬勃生命力的民间文化艺术，是人类文化多样性形态永具不息生命力的重要保证。希望读者能从这套丛书中得到更多的体会。

这套丛书，运用口述史的形式，记录土家族非物质文化遗产传承人的学艺、从艺以及技艺传承的历程，包括他们对家乡的深厚情感、对技艺的深刻思考以及对徒弟们的殷切希望；展现了他们如何守护传统技艺，如何融入新的艺术元素，并收获人们的喜爱。口述史是活态记录非物质文化遗产的一种重要手段，为人们提供了理解和认识土家族文化的鲜活视角，也为了解土家族非遗文化在当下文化传承中的形态和作用提供了颇具意义的参考，是我们准确、全面、深刻地了解大众生活和向民众学习的重要途径。聆听传承人及传承群体的文化故事，是文化研究者田野作业的重要方式，感谢为丛书面市付出劳动的所有个人和机构，使我们有更多的时间和机会享受这些文化持有者有如家常叙事般的表达。相对于都市的繁华，或许这种如甘泉般的清澈和淡定，更能启示我们关于文化保护和生命意义的思考。是以为序。

李松

2019年10月

李松，文化和旅游部民族民间文艺发展中心原主任

序 言

随着社会的转型，中国传统文化和民族文化的保护正在遭遇前所未有的挑战。过度商业化和盲目城镇化正在对地方民族文化产生强烈的冲击，急剧破坏着珍贵的民族文化遗产，导致文化的荒漠化趋向，给民族地区带来了更加深层的文化贫困。随着老人的故去，民族文化开始断裂，乡村民族文化的保持、保育、保护面临着严重的危机。从发展人类学的视角来看，如何让千百万民族文化的拥有者，让那些边远少数民族地区的人民有能力在现代社会中获得充分发展的机会？如何让他们有文化尊严地守住自己心中那片文化沃土？这些问题，不仅是对政府、学者和社会的发问，也是对所有文化承载人的期待——期待他们发出自己的声音，去唤起全社会对民族文化保护的责任感和使命感。

人类的经济全球化和以经济为中轴的发展模式给人类带来了前所未有的困境。文化多样性的保护已经成为一种人类文明的抢救行动。对民族非物质文化遗产的保护正在形成国际化的趋势，引发了联合国教科文组织的关注和推动，也促进了人类发展的应用和人类学等跨学科的研究。在这个意义上，研究少数民族地区乡村文化保持，探索合适的文化保护与发展模式刻不容缓，特别是探索"扶贫、文化遗产保护与人类发展"三位一体的发展模式，具有重要的实践意义。这里，有两个基本的原则，一是"文化遗产不可买卖的原则"。这个原则区分了"文化"及其"文化产品"，即任何民族的非物质文化遗产，本身的"文化"都不允许进行买卖和商业化。就是我们不能把它"文化"简单的当作可以买卖的商品，这是一个很重要的原则。而对于"文化产品"，只能在"文化"得以保护的基础上进行适度的商业化。以土家织锦为例，通过少数民族群体和年轻的艺术家同村寨里的老人共同努力，利用传统方法制造土家织锦图案，可以创造适合现代生活的高端商品，并让当地百姓参与其中，成为最主要的受益者。第二个原则，是"文化遗产天赋权力属于人民"的原则，民族非物质文化遗产是当地人民上千年积累的文化财富，作为群体和个体传承的天赋财产，他们对其非物质文化的遗产拥有天赋的权利，并优先享有与之相关的收益。任何外部机构、企业或者个人都无权以任何方式强行占有其文化遗产。政府在代行文化遗产的管理中，需要通过人类发展的实践行动，促进当地人民成为自己文化的真正主人。

如何在保护民族文化遗产同时，在适度商业化和市场化中发展经济、改善人民生活？这不仅是一个理论的探讨，更是一场行动实践。我们呼吁一种共同尽责，致力于人类发展和文化保护基础上的民族文化保育。我们需要探讨如何在人类发展（human development）理念基础上保护民族文化的活态土壤，避免让文化遗产脱离文化母体和生活源泉，简单成为过度商业化的资本获利工具。

由此，在多方的支持下，诞生了这部《刘代娥口述史》，这是一部关于湘西土家族非物质文化遗产"土家织锦"传承人的口述记录，包含了传承人的心路历程和土家织锦的艺术文化。作者李芳是我的博士研究生，她长期在湘西土家族地区开展深入的田野考察，收集了大量的第一手考察资料，整理记录了许多少数民族地区民间传统技艺的文化脉络和重要细节。她用人类学的田野研究方法，对土家族织锦技艺这一非物质文化遗产进行探讨，尊重文化原创主体，注重探索文化的活态性与原真性，撰写了这部土家织锦民间本土艺人的口述史。这既是非物质文化保护与发展的一次有益的实践，也是她在武陵山区丰饶的酉水河畔接受的一次乡水文化洗礼。

祝愿本书表达的民族文化之"灵"能够成为献给全社会守护民族文化行动的惠礼！

2019 年 10 月

张小军，清华大学社会科学学院社会学系教授、人类学与民族学研究中心主任

前 言

土家织锦与壮锦、黎锦、傣锦合称为中国民族民间四大名锦，是土家民族工艺美术中的一朵奇葩，它有相当高的文化艺术、社会历史、民族民俗、科学参考与传承利用价值，是土家族文化的重要窗口，在国内外有很高的声誉。我第一次真正亲密接触土家织锦是在2016年，被派到湘西土家族苗族自治州龙山县洗车河的一个土家山寨，与当地人同吃、同住生活了十多天，住户家有一床老旧的西兰卡普，看上去古朴大气，让我印象深刻。后来我到捞车村考察，有幸认识了刘代娥老师，在她的土家织锦传习所，看到织女们正在埋头织西兰卡普，我十分激动，为土家织锦的"通经断纬、反面挑织"的独特技艺赞叹不绝。刘代娥老师是土家织锦的原生地捞车河流域的民间艺人，也是土家织锦技艺国家级传承人。作为目前民间最具代表性的传承人，她已经坚持在捞车村织花五十余年。

土家族有自己的语言，没有自己的文字。通过口述史的方法记录民间艺人眼中的土家织锦，是希望以口述史为我们带来关于土家族文化的"真相"。人类学家学习当地文化，形成一套关于社会生活与认识的理解，是将"当地人"的口述史转化为文字史的人。田野工作是对话的过程，是跟"当地人"交流的过程，但被研究者与研究者之间总会存在"时间差"，有人认为口头说的东西，比那些文字写的东西可信，文字写的东西经过太多人为加工，为了把事情"说妥"而抹杀真实；有人认为口头说的东西，比文字写的东西还混乱，其包含的"真实性"等同于无法把握的"混乱时间"。而将刘代娥的口述内容编写成一本具介绍性、资料性和指导性为一体的口述史专著，对我而言是一个极大的挑战。

对于土家织锦的研究，目前大多以介绍性、资料性和工艺性为主。口述史题材鲜有人问津，外来研究者往往因客观条件的限制，来湘西只能"走马观花"，以旁观者的文化立场去观察不同环境中的土家织锦。因此，主观因素较重，不可能从湘西土家族的生态生境中去深思，有的甚至用现代文人的主观意念来揣度土家人的民族心理和审美意趣，套解湘西土家织锦的文化内涵。而我对土家织锦的记录是建立在刘代娥的口述基础上，以一个土生土长的本族人的亲身经历和感受出发，以主体而非客体的文化立场，力求从土家织锦的社会属性、民族文化心理以及工艺文化生态链中去探求土家织锦的核心所在。

就土家织锦而言，真正原生态的地区现在只有湘西的酉水流域，本书从系统收集素材、准备访谈资料，参访记录，整理并撰写口述史文本到定稿前后历经两年时间，做了大量的田野调查，我在捞车河流域走访考察，拜访刘代娥周边的亲朋好友，包括她的大姐刘代玉、三妹刘代英、丈夫向光武及其徒弟和子女，从多视角、多层次完善对刘代娥土家织锦一生的认识。书稿完成后，同龙山县民宗局向邦平局长、少数民族用品协会秘书长李开奇老师等，又沿土家织锦的主要分布区域进行了深入细致地复查，并和刘代娥老师反复沟通，几经易稿，十分波折。尽管还有不够成熟的地方，许多问题仍需研讨，但能为土家织锦的传承与发展尽一份绵薄之力，已十分满足。在田野考察和该书的撰写过程中，一直蒙受张小军教授的精心指导，他亲自为本书修改文稿，欣然作序，更使本书增色不少。在此，对张小军教授表示感谢。

刘代娥

口述人刘代娥

　　刘代娥，土家族，1955年12月出生于武陵山区酉水流域苗儿滩镇的捞车村，11岁便跟随祖母彭三妹和大姐刘代玉学习土家织锦技艺。她自幼聪慧好学，心灵手巧，很早便掌握了多种的土家织锦纹样。幼年时期的刘代娥和大姐一起，一边织花卖钱，一边为自己缴学费，后来还教会了三妹刘代英。高中毕业以后，刘代娥被分配到龙山县苗市公社红卫大队担任团支部书记，后又任妇女主任，不善言辞的她最终还是放不下心心念念的织花手艺，于是，她辞去工作职务，专心从事土家织锦。

　　因文化程度较高，理解和领悟能力强，她织的花纹饰紧密、织造工整、配色丰富、布局协调，得到了业界的一致好评。1981年，花垣县民族民间工艺美术厂聘请她担任技术顾问和业务厂长，并带徒授艺，一干就是五年，后来她儿子出生，便回到龙山县苗儿滩镇捞车村在家里继续织花。善于学习和挖掘传统织锦图案的她，先后被周边许多地区聘请去担任土家织锦技艺的技术指导，1986年，张家界森林公园织锦厂慕名而来，请她去张家界指导生产土家织锦旅游产品，她在张家界干了一年便再次回到龙山，跟大姐和三妹一同办起了捞车织锦厂。1988年，她参加了川、滇、黔、桂、藏、湘六省联合举办的"第四届商品交流会"，她创作生产的土家织锦产品被抢购一空，还签下了几万元的订单。1990年，她的土家织锦作品《岩墙花》和《船船花》在湘西州民间工艺美术大赛中分别获得一等奖和三等奖。随着她织花名气的提升，1990~1995年，她与湘西州二轻局工艺美术研究所合办试制工厂，生产的土家织锦产品十分抢手，远销到韶山、海南等地。那时，她自己的捞车织锦厂也发展到了鼎盛阶段，规模空前，本村及周边村寨的三四百名织女都在帮她织花，屋里屋外全摆满了织机，当然，在那个时代，她早已悄悄步入"万元户"的行列。1992年，她还被授予"中国民间艺人"荣誉称号。

刘代娥和丈夫向光武在给作者讲解西兰卡普　　　　刘代娥代表作《阳雀花》（局部）

后来，土家织锦在市场上受到重创，产品滞销，工厂运作困难，个人织锦作坊也纷纷关门。她的捞车织锦厂只剩下她和三妹两人，但她仍在家里苦苦坚持，用自己的执着坚守着土家织锦与自己的缘分。1999年，中南民族大学罗彬教授到捞车村考察，帮她分析市场，寻找出路。她听取了专家学者的建议，回归传统土家织锦，坚持最原生态的传统工艺技术，之后她渐渐走出低迷。1998年，她和三妹合作设计的土家织锦系列挑花服饰，还在昆明的中国民族服饰博览会上获得"最佳展品奖"。

刘代娥作品《大椅子花》　　　　　刘代娥作品《小椅子花》

同时，在50多年的织锦生涯中，刘代娥不断收集、整理了200多种传统土家织锦图案和纹样，将土家织锦中各"流派""风格""技法"等精髓融会贯通，重现了100多种土家织锦传统图案，同时在继承中求创新，其产品形式品种繁多，亦古亦今，走俏市场。她的作品《珍兽图》《椅子花》《喜蜘蛛》《粑粑架》《船船花》《四十八勾》等，都先后获奖。2007年，她被文化部公布为首批国家级非物质文化遗产项目（土家族织锦技艺）代表性传承人。刘代娥认为她们捞车河高手很多，卧虎藏龙，之所以一下出了两个土家织锦国家级传承人（还有一位是叶水云），足见她们龙山县作为土家族文化核心区所具有的浓厚文化底蕴，这也是她从艺多年不愿离开故土的原因。近年来，省内外十余所高等院校和科研机构的专家教授纷纷来此采访研究，她是目前土家织锦织造技术水平相对较高，色彩搭配非常出色的民间土家织锦传承人。她与大姐刘代玉、三妹刘代英被誉为"捞车河畔三织女"，在土家织锦圈内声誉颇高。

2017年，在湘西土家族苗族自治州成立60周年大庆之际，她带领徒弟们精心制作了60米巨幅西兰卡普——《甲子顺锦》为庆典献礼。2019年9月27日，刘代娥作为"全国民族团结进步先进个人"，受邀参加了在北京举行的全国民族团结进步表彰大会，全程参与了中华人民共和国成立70周年的庆祝活动，并出席了国宴。刘代娥认为如果没有武陵山，没有酉水河，没有捞车村，就没有土家织锦，也没有她今天的幸福生活，所以她要在捞车村继续她的织锦生涯。现在她最主要的工作就是每天进行土家织锦创作，同时做些土家织锦技艺的传承工作，她的人像织锦作品《凌宇先生》和《藏女·娜么塔》都已创作完成。令她颇感欣慰的是，她把一生积累的传统土家织锦百余种纹样已经全部传授给了她的儿媳谭凤香，她希望下一代织锦艺人能肩负起传承的担子，把土家织锦推向更高的层次。

刘代娥受邀出席人民大会堂宴会厅招待会的请柬

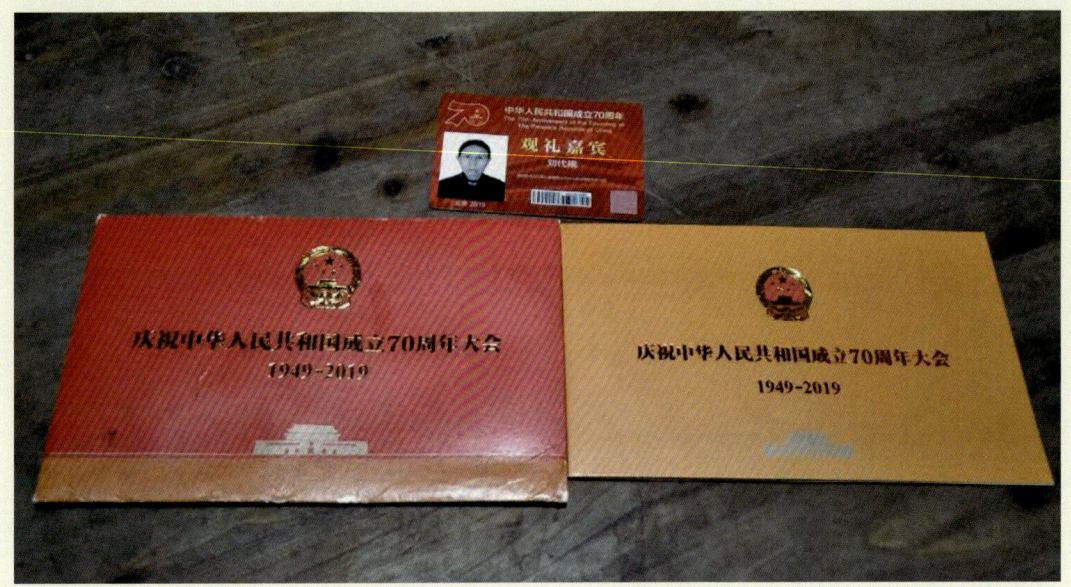

刘代娥受邀参加"庆祝中华人民共和国成立70周年大会"的嘉宾证

目 录

001 第一章　美丽的家乡——捞车河
003　第一节　人杰地灵的武陵山
014　第二节　土家人的故乡——九溪十八峒
022　第三节　捞车河畔的织女

029 第二章　土家人的织锦——西兰卡普
031　第一节　西兰卡普的前世今生
037　第二节　西兰卡普与土家生活
045　第三节　西兰卡普与土家传说

053 第三章　学艺之路
055　第一节　我的婆婆——彭三妹
065　第二节　技艺启蒙
073　第三节　成为织女

083 第四章　从艺之路
085　第一节　在外打工的日子
092　第二节　重返家乡
100　第三节　成为国家级非物质文化遗产
　　　　　　 传承人
109　第四节　我的艺术创作

121 第五章　织造技艺
123　第一节　从数纱到织锦
132　第二节　土家织锦（西兰卡普）织造工艺
152　第三节　土家花带（厄拉卡普）制作工艺
156　第四节　西兰卡普的织法（针法）

163 第六章　织造工具与材料
165　第一节　织机与制作工艺
171　第二节　其他工具与制作工艺
175　第三节　材料与制作工艺
179　第四节　染料与制作工艺

185 第七章　西兰卡普的图案纹样与
　　　　　　文化意义
187　第一节　勾纹纹样
196　第二节　植物纹样
229　第三节　动物纹样
272　第四节　器物纹样
293　第五节　其他纹样

307 第八章　西兰卡普的艺术精神
309　第一节　西兰卡普的艺术特色
320　第二节　土家人的人文精神与西兰卡普
330　第三节　西兰卡普的工艺成就

341 第九章　我的人生感悟
343　第一节　对师长同辈的感恩
351　第二节　对传统的敬畏
361　第三节　追求精湛的工艺
368　第四节　追求完美的艺术

377 第十章　我的家
379　第一节　我的父亲母亲

385　第二节　我的大姐——刘代玉
391　第三节　我的幺妹——刘代英
398　第四节　我的丈夫
402　第五节　我的孩子们

407　第十一章　西兰卡普的传承与发展

409　第一节　西兰卡普的传承
415　第二节　西兰卡普的保护
420　第三节　西兰卡普的创新与发展
425　第四节　我的忧虑——西兰卡普的技艺传承和文化传承

431　附录：刘代娥大事记

433　参考文献

435　后记

第一章

美丽的家乡——捞车河

引 言

　　武陵山区酉水流域是土家人生息繁衍的聚居地，是土家织锦生存和发展的摇篮，到处闪动着土家文化符号和元素。清一色的土家族民居、蜿蜒曲折的鹅卵石道、绿波荡漾的河面、沿河次第排开的码头、村寨里庄严的摆手堂、院子里晾晒的丝线、家家户户陈设的木质斜织腰机、转角楼上忙碌的土家织女……这一切的一切似乎都在无声地诉说，为什么精美大气的土家织锦会发祥于这里？树木葱郁、花红果绿、鸟栖翠藤、鸡鸣篱上，如此朴实平和的景象，最能打动人们的内心，不由让人暗暗赞叹，好一派"声声鸟语里，户户织机声"的场面，仿佛进入世外桃源一般。依山而居的土家人崇尚自然、热爱自然，他们在长期的生产、生活实践中，已经习惯用双手和智慧来表达心中的世界，这个处处充满土家气息的山区，是土家织锦现存的最后一块热土。

　　土家族人世代聚居的武陵山区，处于中原汉文化与西南少数民族文化交接的前沿地带，因其北有长江、西通蜀地、西南有云贵高原、东有南楚洞庭，又居高地，溪谷纵横，难于和外界建立长期频繁的联系，于是，这里成了土家人世代聚守的自然家园。一个民族的文化，往往与其特定的生长环境有着密切的联系，土家织锦作为土家族文化的典型代表之一，她的产生和发展离不开其自然地理环境的影响，更取决于土家族文化背景下文化生态和文化机制的作用。据史料证实，湘西龙山地区的纺织工艺早在两三千年以前，就已经达到相当水平，后来经历了賨布、溪峒布、土锦等不同阶段，最后成就了土家织锦的辉煌。自清代中叶以来，龙山苗儿滩地区，就早已是土家织锦的主要产地，特别是西兰卡普（土花铺盖）的传统，保存得十分完整，至今仍延绵不断。

　　沿着清澈的洗车河自水沙坪溪和猫儿洞溪顺水南下，就进入了捞车河古村寨。这里民风古敦，人物俊秀，延续着千年"男耕女织，户有机声"的古风。钟灵毓秀的捞车村四围皆山，常年青翠，勤劳朴实的土家人在这里耕织渔猎，树桑饲蚕，缫丝绩麻，纺纱织布，是大山里的万物给予他们美的灵感、美的创意。勤劳聪慧的捞车织女，凭着对自然界和生活中各种物象的细微观察和悉心感悟，创作了极其丰富的土家织锦图案。土家织锦记载着土家人的历史，她大气朴实又绚丽独特，反映出土家人对自然和生活的热爱，映射出中华古老民族文化的光彩。

　　捞车河畔，有一群这样美丽善良的织女，为了使土家织锦传承下去，为了使西兰卡普的传说流芳百世，她们日夜织锦，用灵巧的双手织出了土家族绚烂的名片，织起了民族繁荣的图景，刘代娥便是其中的典型代表。作为土家织锦技艺国家级传承人，她每天的生活简单而规律，埋头于织机前不停挑花，从未中断，织花是她已经从事50多年的事业。这一章，通过对刘代娥关于她家乡的访谈，以她的视角来感受土家织锦源生地的魅力，以及酉水流域作为土家织锦栖息地的独特优势，了解捞车村的历史和文化，感悟她言语间自然流露出的对家乡的爱恋。

第一节 人杰地灵的武陵山

我们土家人世世代代都生活在这片武陵山区，这里群山连绵，重重叠叠，没有特别广阔平坦的地方，到处都是像褶皱一样的山。对于外面来说，我们这里算是十分偏僻的了。以前没修路的时候，外面的人到我们这里要花好长时间，要绕着走好远的路，所以我们这里跟外面的交流，一直不是很方便。尤其是在没有修凉亭桥之前，过河只能靠拉拉渡，如果遇到下大雨涨水，拉拉渡也没办法过河，村子里的人就出不去了，村子外面的人也进不来，只有等到雨停了水下去之后才能通行。直到后来修了这个凉亭桥，才算是解决了我们出行的问题。可想而知，在我们这里生活的每一代人都是很艰苦的，山多交通不便，生活环境又比较封闭，影响了和外面的沟通交流。这也就是为什么我们土家人自称是"毕兹卡"（意思是"土生土长的人"）的原因，但正因为我们一直深居在大山里面，不容易受到外面的影响，所以很多珍贵的文化才能原汁原味地保留到今天，以最原生态的面貌呈现出来。

走进这片武陵山，到了我们湘西，随处可见各种奇山美景，可以说我们这儿就是山的世界。山水交织，溪峒相连，有山的地方就有奇特的景观，了解湘西的人都知道，我们这里的地理环境十分独特，这里山的支脉就像一道道绿色的波纹，铺在湘西的大地上，创造了非常多彩神奇的自然景观，比如里耶的八面山、乌龙山的溶洞、洛塔的天坑，都是我们这里非常有名的景观。据以前来这里考察的专家们讲，在遥远的几亿年前，我们这儿还是一片汪洋大海，既没有高山，也没有峡谷，后来有了原始生物，开始有了生命，随着时间的流逝，渐渐有了动植物，在我们村铺地的条石上，就有一些白色点点的东西，据说那些都是海洋生物的化石。

我们武陵山区的水不是大江大河那种宽阔奔腾的河水，而多是曲曲折折的小溪流，别看它们小，但都起着非常重要的作用。很多来我们这旅游的人都说，这里的大山像我们土家族的男人一样，具有阳刚之气；河水像我们土家族的女人一样，温润柔美。我们湘西主要有酉水、沅水、澧水、武水、猛洞河等河流，它们自古以来就是重要的运输通道，在崇山峻岭的大山里静静地流淌，滋润着武陵山区的土地。沅水是我们湘西地区的主要水系，发源于云贵高原，一路穿山越岭，汇集了沿途的很多溪河，在常德流入洞庭湖。见过沅水的人都知道，沅水江面总有很多船穿梭，水运非常繁忙，它是我们这里主要的航运线，它最大的支流就是我们土家人的"母亲河"——酉水河。

土家人的"母亲河"——酉水河

酉水之所以有名，是因为它横贯武陵山区，从古至今都是沿岸百姓通往外界的主要通道，起着十分关键的作用。据研究历史的专家们讲，古时候的楚国，就是从酉水河乘船到湘西，征服了当地人。到秦代酉水就成了与内地沟通的重要通道，从外面迁到这里的人和当地人杂居，不断融合，这就是我们土家族的先祖。他们在这里，繁衍生息，不断壮大。后来酉水还成了土司向朝廷纳贡，乘船出境的必经之路，酉水上的商船、旅船越来越多，交流日渐频繁。酉水河弯弯绕绕、曲曲折折，把一个个土家村寨串联起来，大溪、石堤、里耶、隆头、王村等，都是酉水河畔有名的村镇码头，也是我们土家人聚居的地方。

我们这里的气候湿润，晴天时候阳光充足，到了雨季阴雨连绵，这样的气候其实很适合植物的生长。大山里面上长着各种各样的树木，其中一些是我们湘西的特产，如楠木、桐树、茶树等。据说以前的人，用山林里面粗大的木材造大船，这样的大船一下子就能装几百桶桐油，那时候大船都停泊在隆头镇的码头上，小船先在洗车河装上桐油，然后再运到隆头镇汇集。等到每年春夏汛期的时候，船可以直达沅陵、常德和汉口等地。

茶树开花结籽

　　桐油和茶油是我们这儿的特产，人们还把湘西叫作"金色桐油之乡"，全国各地的商人都到我们这里收购桐油，再运往其他地方销售，也正是因为盛产桐油，住在大山里的土家人，才渐渐富裕起来了。我们捞车村以前就有好几个大地主，都是靠开码头售卖桐油发家的，他们赚了钱之后，还把自家的房子建成雕梁画栋的大院，很是气派，不过后来都被毁了。早些年，我们村家家户户的房前屋后，都种的有茶树，但后来没有人榨油了，茶树也都被砍了，当柴烧掉了。其实茶油是一种很健康的食用油，味道不错，据说现在市场上茶油也销得俏，只可惜我们这里也没多少人种茶树了。

　　虽说武陵山区土地贫瘠，但一直以来，我们土家人都是以耕地为生。在我们这里，种田土的收成并不多，总是"种一偏坡，收一箩箩"。即便这样，我们土家人种地也是很有规律、很有讲究的，我们不会肆意毁坏林地，尤其是村寨前面、后面的山林。我们这里四周的山上有许多荒地，如果在一块土地上种了两到三年，土地的肥力下降，我们就会在新的地方再烧出一块地，烧完之后地表上的草木灰还可以做肥料，播种的时候就不用再施肥，同时让没有肥力的土地修养一段时间，一般要放五到十年，等地面杂草荆棘

刘代娥家屋子后面的耕地

密布的时候，再进行耕作。我们的祖先最初在武陵山区，就是用这种刀耕火种的方式才在这片土地上生存下来的。在进行刀耕火种的时候，基本上只烧野草茂盛的山；砍火畲时，还要砍出一道防火线，以免烧野火；放火的那一天，风也不能太大，还要有人守着看着火，必须到火熄灭之后才能回家，这样才不会造成火灾。这些就是我们土家族先祖在与大自然的和谐相处中，总结出的智慧经验。

在拓荒挖土时，按照习惯我们土家人一般会请几位歌师，一边敲锣打鼓，一边演唱山歌，增强干活的气氛，这就是我们土家族的一种传统习俗，叫做"挖土锣鼓"。挖土锣鼓可以用固定的曲调和唱词，也可以即兴编唱，既可以对唱，又可以盘歌，形式灵活多样，内容多涉及我们土家族民间传说故事、历史典故、情歌趣谈等。歌师们唱的时候以歌声、鼓锣声指挥劳作，以歌交流感情，尽情发挥自己的聪明才智和演唱技能，鼓舞大伙劳动时的热情，娱乐身心。你应该也看过我们土家人跳的摆手舞，在摆手舞里面，也有表现人们日常劳作的一些动作，尤其是在"农事舞"里，有土家人忙农活的各种形态，比如"烧灰积肥""挖土""撒种""插秧""种苞谷"等。而在土家织锦的传统纹样里面，也有一些反映农事的图案，比如《千丘田》《稻草人龙》和《庆丰收》等。我们土家人善于把自己劳动生活的一些场景和细节，经过自己的理解，创作成歌曲、舞蹈、织锦等各种艺术形式表达出来，抒发我们对生活的满足和对这片土地的热爱。

俗话说："开门见山，坐山靠山，靠山吃山，吃山养山"。我们土家人在大山里生活的时间久了，自然而然就找到了生存的办法。除了在山地上耕种些田土，还可以到林子里打猎，到河里面捕鱼。大山里有着非常丰富的资源，有各种各样的野生植物，有的植物可以拿来作中药材，有的可以用来纺线织布，还有的可以作为染料染色。其实，我们土家人从很早以前，就掌握了用这些植物纤维纺线织布的本领，像葛麻、苎麻这些植物随处都是，它们是最早用来织造土家织锦的原材料，这也是我们土家人引以为傲的土家织锦诞生在酉水河流域的原因。目前来说，土家织锦的主要产地集中在龙山、永顺、保靖和古丈这四个县，龙山地区以斜纹彩色织锦为主，永顺那边以平纹素色织锦和土家花带为主。我们这里自古以来就盛产土家织锦，尤其是龙山县的苗儿滩镇、靛房镇和坡脚乡，是土家族织锦技艺保存最完整的地方，至今还有民间自发织造的风俗。

大山哺育了我们土家族儿女，在刀耕火种的农活里，我们能感悟到劳动的踏实，也能体会到生活的艰辛，那些农忙的场景和劳动的身影，都是激发我们创作土家织锦的灵感来源。就像播种到地里的种子一样，钻进厚厚的灰里，如果正巧遇上淅淅沥沥的雨季，再下点儿春雨，种子就开始生根发芽，慢慢地茁壮成长起来。当庄稼长满山坡的时候，到了秋天，再带着镰刀到山上收割，把收割的庄稼捆成一束束的小捆，带回家挂到屋梁上，如果屋梁上挂不下，就把它们挂到树枝上风干。等要吃的时候，把粮食摘下来，用风车脱粒，放到碓臼里舂。所以，生活在武陵山区的土家人，一年四季，每天早上都会舂米，你走到任意一户人家门前，都能听到舂米的声音。这就是再平凡不过的土家人的生活了，如果能细细体味，就能感知其中蕴含的我们土家族的文化和精神。

土家人在体味了生活百味之后，以大自然和日常生活为基础，创造出了五颜六色、各种纹样的土家织锦，有的是对大自然歌颂的表现，有的是对日常生活的细致观察的结果，每一幅织锦，都带有织女手上的温度，包含着土家人对生活的理解和感悟，诉说着

"挖土锣鼓"的两位歌师

土家织锦《庆丰收》（局部）

土家人的酸甜苦辣。我一直认为，正是有了这些大自然多彩的景观和土家人辛勤的劳作，才为我们土家织女打开了想象力的窗口，才孕育出绚烂多彩的土家织锦。在我们土家织锦的传统图案中，有很多都是从自然中提取的元素，比如一些经典的动植物纹样，如棉花花、大蛇花、岩墙花等，可以说都是大自然的抽象表现，又有许多从日常来劳作中提取的元素，比如磨盘花、豆腐架、粑粑架等。因此，我们这里的山山水水、一草一木和土家人的一举一动，都是土家织女创作织锦的灵感源泉。

我是大山里土生土长的土家人，在山里待了一辈子，要是让我住在没有山、没有水的地方，我是住不习惯的。这也是为什么我一直坚持在家里做土家织锦，没有到外面打工的原因。不过现在我们村的年轻人，基本都到外面打工了。我30多岁的时候也曾在张家界森林公园旅游景区干过一段时间，那时候张家界还没有从我们湘西州分出去，是后来为了发展旅游才单独成立了这个市。如果我那个时候一直留在张家界景区做土家织锦，恐怕现在早就发财了。但外面的生活总让我觉得嘈杂忙碌，很不适应，让我静不下心去织花，就是想回家。当时我家里有老人和孩子，还有几亩田土，所以想了想就回来了。回家之后，我丈夫种田、我织花，这样解决了生活上的问题，后来我们攒了些钱，把家里的几处老房子也都修了一下，祖孙同堂，我也很满足了。从那时候开始，我就一直待在我们捞车村，这里民风淳朴，村寨里基本上是夜不闭户，出门也不用上锁，各家各户都很熟悉，大家也都过得很安逸，所以后来我再没有出去干了。

土家人院子里的风车

大蛇花纹

棉花花纹

豆腐架纹

第二节　土家人的故乡——九溪十八峒

我们土家族可以说是一个古老的民族，有着悠久的历史，但又是一个年轻的民族，因为我们被确认为是一个民族的时间很近，是在 1957 年农历元月初三。但我们土家人世代栖息的酉水流域，是一块丰沃的土地，生活在这里的土著人，在漫长的历史过程中，融合了汉人和其他外来族群的人，这样才逐渐形成了今天的土家人。据说在龙山的里耶溪口、保靖的拔茅东洛、花垣的茶峒等地，都曾出土过很多的遗址文物，证实了数千年前武陵山区酉水河畔就有人在这里生产生活。如果你听说过《梯玛神歌》（梯玛是传达神的旨意、敬神的人）和《摆手歌》，就应该知道一些我们土家人的历史，土家族古歌里面讲述了土家族先民，是如何在这块土地上开天辟地、繁衍生息的，还有我们的祖先是如何在渔猎农耕时期艰苦劳作，生存下来的。

你问我们这儿为什么会被叫作"九溪十八洞"，我记得我小的时候，老人们总说，古时候的朝廷在我们武陵山设有九溪卫，就和天津卫、威海卫是一样的，管理我们整个湘西，因为它有九条小溪而得名，现在我上了年纪已经记不太清小溪的名字，好像是喝溪、索水溪、大泉溪、大壑溪、和豹溪和炉煸溪等，而十八峒就像我们现在的乡镇一样，是管理百姓的，可能是因为我们住在洞里面的缘故吧，几十年以前在大山深处的土家人还在峒里生活，所以以前我们这里不称为乡或镇，就称溪和峒。据我所知，除了我们湘西有九溪十八峒，川东和黔北地区也有九溪十八峒的说法，从地图上来看，九溪十八峒应该就是对我们武陵山区的另一种叫法，是对这一地域形象的一种描述。所以后来，根据这个特点，人们就把生活在这里的土家族先民称为"溪峒蛮"，把早期土家织锦一类的纺织品称为"溪峒布"。

以前，有学者来我们这里做调查，认为武陵土家地区是位于西面少数民族文化与东面湘楚文化、东北部的中原文化与南端的百越文化的交叉点上，是多元文化融合的一个地方。自北向南，分布着土家族、苗族、侗族等少数民族，最后到广西与壮族相会，据说这几个不同的民族，有一个共同的特点，就是都含有古代濮僚人的成分。从我们土家人的风俗来看，我们这里恋爱自由、以歌为媒，居住在干栏式转角楼里，这些特点都和古代濮僚人的风俗相似。所以，我们现在看到的这几个民族的织锦，如土家织锦、苗锦（芭排）、侗锦及壮锦，它们之间存在着一定的共性，特别是形式、技艺、图纹组织，甚至机子和工具，都有内在的联系。

大山深处的土家村寨

 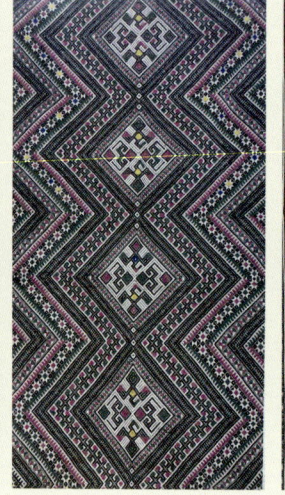 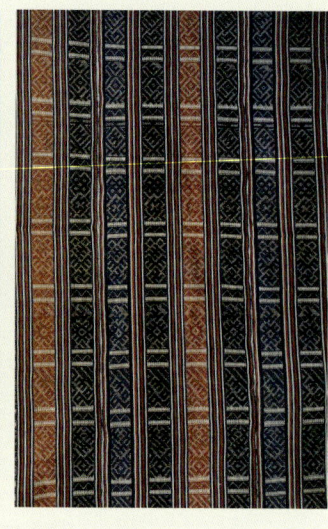

苗锦　　　　　　　　　　　　侗锦　　　　　瑶锦

刘代娥在传习所与来凤县土家织锦村考察学习团合影

　　其实关于我们土家族的族源，有很多种不同的说法，最早有人认为我们土家族是古代巴人的后裔，后来又有专家提出我们土家族是一个以武陵山区的原始居民与古代濮僚融合的土著，然后再与历史上先后进入武陵山区的巴人、楚人、客家人等，经过长时间的融合，才逐渐形成的一个稳定独特的民族，而在我们土家人的聚居区，还生活着苗、侗、瑶、汉等民族，土家族不仅是多个部族的民族融合体，还是处于多民族杂居的环境中，各个民族相互影响，你中有我，我中有你，一些民俗文化习惯既有共性，又有独特性。

我们所在的龙山县有很多土家村寨，至今还沿袭着古老的民俗传统，保存着原生态的文化。除了我们土家织锦以外，还有土家族摆手舞、打溜子、毛古斯等，都是土家族流传上千年的风俗，也都是第一批被列入国家非物质文化遗产名录的项目。龙山作为我们土家族的主要发祥地之一，被外面的人誉为"八山半水一分田，半分道路加宅园"，大部分地方都是山重山、山连山，境内有酉水、洗车河、猛洞河和很多小河支流，纵横交错。在这片美丽的土地上，除了土家族，还生活着苗族、回族、壮族、瑶族等十几个少数民族，当然其中土家族的人口最多，占了一半以上，所以龙山是我们土家人集中聚住的地区。

里耶的老街

土家族打溜子

在酉水河畔南岸的龙山坡脚，沿着酉水河上下，距秦汉古镇里耶四十余公里、距保靖县城迁陵二十余公里的保靖拔茅，遗存有远古土家族先祖涅壳赖的"八部大王"庙遗址，这里曾是历史上著名的"八峒"部落之首，被称为"首八峒"。所以，在以坡脚为中心的周边区域，至今最完整地保留了土家族的语言、土家织锦和土家族习俗等大部分传统文化，在上千年的文化交融中，大部分土家地区的民族传统文化都逐渐消失了，只有这一个区域十分顽强地保留了我们土家族的民族特色，成为土家文化唯一的原生态保留地，也是现存土家文化的核心地。

我们龙山县还有很多历史悠久的古镇，比如刚刚提到的里耶镇，它自古以来，就是中原进入大西南的交通要塞，位于湘鄂渝黔四省市的交界。"里耶"是土家语音译，汉语意思是"开拓这片土地"。据说，各朝各代都在里耶建有城池，因为它靠着酉水，水运便利，于是形成了颇具特色的百年古镇。里耶镇上有条老街，老街上的房子有很多都是明清时期建造的，非常漂亮。几百年前，往来里耶镇的商人富贾，都是做大生意的，镇上有码头，有集市，水运便利，商业繁华，所以，里耶和王村（芙蓉镇）、浦市、茶峒，并称为我们湘西的"四大古镇"。除了里耶，龙山县的靛房镇也是一个很有土家特色的地方，被誉为"中国土家族溜子之乡"；农车乡被誉为"土家族摆手舞之乡"；兴隆街乡被誉为"三棒鼓之乡"；洗车河镇被誉为"舍巴日之乡"；而我们苗儿滩镇惹巴拉地区，则

掩映于茂密古树林里的捞车村

被誉为"武陵土家第一寨"和"土家织锦之乡",因此,我们龙山县可以说是土家族文化的核心区。

从龙山县洗车河镇沿河而下,两岸越来越开阔,形成了酉水流域的平川大坝,我们土家人就按照姓氏,在沿河两岸结寨而居,形成了梁家寨、朱家寨、张家寨、叶家寨、尚家寨及向姓居多的搓咱里、彭姓居多的惹巴拉等大寨子。在洗车河流域,还孕育了两个比较有名的土家织锦村落,一个是我们捞车村,另一个就是叶家寨,我们这两个村寨离得很近。叶家寨的叶玉翠老师是土家织锦的老前辈,她恢复了很多传统织锦图案,她去世以后,叶家寨的叶水云继承她的传统,也成了土家织锦技艺国家级的传承人。不过现在叶家寨的织女大部分都背井离乡,去外面谋生了,有的到了县城龙山,有的去了古城凤凰,开了自己的织锦坊,都到外面宣传土家织锦文化。

我们捞车村地处龙山的苗儿滩镇,四周崇山峻岭,交通闭塞,从我们家院子往后山望去,就能看到延绵起伏的大山,站在凉亭桥上可以看到,从群山间流出的洗车河,是一条折了又折的溪河,它在捞车村与靛房河汇合成捞车河,然后继续往西南方向流了过去,最后流入酉水。捞车村是一个非常传统的土家族村寨,村里没有一栋现代建筑,基本上都是以前的老木头房子。我们这里气候适宜,温暖湿润,冬天没有严寒,夏天也没有酷暑,非常适宜人居住。如果你走进我们土家族随便哪一个农户家里,都能品尝到腊肉、霉豆腐和团馓等特色美食,还能感受到我们这里热情的土家族文化。

尤其是团馓,是我们湘西有名的小吃,是用我们当地产的糯米,洗净后再蒸熟,然

土家人制作的团馓

后倒进一个竹片做的模子里，摇匀压平，做成圆饼的形状，最后晾晒干储存起来。等吃的时候，再把干透的团馓二次加工一下就可以了。团馓的做法主要有两种：一种是用油煎炸后直接食用，另一种就是用油炸了之后再熬煮一下，然后配上荷包蛋，做成团馓粥，非常好吃。过去团馓都是在过春节的时候才吃的，现在生活条件好了，什么时候外面来了客人，就可以用团馓招待。这些年我们村里的很多户人，家里都办起了农家乐，专门接待外面来村里游玩的旅客，团馓就是常备的特色美食。在做团馓的时候，不仅要晾晒，还要用有颜色的笔在团馓上画各种吉祥的图案，写上祝福的文字。其中一个字比较常写，就是"勤"字，因为我们土家人祖祖辈辈，在这块土地上都是很勤劳的，他们开垦荒地，耕种收获，辛勤劳作，这才有了我们现在的生活，所以"勤俭"就是我们土家人传统的持家理念。我们这里的习俗是，如果谁家有小娃娃出生，看望的人就要给娃娃送带有"勤"字的团馓，作外婆的去看小外孙的时候，还要送织着台台花或阳雀花图案的盖裙，意思是祝福平安吉祥。总之，像我们这样安逸幸福的土家生活，是到哪里都找不到的。

我这个人就是不太喜欢在外面生活，因为我习惯了大山里的环境，习惯了村寨里的生活，也习惯了家庭作坊的生产形式，不愿离开故土。现在我也算织出名了，不少土家织锦的爱好者、收藏者和外地的朋友，都不断上门找我订货，很多文化单位和机构也经常要我给他们提供产品，再加上这些年捞车河开发旅游之后，桥也修了、路也铺了，来参观学习的游客也越来越多了，我每天在家里都有忙不完的事要做，不仅要织花，还要干好传承的工作，生活过得也十分充实。

刘代娥与李开奇作品《凤凰汉子》

第三节　捞车河畔的织女

我们捞车村就在捞车河畔，捞车河是土家人的太阳河，用土家语讲叫"捞尺车"，跟附近"拉卡车"等地名是一样的，都是用汉字来表达土家语的音。在土家语中"捞尺"的意思是太阳，"车"是指水或溪河，"捞尺车"的意思是"太阳河"。因为我们土家语里面没有东、西、南、北的说法，东方就是太阳升起的地方，土家人把东方叫做"捞尺住那碧"，西方是太阳落下的地方，叫做"捞尺比列那碧"，捞车河是从东方流出来的，靛房河、洗车河分别是从东方、东北方流向捞车的，所以，在我们土家人心中捞车河就是"太阳河"。

捞车河畔很开阔，是我们山区里很少见的平坦之地，沿河两岸，到处都是青瓦木楼和土石院墙组成的土家村落，来我们这里游玩儿的外地人非常多，他们都觉得我们捞车村的风景就像是世外桃源一样，别有洞天。到了捞车村，古列、古列朝门、列居坪、搓秀、下码头、周家码头、彭家湾、桥他、卡壳湾及摆手堂、土家织锦工艺坊、水碾、筒车、油榨坊等古香古色的村寨景点让人流连忘返，不过最让人眼前一亮的，还是那座"人"字形凉亭桥，这座桥虽然是十几年前修的现代的桥，但用的形式是古时的风格。它横跨着捞车河、靛房河，把沿河三岸的捞车、惹巴拉、梁家寨三个村寨连成了一体，构成了非常漂亮的风景。"惹巴拉"与"捞车"一样也是土家语，因为我们这里是五代时期的土王首领"惹巴冲"（"惹巴"意思是美男子，"冲"是"王、首领、头目"的意思）的王城所在地，是惹巴冲和其族人居住的地方，所以"惹巴拉"由此而得名。

在我们土家山歌的歌词里，有这么几句是描述我们捞车的："养女要送小溪坡（古村别名），小溪坡上板栗多。捞车是个鲤鱼形，有田有土有山林。要吃蛮蛮（饭）涨劲崩（做），桐子茶子爱死人""养女要送捞车河，柴方水便几快乐。挑水又有凉水井，洗衣桨裳有大河"，这些都是说我们捞车河，自古以来就是人人羡慕的风水宝地。捞车河不仅桐子多、茶籽多，而且织女也多，这是人尽皆知的。俗语讲："土王故里捞车村，女勤于织，户多机声"，谁不知道我们捞车村是土家织锦的故乡，捞车河的姑娘，人人会织锦，个个会打花，以前家家户户的院子里、转角楼上，处处都能看到织女们的身影，她们日复一日、年复一年，坐在织机前手脚不停地添线挑花，不知疲倦，编织着土家人的历史。尤其是我们苗儿滩镇的捞车村和叶家寨，是织女最集中的地方，高手如云，个个都是心灵手巧，但旧时候只有生活条件好的地方，才会出这么多织女，所以周边村寨不管是择婿还是嫁女，都会首选我们捞车这样的好地方。

航拍仪拍摄的捞车村全景

凉亭桥把捞车村、惹巴拉和梁家寨连在一起

捞车村的土家织女织花时（旧照片）　　土家织女织花时（旧照片）

其实我们捞车河一带，从很早以前就有织花的传统，据一些考古专家讲，在我们龙山苗儿滩的商周遗址中，就发现了大量古人用的石纺轮、陶纺轮和陶片，陶片上有纺织物的纹样，说明我们这一带的先民，早在几千年前，就已经是男耕女织的生活状态了。还有专门研究我们土家族文化的刘能朴老师，也曾跟我讲过，在《大明一统志》里有"土民喜服五色斑衣"的记载，清乾隆时期的《永顺府志》里有："土人以一手织纬，一手用细牛角挑花，遂成五色，纹斑斓可观"，而清代嘉庆时期的《龙山县志》里，也记载着我们洗河车流域"民风古敦，人物俊秀""女勤于织，户多机声"的情况，而且还有"土妇善织锦、裙、被之属，或经纬皆丝，或丝经棉纬，挑刺花纹，斑斓五色"的描述，在过去的志书里，不仅记录了我们这里的土家人能纺善织的情况，还讲了我们掌握树桑饲蚕、植麻种棉的技术，所以我们土家人的服饰颜色才会这么斑斓多彩。近代民国时期的《龙山县志》里，也记载着我们土家织锦是"东西各国备品陈列"。因此，即便是相隔几千年，从远古到现代，从原始纺织到今天的土家织锦织造风尚，我们这里从未间断土家织锦的织造，我们捞车河一直保持着"男耕女织，户有机声"的古风，现如今的土家织锦技艺是继承着土家人数千年的织造传统，可以说它是原始纺织的"活化石"了。

我们村基本上都是土家人，姓彭、姓向的最多，这两个姓是我们村的大姓。我的婆婆（奶奶）姓彭，是捞车河彭家湾的土家人，她织花织得好是远近闻名的，而我的爷爷姓刘，是外来的汉人。据我们家以前的老辈人给我讲，我们姓刘的先祖最初是生活在八面山的，后来才迁到捞车河。从你们住的里耶镇往北望去，就能看到高耸入云的八面山，八面山在湖南和重庆的交界地区，南北狭长，看上去两头尖得很，四周是悬崖峭壁，像一条船的形状，民间有很多关于它的传说，有人说它是我们土家人的"祖先山"。别看八

土家人神话故事中的"祖先山"——八面山

面山四面陡峭，但它的山顶地势十分平坦开阔，还长着茂盛的牧草，山顶上还喂养了很多马、牛、羊，所以八面山又被叫做"空中草原"和"南方的呼伦贝尔"。我们家从我爷爷记事起，就已经搬到捞车定居了，我婆婆说她年轻的时候，村寨里处处都有织花的土家女子，那时候客妇（从外地迁入湘西的汉族妇女）只会纺棉花，不会织花，但我们土家的女子一年四季都在织花，土家族的古歌里讲："姑娘家来姑娘家，结麻纺线又绣花……春天挑个桃李花，夏日绣朵绣球花，中秋挑朵金桂花，寒冬腊月绣梅花"。

我们捞车除了有精巧的织品，还有一个很有特色的东西就是拉拉渡，它是以前我们捞车人出行的主要交通工具，我建议你去体验一下，因为拉拉渡是我们酉水流域的特产，可能你到了别的地方，就不会见到这样的东西。在凉亭桥还没有修好的时候，人们出行南来北往，全靠拉拉渡过河。有句话叫："行船的只要拉拉手，天干落雨都不愁。"过去我们酉水河流域以水运为主，拉拉渡就是渡河的主要交通工具，河面水比较小的时候，人们需要过河都是自己拉着过去，不需要船老板来拉船。捞车河拉拉渡的船老板是彭心敏，他负责这个拉拉渡几十年了。早年间，渡河是不用付船钱的，船老板维持生计全靠"打河粮"。打河粮是我们这里一个比较独特的习俗，每家每户要拿出一定的粮食或食物给船老板，算作全年的船钱，打河粮一年有两次，一次是在八九月秋粮成熟的季节，每人给七斤谷子；另一次是在农历正月初一到十五的时候要粑粑也叫打合粮，随主人家的意思给，叫做"秋打谷子年打粑"，这样船老板也有了生活保障。每年暑假的时候，我们村的孩子们就会跳到河里，在拉拉渡上玩儿，拉拉渡已经成为我们土家人特有的一种生活方式。

"毕兹卡来毕兹啥，途途路路卡普踏，世样百样他集了，（我）白果卡普它博大……"我织锦的时候，喜欢用土家语唱这首《织女歌》，歌词大意是说土家姑娘西兰，为了织白果花，深夜外出去看花开，受嫂嫂谗言，被哥哥错杀的故事，后来我们为了纪念西兰，就把土家织锦称作"西兰卡普"。我们捞车河的土家织女，织花的时候常常唱这首歌，外面的人听了都觉得很新鲜，但实际上这个歌不仅是怀念西兰姑娘的，而且也是土家织女用歌声抒发和表达自己对土家织锦的情感，通过唱歌来获得织下去的动力。

曾经的拉拉渡

今天的拉拉渡

刘代娥的三妹刘代英在转角楼上织花

  从小我就听老人们说:"勤劳一日,可得一夜安眠。勤劳一生,可得幸福长眠。"平时我吃过早饭,就会坐在织机上,开始一天的织锦工作,织花也很辛苦,我有时候织的时间长了,难免也会颈痛腰酸,但就是这样,在天气暖和的时候,我还是会坐在机子上织八九个小时,哪天要是不织花就觉得很不习惯,其实我们捞车河的每一个织女,都是这样默默无闻地在不停织花。我们村里的人都很能吃苦,很多上了年纪的人只要能干得动,都会在田间地头干农活,或在转角楼上织花,可以说干活已经成了我们捞车人一生的习惯。我们过着日出而作、日落而息的生活,有田土的以耕地为生,没田土的以织花为业,总有养活自己的办法。

  土家织锦现在已经是我们捞车村文化和旅游发展的一张名片,很多来捞车村的人都是为了体验土家生活、欣赏土家织锦、感受土家文化。土家织锦是我们土家人的日常用品,也是土家人心中的圣物,只有心灵手巧的姑娘才配得上学织花,才能织出漂亮的花。以前我们土家人认为谁要是织花织得好,那么到找对象的时候,她就好找一些,就容易被条件好的男孩儿看上;如果谁不会织花,又织不好花,就证明是头脑不那么灵活,会被人笑话的,所以织锦技艺是我们土家族女性必备的技能。每年夏天,我们惹巴拉景区都会非常热闹,就连我们家这个小院子里,每天都会涌入一波又一波的游客前来看我织花,他们对土家织锦这种原生态的文化充满了兴趣,有的看到土家织锦非常喜欢,就要买一些回去。

来捞车村游玩的游客看刘代娥织花

即便是现在,土家织锦还是我们村的经济支柱,全村一千多人,会织土家织锦的就有三分之一,仅土家织锦这一项,每年就有相当可观的收入。在20世纪90年代那会儿,四百余户家庭几乎家家都有织机,人人都在织花。我们捞车村的织女织得历史久、织得质量好、织得花漂亮,这是人尽皆知的,所以我们生产的织锦产品能畅销各地,有的甚至还远销到了国外。这就是为什么仅我们捞车河畔就有两位土家织锦国家级传承人,我们苗儿滩镇被誉为"土家织锦之乡"的原因,也是为什么我们龙山县有两位被授予"中国工艺美术大师"称号、四位被授予"中国织锦大师"称号的土家织女的原因。

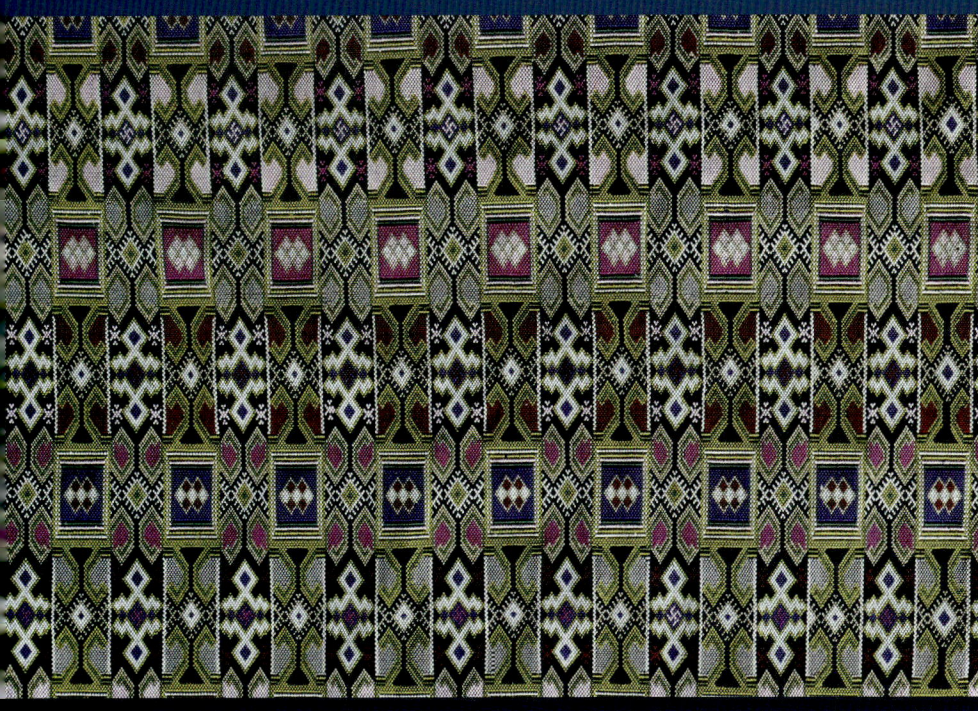

第二章
土家人的织锦——西兰卡普

引 言

　　织锦在我国已有3000多年的历史,由于其高难的工艺技术和丰富的文化内涵,被人们视为中国纺织品中最具文化价值,且最具象征意义的织品。汉代以后,我国三大名锦相继形成,它们分别是绚丽多姿的蜀锦、淡雅高贵的宋锦、雍容华美的云锦,三大名锦争相斗妍,誉满中外,然而作为基础的民族民间织锦,却鲜有人问津。少数民族织锦是中华民族多元文化的重要组成部分,保持着鲜明的地域特征和民族特色,充分展示了少数民族人民的勤劳和智慧,是珍贵的文化遗产。

　　世居武陵山区的土家族,因其居住的地方盛产"桑、蚕、麻、苎"等纺织原料,自古以来就掌握了编结纺织的技术。据考古资料证实,土家先民创造出原始织品的时间至少可以追溯到4000年以前,尤其在里耶古城出土的大量秦代简牍中,详细记录了这里生产军服的历史,而土家人生产的早期织品被不断当做贡品进献朝廷。土家族织锦技艺历史悠久,自成形以来有1500多年的历史,历经了先秦时期的"賨布"、魏晋南北朝时期的"兰干细布"、隋唐两宋时期的"斑布"、宋元时期的"溪峒布",再到繁盛于明清时期的"土锦",直至20世纪土家织锦的沉浮起落,最后在21世纪得到传承、保护和复兴。在土家织锦演进的历史进程中,周边各种文化也对其产生了深远的影响,特别是"斑䌷"的纬花、"楚锦"的内涵、"蜀锦"的技术、"僚布"的织造,都对土家织锦织造技艺的提升和完善起了重要的作用。同时,同处于武陵山区的苗族、侗族、瑶族等少数民族的织锦技艺,也对土家织锦技艺产生了巨大的影响。正因为处在这种独特的环境中,才成就了今日土家织锦的灿烂和辉煌。从某种程度上讲,土家织锦的发展史,可以说是土家族民族形成历程的缩影,也是土家族地区生产力发展的历史见证。

　　自清代改土归流以后,土家织锦技艺便是土家族姑娘自幼学习并相伴终身的传统女红,女孩子从小要跟随她的婆婆、母亲或姐妹操习织花技艺;长大出嫁时,必须用自己亲手织造的西兰卡普作为陪嫁;结婚后生了小孩,还要用土家织锦作婴儿摇篮里的小窝被、大窝被和盖裙。除此之外,土家织锦在土家族男性的日常生活中也扮演者重要的角色,每年舍巴日摆手活动中,土家小伙要披织锦跳摆手舞,纪念土家族先祖披甲作战、骁勇英武的历史,正是基于这样的传统习俗,土家人和土家织锦早已融为一体,土家织锦技艺才得以在民间生根发芽,代代相传,延续不衰。

　　捞车河的夜格外宁静,当天空中的晚霞褪去,黑色席卷土家村寨的时候,天空的星星就点缀在黑色的夜幕上,闪闪发光,迷人的夜色里,蕴藏着许多美丽的土家织锦传说。幼年时期的刘代娥时常听老人们讲关于土家织锦的传说故事,有的故事歌颂了土家织女西兰姑娘的勤劳善良,有的讲述了土家织锦经典纹样的来源,还有的是为纪念土家族女英雄的可贵精神。这一章,跟随刘代娥的讲述,一起了解土家织锦的前世今生,体味土家人生活中的西兰卡普,倾听关于"西兰卡普"的传说故事。

第一节　西兰卡普的前世今生

说起土家织锦的历史，是非常悠久的，但最早起源于何时，没有人知道，历史上也没有记载。有的说它最早起源于商周时期，成熟于唐宋时期，具体是不是这样的谁也不晓得。但可以肯定的是，我们土家织锦能从原始粗糙的布，成为现在精美漂亮的锦，一定是经历了漫长的发展过程。我们土家族被认定为是一个单一民族的时间比较晚，而且我们只有自己的语言，没有自己的文字，所以很难找到文字的记载说明它的历史。不过从我们土家人普通的日常生活，以及我们土家族的传统民俗中，还是能够发现一些痕迹和信息的。

小时候我听我屋的婆婆讲，我们土家人的祖先，最早的时候是从树皮上把植物纤维提取出来，然后搓经纺绳、编网结罗、纺织成布，再做成衣服。后来人们掌握了植桑养

刘代娥家的地里种了很多染色的植物

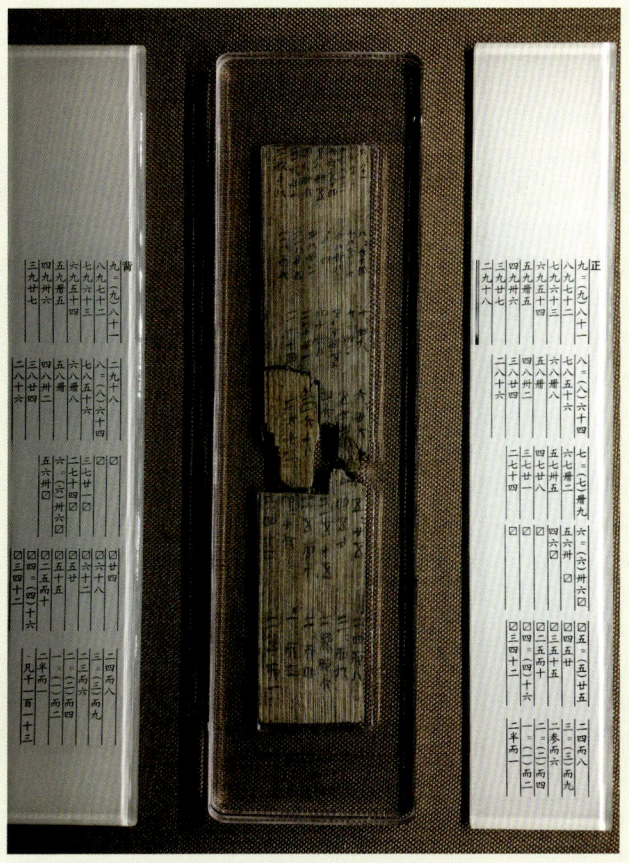
里耶秦简博物馆展出的简牍

蚕和缫丝纺织的技术，于是就有丝织物了，再后来我们这里开始栽种棉花，棉布衣服就广泛流行。我们大山里物产丰富，能提取出植物纤维的草木有很多，比如桑树、构树、苎麻和葛麻等，这类植物通过剥皮、捶打、沤泡、漂煮等工序，都可以从树皮里面提取出织布用的纤维，纤维纺成线后再用原始通经通纬的办法，就可以织出葛布、麻布这些原始织物了。

20世纪80年代末的时候，在我们苗儿滩镇拿卡毕的遗址中，就曾经发现有大量商周时期的石纺轮、陶纺轮、网坠、骨针和陶片等器物，这是我们酉水流域土家族先民进行原始织布的最好例证。之前有专家讲，当时出土的陶片上，有很多都印着绳子的纹样，也有一些有麻布的纹路，虽然比较粗糙，但基本上已经具备了"布"的特点。可见在那个时候，我们土家族的先民就已经掌握了织造的技术，开始用麻来织细布。总之，不管是葛还是麻，是丝还是棉，纺织纤维的演进是认识我们土家织锦的基础，因为织锦的前身是织布，织布之前要纺线，纺线就要有纺织纤维，这是很简单的道理。

后来，在酉水河畔里耶古城的一口古井里，出土了大量秦代的简牍，上面有里耶一带大量生产军服、运送军服的简文记载，这说明早在两三千年以前，我们龙山地区的纺织工艺就已经达到相当水平。据说秦汉时期，我们这里生产的布因为质量好，还被拿去充当赋税，到了彭氏土司统治的八百多年间，我们这里生产的土布又不断地被当做贡品进贡给朝廷。现如今，我们龙山地区还是土家织锦民间织造风尚的遗存地，保存着原生态的纺织习俗。

刘代娥正在织布

龙山地区保留着原生态的纺织

研究土家织锦的专家们曾经也总结过我们土家织锦的发展脉络，认为它最早是从商周时期土著先民的原始编织开始的，后来逐渐发展成秦汉时期的"賨布"，到了唐代就成了"兰干细布"，然后到宋元时期成为"溪峒布"，到明清时期发展成"土锦"，进入现代之后，才成为今天的土家织锦，因此，可以说从远古到现在，在数千年的历史发展中，我们可以看到土家织锦的源流，以及它从简单原始的布，成为复杂成熟的织锦的整个历程。

刚才提到的溪峒布，就是宋元时期土家人织造的花布，在溪峒布里面有一个质量比较好的种类，到了明清时期就发展成为了"土锦"，剩下的那些质量不是那么好的自然就被历史淘汰了。最早的土锦是用麻和蚕丝为原料织的布，后来我们酉水流域开始大面积种植棉花，有了棉线，就出现了手工织的棉土锦。棉土锦的优点很明显，比麻织出来的锦面更柔和，比丝织出来的锦更便宜，它不仅成本低，而且省工省时，制作出来的服饰也十分受欢迎，所以很快就被推广了。但到了清代，我们土家人开始穿满襟，原来不分男女款的服饰，也被分成了男女两种不同的款式，土锦就这样渐渐地从服饰中退出了，转向了被盖和日常饰品，本来作为衣服的土锦是精细柔软的质地，后来成为铺盖以后，也开始变得厚重结实，在色彩方面更加大胆和丰富了，于是，土锦就逐渐成了我们现代意义上的传统西兰卡普，这就是在不断的演变和完善中，我们土家人织造的织品实现了从布到锦"质"的飞跃的过程。

民间遗留下来旧的土花铺盖

我之前讲过，武陵山区自古以来就是中原和西南交流的重要地区，一直受到中原文化和西南少数民族文化的影响。在武陵山腹地，除了我们土家族，还生活着其他一些少数民族，比如苗族、侗族和瑶族，他们这些民族也有自己的织锦，即苗锦、侗锦和瑶锦。有时候我在想，现在看到的这些传统的土家织锦、苗锦、侗锦和瑶锦，虽然是不同民族、不同特色的织锦，但其实它们之间存在很多相似的地方。这或许是因为我们都生活在武陵山区这样一个相互接壤的地域环境中，自然物产和气候条件相似，而且还有着共同的历史进程，都经历过统治阶级的压迫，因此才会和而不同。

比如说我们湘西花垣县的苗锦，叫"比崇卡普"，虽然它也被叫作"卡普"，但它和我们土家族的西兰卡普完全不同，它是一类以经向彩条为基础，利用彩经条纹与彩纬交织的经锦，西兰卡普是完全由纬线起彩起花的纬锦，在发音上它只是读音与我们西兰卡普相似，实质上它是苗语，我们是土家语，不过汉语意思里面它们都有"被面"的意思。总而言之，从这些不同民族的织锦的形式、制作工艺和图案纹样来看，甚至包括织机的构造和一些织造工具，基本上大同小异，存在着很大的联系，可以说武陵山区的这些民族织物之间，是相互影响、相互联系、相互借鉴的，但他们又保留着各自民族织物的独特面貌。这可以说明虽然在大的环境中，我们土家族是相对封闭稳定的，但在小环境里面，我们土家族又是在不断和其他少数民族的文化相互交流和影响的，这样才孕育出今天独具特色的土家织锦的面貌。了解了我们土家织锦的这些形成、产生和发展过程，自然就明白了为什么说土家织锦代表了我们土家族的文字，代表了土家族的历史。

土家织锦的背面

我们土家织锦能有现在的绚烂多彩，是因为它是在不断吸收各个时期、各种织品的精华，比如四川的蜀锦，可以说它是对我们土家织锦影响最大的一种织品，因为蜀锦花色品种丰富，生产技术先进，是以彩色经线为基础织造，利用彩色的经线和彩色的纬线交织制成的，土家织锦受他的影响，由彩色纬线起花。西兰卡普的制作工艺很特别，采用的是没有规律的"断纬挖花"，在纬线上挑出不同色彩的纱线，挑织的时候，朝上的一面保留着残余的纬线，朝下的一面织成不同的图案，也就是俗称的"通经断纬，反面挑织"，经线较细，纬线较粗，用纬线覆盖包裹住了经线，正面只能看到用五颜六色的纬线组成的图案，基本看不到经线，反面是杂乱的纬线线头，并没有规律。如果根据织时候的工艺划分的话，还可以把西兰卡普分成两种，一个是"对斜"平纹素色的类型，另一个是"上下斜"斜纹彩色类型，这个在后面我会具体讲一下。

目前来讲，如果要把我们土家织锦按品种进行分类的话，可以分成"西兰卡普"和"厄拉卡普"两个类型，其中以西兰卡普为主，是最具代表性的一类，所以我们常常用"西兰卡普"作为土家织锦的代称。西兰卡普是土家语"花铺盖"的意思，我们土家人称它为"读慈"（土家语音译）。据我们这里专门研究土家语的彭英子老师讲，土家语中的"西兰"是"铺盖"的意思，也就是被盖；"卡普"是"花"的意思，所以西兰卡普就是"花铺盖"，但我们平时为什么还把它叫做"土花铺盖"呢？这是因为土家织锦本身就是我们土民织造出来的土里土气的东西，所以就常称作"土花铺盖"。有的土家山寨把它叫做"捏拨铺盖"（土家语音译），"捏拨"是土家语"睡觉"的意思，"捏拨铺盖"就是"睡觉用的铺盖"，这种叫法更直白一些。还有的把它叫做"打花铺盖"，这是因为我们织造

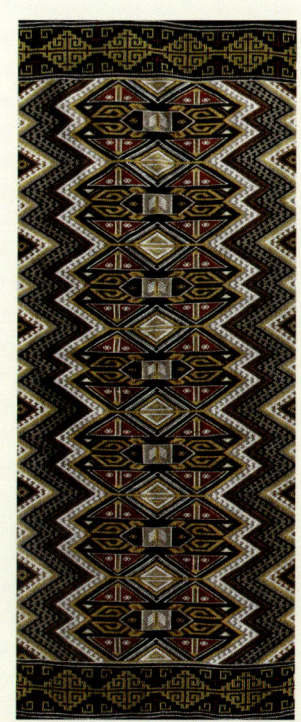 

土家织锦《鸡盒子花》　　土家花带

土家织锦的时候，是用"布刀"（挑花勾）拍打纬线编织而成的，所以这个工艺也被称为"打花"，"打花铺盖"其实还是"西兰卡普"，"打花带"就是"土家花带"，这是我们这里对土家织锦的几种不同叫法，提前给你讲一讲，免得后面出现疑问。

西兰卡普在我们酉水流域的土家族地区非常受欢迎，它不仅花色好看，而且厚实耐用，还是具有传统民族特色的手工艺品，体现了我们土家族的审美倾向。西兰卡普一开始主要是用作被面的，以三块大小、花色相同或者相近的织锦拼接在一起，每块的两头都有"档头"（花边），土家语称"卡他"，三块锦连起来就是一幅完整的土花铺盖，我们把这种拼接叫做"接幅"，跟"接福"谐音，寓意家里多福多贵、兴旺发达的美好愿望。除此之外，西兰卡普也做小孩子的窝被（摇篮里的被面）、脚被和盖裙，都很美观实用。

有人说："蜀锦是官方的，宋锦是文人的，云锦是贵族的。"那我们土家人的土家织锦就是我们土家人自己的东西，是劳动人民的东西。根据史书上的一些记载我们也可以了解，土家人自古以来就勤于耕织、善于纺织，它的全部编织工序，都是靠着织锦人灵巧的双手，用一个简单的挑子，在传统木质腰机上完成的。它是土家人自己给自己织、自己用的生活用品，也是传统的民间艺术，是草根的艺术，它蕴含着我们这个民族勤劳朴实的精神，彰显着我们土家人的优秀文化。虽然在历史上，早期土家织锦一类的土花布也曾被当做贡品为皇家服务过，但它从一开始就保留着武陵山区土民的气质，保留着平凡的气息，是为普通老百姓而生的。与传统的土家织锦相比，我们现在的土家织锦在色彩上的确更加绚烂，在图案上更加多变，在工艺上更加精美，在形式上也更加丰富，这无疑是它与时俱进的结果。总的来讲，在我们这个地区，打土花（织花）的风尚能延续几千年不衰，至今依然存在，就说明了我们土家织锦所具有的牢固根基和顽强生命力，这是它最珍贵的地方。

两档头为寿字纹

第二节　西兰卡普与土家生活

土家织锦不仅与我们土家人的日常生活关系密切，而且与我们土家人的一生联系紧密，可以说他伴随着我们土家人所有的人生大事：小娃娃的时候土家人要裹织锦，长大以后要学织织锦，结婚陪嫁要用织锦，日常生活要盖织锦，当了外婆要送晚辈织锦，舍巴日摆手舞要披织锦，祭祀先祖要供织锦，最后死了还要葬织锦，所以，土家织锦与我们土家人的终生结下了不解之缘，在不同的生命阶段扮演着不同的角色，起着不一样的作用。他既是日常用品，也是神圣之物；既可以作陪嫁品，又可以作陪葬品，他不是一个简简单单的生活物品，而是代表了我们土家人的根与魂，体现的是土家人传承千年的文化和精神。

刘代娥在自家院子里织花

尤其是对于我们土家族的女孩子来说，土家织锦犹如生命般重要。首先，我们土家人衡量一个土家姑娘品性如何的重要标准，就是看她能不能织出漂亮的土家织锦，如果谁家的姑娘织得好、织的多，她就是心灵手巧、勤劳能干的；如果你不会织，那就是愚钝笨拙的，我们土家人有句俗语叫"养女不织花，不如不养她"，这是一个土家族姑娘身价高低的体现。土家族的女孩子一般到了十二三岁，能够操作织机的时候，都会跟着自己家里面的婆婆、母亲和姐妹学织花，织花是我们土家族女性必须掌握的本领。

其次，等女孩子长大点儿，到了该出嫁的时候，在出嫁前的一两年时间里，要减少干农活的时间，集中精力多给自己织些陪嫁的铺盖，甚至有的还会把以后生了娃娃要用的摇窝盖裙也织好。出嫁时新娘的父母、亲友还要送几床西兰卡普做陪嫁，一般是两床、四床、六床、八床，陪嫁的数量和质量代表了新娘的高贵程度，以及日后女方在婆家的地位，如果结婚没有西兰卡普作陪嫁，嫁过去的姑娘就会被婆家人看不起，受到怠慢。有的男女双方结婚之后，如果感情不好，要分开的话，女方还应该把结婚时候陪嫁过去的西兰卡普从男方家里面要回来，因为那是属于女方自己的东西，所以，从这里面你就能看出土家织锦在我们土家人心目中有多么重要的地位。

在我们酉水流域的一些土家族村寨，每年的四月八（过大四月八，即四月十八）的时候，会把家里面嫁出去的姑娘都接回娘家，目的不仅是为了回娘家看望父母，和亲人团聚，而且还是为了纪念传说中因织白果花而冤死的织女西兰姑娘。到那一天，女孩子们要把自己织的花拿出来给大人看，让大人们指导，主要是看你会织多少图案和纹样，

土家人的娶亲队伍

织得平整不平整、细致不细致，锦面配色好看不好看，手艺精巧不精巧。如果哪个姑娘织得不好，就会被认为是笨手笨脚的人；如果哪个姑娘织得好，就被认为是聪慧机灵的，而且大家讲织得好的女孩子，日后更能赢得土家族小伙子们的追求，以后肯定能找个好人家。

我们土家人结婚的时候非常热闹，有好几个仪式过程，如求婚、订婚、拜年、择日子、哭嫁、娶亲、回门等，这里面哪个环节都离不开土家织锦的身影。比如订婚的时候，女方如果同意了男方的求婚，男方家就要带着酒、肉、衣物等礼品到女方的家里，女方要把自己的生辰八字写在红纸上交给男方，而且，还要回赠给男方一些鞋子、绣花鞋垫、土家花带（裤带）等礼物，这个裤带非常重要，有特殊的含义，就是要拴住他，把两个人栓在一起的意思，是作为定情的信物的。而且这个裤带必须是女方亲手打织的，这样女方一方面显示了自己的手艺，另一方面表示了对自己感情的期望。有的订过婚的小伙子，在家里人聚会的时候，就会故意把腰里面的土家花带露出来一些，让大家看到，表示他已经是订了婚的人，是身份状态的象征。

我们土家女性不仅要为自己织花，还要为后代织花。结婚时候，女方家里要准备土家织锦作为嫁妆，家里面比较富裕的，会准备十几床西兰卡普，有的是母亲织的，有的是亲友长辈织的，还有的是找织花织得好的人购买的。结婚之后生了小孩，如果是男孩儿，男方就要抱一只公鸡到岳父母家报喜；如果生的是女孩儿，就要抱一只母鸡去报喜。女方生的第一胎小孩，在出生十天后，娘家的母亲要背着鸡、蛋、炒米、团徽和婴儿的衣物，还有新摇窝、新窝被和花盖裙等去"看月"（土家语叫"斯列巴"），有的地方把看月叫做"吃粥米酒"。看月的时候，外婆必须给外孙（或外孙女）送盖裙作为礼物。盖裙是一个一米见方的黑色家机土布，其中有三个边用15厘米宽的土家织锦包边，只留一个

西兰卡普是土家人过去结婚时必须要有的陪嫁物品

土家族小娃娃的盖被

土家族舍巴节向来离不开色彩绚烂的土家织锦作为节日的点缀

边不包,而且包边的土家织锦只能用两种传统的纹样——"台台花"和"阳雀花"图案,因为这两种图案有防范白虎,保护小孩的功能。平时在屋里,盖裙不仅可以当作包裹婴儿的襁褓,而且可以盖在摇窝上,挡风遮光;外出的时候,盖裙又可以用来当作贴身背负的软背兜,保暖美观,非常实用。小孩满月的时候,母亲还要给他(或她)做"记性片",意思是祈祷小孩子日后记忆力好。出月后要回娘家的时候,外婆要在摇窝两边,栓上"长命线",祝愿小孩子能健健康康,长命百岁。土家人给婴儿准备盖裙等物品的这些习俗,从远古到今天,伴随着土家一代又一代的子孙,这里面包含着长辈对后代人的美好祝愿。

在我们湘西北一带,其实还有一个特别的习俗:如果姑娘嫁出去之后,死在了婆家,而且还不是正常的死亡,那么娘家人就会找很多亲友,一起去婆家"讨说法",也就是我们俗称的"吃火把酒"。娘家人不仅会在婆家闹,还会把姑娘当年出嫁时候作为陪嫁的西兰卡普也要回去,意思是要把姑娘的灵魂接回本家,落叶归根,同时表示与婆家"断亲"的意思。这时候,土家织锦就代表着一个家族的尊严,象征的是死去的姑娘的灵魂。所以,总地来讲,可以看出土家织锦与我们土家族姑娘的联系有多么紧密,她的生老病死、嫁娶婚育、贫穷富贵都和土家织锦息息相关。

我们土家族的男性有时候也会用到土家织锦,虽然没有土家族女性那样时时与织锦相伴，但也有着很重要的联系。比如在舍巴日的时候，为了缅怀我们土家族的远祖"八部大王"，土家人要在摆手堂前跳摆手舞，其中有一支披甲的队伍，表现的是我们土家人自古以来崇尚勇武、骁勇善战的历史场面，是由一些身披五颜六色土家织锦的小伙子们组成的，他们用土家织锦做披甲，以示威武雄壮，这是我们土家族男性唯一用到土家织锦的时候。当然，现在过舍巴节的时候，为了凸显民族特色，我们还会用土家织锦做头帕或服饰，增加节日的气氛，起装饰的作用。除此之外，逢年过节，我们土家人尤其是彭姓族人，还会在敬奉土王的时候用到"土王一颗印""土王五颗印"或"四凤抬印"等图案的织锦，因为彭氏土司在我们这里统治的时间久、影响大，所以，人们用织锦表现那段特殊的历史阶段，突显对祖先土王的崇拜。

　　传统的土家织锦大部分是用来做铺盖的，当然土家族服饰中也有用土家织锦作装饰的。土家人自古"好五色衣"，喜欢斑斓多彩的土布衣服，这在历史上是有记载的，后来男人和女人分穿不同款式的衣服，土家男人头上包人字形的青布帕子，上身穿琵琶襟短衫，或有领子的对胸便服，袖口上点缀织锦花边，我们这儿很多老土家现在还都喜欢这么穿，腰缠布带，下身的裤子宽大而短，脚上缠蓝布裹脚。而土家族女人的衣服就比较多样了，头上也包着青布帕，但不包人字形，上衣分成三种不同的款式：一种是立领右开襟，袖子大而短，袖口绣花或者用织锦花边，有的还会挂一些银饰，这种款式俗称

舍巴节表演摆手舞土家男性穿的织锦

"土王一颗印"

"土王五颗印"

"四凤抬印"

"满襟"服；一种是矮领右开襟，沿领口至前襟和袖口的地方，都有挑花镶边，通常衣服外面还会再罩上一个坎肩，腰上戴梨形围腰，裤腿上有绣花纹样，裤腿与裤脚连接的地方有白布挑花覆盖；还有一种是立领琵琶襟，肩部、襟沿、袖口等地方，都有花边。土家人的大部分男装和女装上，都会点缀一些传统土家织锦图案作装饰。土家族小孩子穿的衣服没有太大的特点，主要是在帽子上特征比较突出，根据不同的季节戴不同的帽子，春秋天戴"紫金冠"，夏天戴"冬瓜圈"，冬天戴"狗头帽"等，这些帽子上会用五色丝线绣"喜鹊闹梅""凤穿牡丹""长命富贵"等吉祥纹样，还会在帽沿的正面缝上"大八仙""十八罗汉"等银菩萨。但现在这些老物件已经很少见了，很庆幸我自己早些年还收藏了一个，恐怕以后这些东西就很难见到了。

虽然现在年轻人都喜欢穿时尚的现代服饰，但每到节日或家里面有喜事的时候，我们土家人还是要穿具有自己民族特色的衣服，不管是绣花的、挑花的，还是织锦的，都能看出土家人独具特色的手工艺。像我这样的，每天都要织花，还要给徒弟和学生们讲课，所以我经常穿带有土家织锦装饰的民族服饰。如今，土家织锦已经不是过去的土花被面和衣服上的点缀花边这么单一的形式存在了，像人们家中的壁挂、窗帘、沙发垫、抱枕等，很多都是用土家织锦做的。有的时候，当你在不经意间把目光停留在精美漂亮的织锦图案上时，一下子就能体会到一种愉悦舒适的感觉，我觉得这是因为我们土家人其实早就和土家织锦融为一体了。

刘代娥收藏的老式绣花儿童帽

家家户户屋里都有位埋头织花的织女

第三节 西兰卡普与土家传说

在我们龙山、永顺、保靖和古丈等县的土家族村寨里，一直流传着有关土家织锦"西兰卡普"的众多传说，我最爱听的就是我婆婆给我讲的三个故事，第一个是"西兰和白果花"的故事，这个故事里面心灵手巧的织女西兰，是每一个土家族小姑娘都希望成为的人。第二个是"蚕蛹花"的故事，讲的是土家织锦里面"蚕蛹花"纹样的来源。第

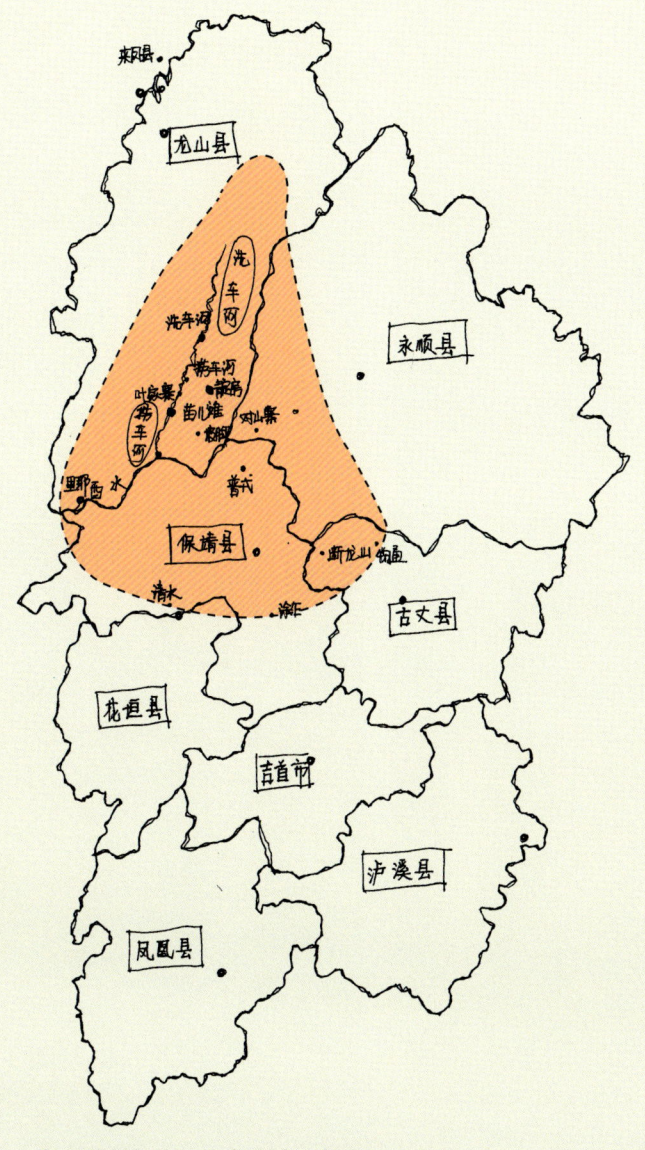

土家织锦制作技艺分布区域示意图

三个故事是"梅山阿打"的故事,讲她如何从织女变成了猎人,被土王谋害之后成了守护土家猎人的神。

首先讲讲"西兰和白果花"的故事,这个故事其实是从《摆手歌》里面的"白果姑娘"及"选(白果)花"衍生出来的,由于我们土家族没有文字,这些传说故事是由梯玛(土家族祭神驱鬼的巫师)口口相传才在民间留存下来的,现在有的地方还把这些传说故事编成了戏剧,让人看了更觉得感人。

土家织锦《窗格子花》

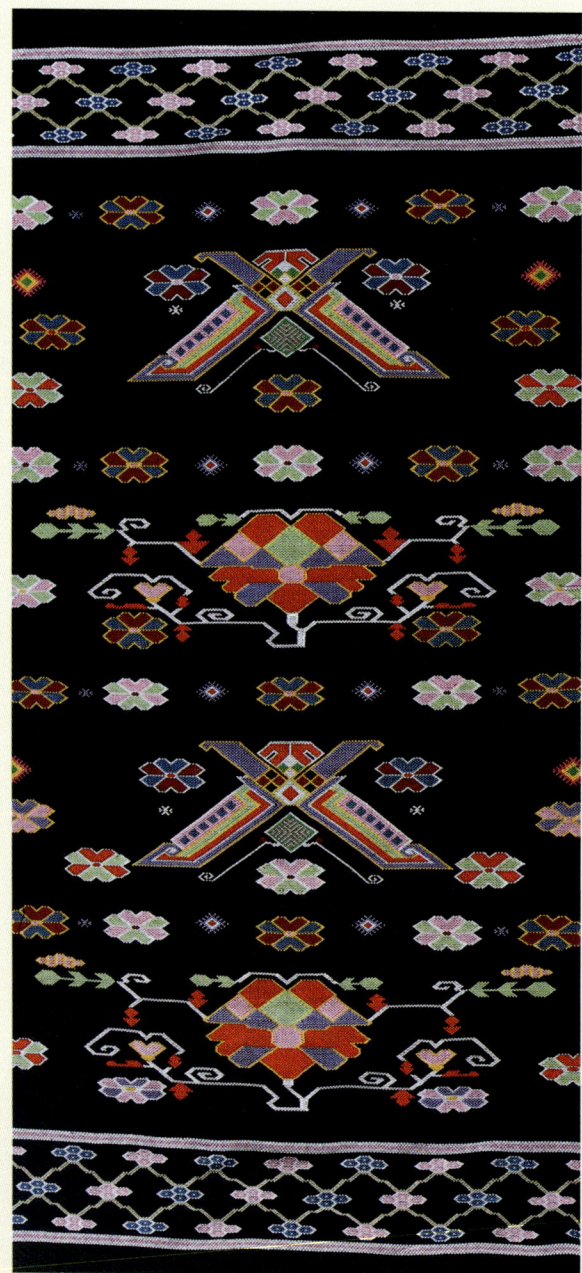

土家织锦《蝴蝶牡丹》

传说在很久很久以前，寨子上有一位美丽聪明的土家姑娘叫西兰。她从小就没有了母亲，十一二岁就跟着大人们学织布。她织的布平整细腻，人见人爱。到她十五六岁的时候，她织的布就已经远近闻名。春天来了，百花开了，土家山寨到处都是万紫千红的颜色。西兰坐在织布机旁，对着姹紫嫣红的鲜花，越看越喜欢，越看越出神。她心想，如果能够把这些五颜六色的鲜花织在布上那该多好哇!

于是她开始栽桑养蚕，还从山上采来花呀、草呀、果呀、根呀之类的野生植物带回家，捣碎取汁，制成天然染料，把丝线放在汁液中，染成赤、橙、黄、绿、青、蓝、紫不同的颜色，红花绿叶巧相配，于是，她织出来的布便如花似锦，还带着一股淡淡的幽香。她把自已织的一幅幅布晾在栏杆上，远远望去就像一簇簇艳丽夺目的鲜花，逗得雀鸟蜂蝶翩翩飞来，落在花蕊上，歇在花枝上。西兰看得出神，她又把花鸟织进了布里，于是有了"凤穿牡丹""喜鹊闹梅""蝴蝶牡丹""鹭鸶采莲"之类的花鸟图案。大家都说她织的花儿香得很，惹得蜜蜂都飞来，贴着织锦嗡嗡叫；她织的鸟儿飞得起，惹得四方八面的鸟儿飞来，贴着织锦喳喳叫；她织的鱼儿浮得起，惹得猫儿围着织锦喵喵叫，可以晓得她织的布有多漂亮。

西兰出名了，远近寨子上的土家姑娘纷纷赶来跟着她学织花，大家把西兰发明的这种织了百花图案的布叫作"西兰卡普"。但只有西兰的嫂嫂心拙手笨，总偷懒还学不像，也织不好，还时不时找碴儿，在西兰的哥哥面前搬弄是非，说西兰的不是。西兰出名了之后，远近的后生也被弄得神魂颠倒，纷纷赶来想娶她做妻子，西兰没把这事儿放在心上，只想着一心一意地织花。

织呀织，山上的花，河边的花，十样百样的花，都被她都织完了，她问麻麻（姑姑）："还有什么花呀？"麻麻说："没有了，没有了，我所见的花都被你织完了。"她问口安伯（婶娘）："还有什么花呀？"口安伯说："没有什么花了。"她问隔壁阿婆："阿婆，还有什么没见过、没织过的花吗？"阿婆说："没有了，没有了，天下的花都被你织完了。"这时，来了一位白胡子老公公，他指着西兰后园的白果树对她说："没织完，没织完，你后园还有白果花哩。""白果花？白果树也开花？"西兰惊喜地问。"白果树当然开花啦，不过要到半夜才开，天不亮就谢了，昙花一现，一般人看不到啰！那花才乖（漂亮）哩，雪白雪白，大朵大朵的。"白胡子公公说着便走了。

说者无心，听者有意，从那天起，西兰每晚半夜就悄悄地走出房门，走到后园白果树下，看呀看，等呀等，东方都现出鱼肚白了，还没见白果树开花。这样等了一夜又一夜，她面容憔悴，人也变得消瘦不少。平时好吃懒做、嘴尖毛长的嫂嫂，看见西兰最近心神不定，以为她半夜三更私会情人去了，便悄悄告诉丈夫："你看你屋西兰啰，脸上黄皮寡瘦，你晓不晓得，她每天半夜都往后园去，天快亮才回来。接连几夜，不晓得搞什么见不得人的事。"哥哥听了之后，肺都气炸了，还以为妹妹偷人养汉，丢了他的脸，决

土家织锦《百果花》

定等晚上去看个明白。

　　晚上，家里人都睡了，西兰又悄悄走到后园，坐到白果树下。望啊望，白果树还是没开花，西兰又疲倦又期望地对白果树说："白果树呀，你快快开花吧，让我看看天下最美丽的花到底长什么样子。"突然，树叶沙沙作响，转眼间树上开满了一朵朵洁白的鲜花。西兰好兴奋啊，欣赏着每一朵花，每朵都像玉雕银琢，美得出奇。她爬到树上，摘了一朵最大的白果花，准备把花带回家连夜织出来。

　　这天晚上，她哥哥不晓得到哪家喝了酒，一路跌跌撞撞走回家。他见西兰房门开着却没有人，猛然想起昨天妻子讲的话，顺手拿起一把畲刀，轻手轻脚地向后园走去，夜色朦胧，醉眼昏花，他好像听见妹妹叽里咕噜在与人讲话，又看见有两个人影向他走来，以为妹妹真做了丑事，丢了祖宗的脸，便一刀向妹妹砍去。可怜的西兰，就这样冤里冤枉地倒在血泊里。她哥哥的酒醒了，定神一看，妹妹手中拿的白果花已滴满鲜血，这才知道西兰是来看花的，但后悔已来不及了。白果花纷纷凋零，一瓣瓣一团团盖在西兰身上。

　　西兰死后第三天，她哥哥正坐在屋里喝闷酒，一只白中带红的小鸟落在他酒碗上，叽叽喳喳好像要讲话。他感到又奇怪又害怕，那只鸟白色的羽毛就像盛开的白果花，那红色如点就像滴在白花上的血。他哭了，眼泪哗哗地往下落，小鸟站在他手上喳喳直叫，似乎在说："王家凄凄恰恰，后园白果开花，嫂子是非小话，哥哥错把我杀。"听到鸟讲人话，嫂嫂脸都吓青了，她赶忙躲在楼上，鸟倒挂金钩吊在梁上唱；她躲到茅室里，鸟

土家织锦经典纹样《阳雀花》

飞到猪圈上唱；她躲进内房坐在帐子里，鸟飞到帐顶上唱。哥哥悔愧万分，满脸泪水地喊妹妹的名字："西兰，西兰……"，鸟儿才喊喊喳喳叫着飞走了。

月色朦胧，西兰惨死在哥哥刀下，死后化成了阳雀，夜夜啼鸣，叫得十分凄惨，为了纪念这位为追求美好而献身的土家族织女，人们就都叫自己屋里的女孩儿们从小学织铺盖，把土家织锦当作出嫁时最珍贵的嫁妆，并从此以西兰为名，把土家织锦命名为"西兰卡普"，并且认为只有心地善良、心灵手巧的人才能织出漂亮的西兰卡普。直到现在，每当白果花开时，人们在半夜三更还会听见"王家凄凄恰恰"的鸟叫声。土家山寨在每年四月十八晚上，大家围坐在火塘旁边，一边听阳雀在后园"归归呀，归归呀"地鸣叫，一边泡上一碗团徵，再点上三根香，阿婆口中讲着："嬷妈必（小姑娘），你死冤枉了！你死冤枉了！"这个习俗，在我们酉水流域的很多地方至今还保留着，土家人对这个故事几乎是家喻户晓，很多外面来的人了解土家织锦，也都是从这个故事开始的。

第二个是"蚕蛹花"的故事，相传在我们捞车河畔，有两个非常相爱的年轻人，女的叫阿妮，男的叫阿巴，他们两个在结婚前，想织一床蚕丝的土花被面，于是他们就到大山里寻找蚕蛹，历经千难万险，他们俩个终于在林子里找到了一对蚕蛹。他们小心翼翼地把这对蚕蛹带回家，精心培育，等待它出茧成蛾，然后产卵孵化成幼虫。就在这个时候，麻羊鬼婆看中了蚕卵，把它抢走了，阿妮和阿巴知道后尽全力去夺，追到麻羊洞找到了邪恶的麻羊鬼婆，和她拼命争斗，经过好几个回合，他们俩终于抢到了这对幼虫，把它扔出了洞外，谁知这时候洞突然垮掉了，阿妮、阿巴和麻羊鬼婆全部被埋在了洞里，再也没出来。为了纪念阿妮和阿巴把蚕蛹留在人世间的功绩，从那以后人们就用他们的名字，作为对自己父母的称呼，后来一个有心的土家姑娘就把一对蚕蛹的花纹织在了被面上，创造了"蚕蛹花"纹样，土家语叫"和罗背"，就是现在的"背笼花"，而且民间还流传着一首赞扬阿妮、阿巴不畏艰辛、顽强斗争精神的诗："朝负彩云晚储霞，阿妮阿巴觅蚕蚜，轰隆一声撼天地，留得蚕丝在人家。"

第三个是"梅山阿打"的故事，我婆婆说我们土家族有一位女英雄叫"梅山"，大家都叫她"梅山阿打"，"阿打"是土家语姐姐的意思。她从八岁开始，就跟着妈妈纺线结麻，蹬机织布，由于她聪明好学，十几岁就能织一手漂亮的花，九溪十八洞的人都晓得她织得好。梅山阿打织的土家花带捆在腰上，能使人增添力气，干活越来越有劲；她织的西兰卡普冬天盖着起暖，夏天盖着生风，冬暖夏凉，非常舒适。后来这个消息传到了土司王府，第十八代白鼻子土司王知道了，就派士兵到梅山家里要把她接进王府。但是谁都知道白鼻子土司王是最昏庸无道的，他生活荒淫，推行"初夜权"，强迫新娘第一夜与他"过夜"，还在寒冷的冬天，他把银子丢入河中要年轻后生摸取，只要摸不到银子的人都要被杀死。梅山阿打哭着骂土王比五步蛇还毒，死也不愿嫁到王府。后来，她的父亲想了办法，决定不让梅山阿打在家织花了，让她跟着到山上打猎去，练一身硬功夫，这样就再也不怕土王了。

梅山阿打是土家族的珍珠，摆在什么地方都会发光。经过几年的历练，梅山阿打练就了一身好本领，她箭法很准，能射中在天上飞的山鹰的脑壳，还能射死土家人都害怕的人熊，她每年都会为土家人射死几只吃人肉、喝人血的人熊，为民除害。再说白鼻子土王，他一年盼一年，天天都想着与梅山阿打成亲，但他又担心梅山阿打的超群武艺，心想硬着来恐怕是自讨苦吃，只能用软办法了。于是，他派媒人去梅山阿打家求亲，媒人被骂回来了；他又送去金银珠宝去买和，金银珠宝被撒得满山遍野。白鼻子土王哪能容忍这样的事，便起了歹心，对梅山阿打下了毒手。一天，他派士兵埋伏在梅山阿打打猎回家的路上，等阿打一进入埋伏，就立马放箭，万箭穿心，把梅山阿打射死了。可惜梅山阿打死得惨啊，被害死后，土王造谣说："女人不在家好好织花，却上山打猎，这是违反了天条，是玉皇大帝专门派白虎下凡惩罚她的。如果今后哪个女的再上山打猎，下场就跟梅山一样。"梅山阿打死了之后，变成了神，她的英灵守护着世世代代的土家猎人，因此，以前的土家猎人打得了野肉，总要先割下一包"血码子"，去敬梅山阿打，纪念她这个不畏强权的女英雄。

我小时候常常想起这些故事，西兰姑娘矢志不渝，为织白果花而献身；阿妮阿巴拼死斗争，才留得蚕丝在人间；梅山阿打勤劳勇敢，活得灿烂，死得壮烈。这些动人的故事，在无声无息地影响着我们一代又一代土家女人，像乳汁一样滋润着我们的心灵。

土家织锦《背笼花》

向光武干家务活

第三章

学艺之路

引 言

　　传统的土家族妇女不是现在专业从事织锦行业的手艺人，而是普普通通的劳动人民。在过去的日常生活中，家庭中的主要生产劳作、重体力活以及家庭外部事务，都是由家庭中的男性成员负责和承担的；普通的农活、家务活和家庭琐事，则由家庭中的女性成员负担。土家人一般是两代同堂或三代同堂的家庭模式，也有少数家庭是不分家的大家族，涉及到平日里衣食住行中的吃喝穿戴、纺纱织绵等事务，都是由土家族女性完成的，织花只是土家族妇女日常从事的诸多工作中的一项。

　　从小生长在传统土家村寨的刘代娥，每日看到的是勤劳能干的土家族妇女繁忙劳作的场面，她们除了负责劳作和家务以外，还要忙着种棉、栽麻、养蚕，然后纺线、染色、织花。最开始学习织锦的时候，是刘代娥的婆婆彭三妹教她织花，后来在她十一二岁的时候，她跟着大姐刘代玉学习织花。她的婆婆彭三妹是土生土长的捞车人，也是捞车村里很有威望的老人，她不仅时常帮助邻里亲友调和矛盾，还帮他们织嫁女和看月时的西兰卡普。她婆婆织花的手艺精湛，河上河下，家喻户晓。刘代娥从她婆婆那里学到了织花的基本要领，就是要做到认认真真、精益求精，这个原则潜移默化地影响了她的一生，使她对自己一直有着更高的要求。

　　少年时代的刘代娥在特殊的历史背景下跟着大姐偷偷织花，并和大姐一起把织好的花拿到集市上售卖，这样不仅解决了她们上学读书的费用，还减轻了家里的负担。在极为艰难的生活条件下，她的父母坚持让她们姐妹三人上学读书，文化水平的提升和织锦技艺的历练，使她日后有能力选择自己更喜欢的生活方式，从事自己喜爱的事业。她读中学的时候，跟着大姐学会了传统土家织锦制作的十几道工序，从种棉植桑、纺线染色到装机织花，她都干了个遍。而土家织锦技艺没有图文记载，更没有形成特定的工艺秘诀，传承时只有织造技艺和纹样，全凭织女个人的记忆和模仿，花纹颜色则是靠织女自己的理解随意设计搭配，大姐告诉她，在练习中不断总结经验和认真体悟，才能做出具有自己特色的织锦，这成了她后来追求和探索的方向。

　　刘代娥高中毕业后，回村做了几年村干部，但她始终放不下自己热爱的土家织锦，最终还是选择成为了一名专业的织女，与土家织锦结下了一生的缘分。在龙山、永顺和保靖等地的老一辈土家族妇女，一生大多只织几床或十几床西兰卡普，最多的也只织几十床而已，这个数量远低于现在专业从事织锦的艺人们织的数量。刘代娥不辞辛苦，学艺路上不断探访寻找传统土家织锦纹样，她像传说中的西兰姑娘一样，想织遍这天底下所有的花。水有源、树有根，从专业从事织锦以来，刘代娥就一直关注土家织锦的文化意义，她知道没有"根"和"魂"的土家织锦，不是真正的土家织锦，土家族的文化就是土家织锦生存的土壤。沿着这条崎岖的织锦路，她最终成了一位优秀的织女。这一章，跟随刘代娥的讲述，一起了解她的学艺之路。

第一节　我的婆婆——彭三妹

我出生在龙山县苗儿滩镇捞车村，我家祖上最早不是生活在捞车河的，我婆婆说爷爷家最开始是住在八面山，后来因为那里经常有土匪出没，过得很不安宁，这才全家都迁到了捞车。听说过湘西剿匪的人都知道，八面山上有个燕子洞，以前是土匪的指挥部，曾藏过很多土匪，那个地方是解放得比较晚的地方。当地还有这么一个俗语，如果谁看见人走路的时候打打闹闹的话，就会说他们是"八面山下来的土匪"。我们家搬到捞车河这边，已经有好几代人了，但不清楚具体是从哪一代迁到这里来的。在我们村上，姓刘的也只有我们这一家。我的婆婆姓彭，不知道她真正的名字叫什么，只知道她在她们家的兄弟姊妹中排行老三，大家都叫她"彭三妹"。

我婆婆是土生土长的捞车人，她娘家是捞车村彭家湾的，彭姓在我们捞车是个大姓，彭氏族人都很精明能干，以前我们捞车村，从凉亭桥下来一直到摆手堂的这一片地方，住的都是彭姓的族人，他们按明坟暗屋的古俗选了这块地方，所以彭氏家族才会长盛不

捞车村冲天楼

捞车村摆手堂

摆手堂里供奉的田好汉、彭公爵主和向老官人

衰。除了彭氏之外，我们村姓向和姓田的人也很多。我们村有座冲天楼，楼前面就是我们村的摆手堂，里面供奉着土家族的三位祖先：彭公爵主、向老官人和田好汉，每年我们捞车除了祭祀八部大王之外，还要敬奉这三位祖先，所以，我们村姓这三个姓的土家人最多。

我婆婆这辈子命很苦，我爷爷死得早，我们都没见过，听婆婆说在她二十几岁的时候，她就独自带着我的大妈（大姑）、二妈（二姑）和我父亲，住在我舅太公和舅太婆家（婆婆的哥嫂家），就是现在我的土家织锦传习所隔壁的那两间屋子，以前那儿有四间房。后来，我舅太公和舅太婆一辈子也没有生养孩子，他们晚年是我婆婆和我父亲照料的，所以他们去世之后，就把房子留给了我父亲。

听我婆婆讲，她那时候带着三个孩子，生活好艰苦，白天要上山劳动、做饭、洗衣、带孩子，晚上才能抽出一点儿空去织花。那时候人们织花不是为了拿到集市上卖钱的，一般就是自己给自己织，给自己家人用的。但我婆婆织花，一来是为了给我大妈、二妈

传习所旁的刘氏老宅

做嫁妆，好让她们体面风光地出嫁；二来她生活拮据，有时候多织一些拿到周边集市上换米糊口，养活孩子。所以，从我小时候的印象里开始，我婆婆一直在不停地忙碌，白天要干农活、家务活，晚上要点着桐油灯坐机子上织花，有时候织到我们都睡着了她还在织，她这个人太能吃苦了。

婆婆不仅是个非常能干的人，而且她在我们捞车村是很有威望人，你随便问我们村上了年纪的老人，谁会不晓得她呢！那时候我们村里谁家要是出现了纠纷，或者矛盾处理不了的，不管是她们家族的事儿，还是外族人的事儿，都会来找我婆婆过去讲理，而且只要她一去，问清楚来龙去脉，讲明白问题，事情很快就能得到解决，大家伙也都很服气她，所以，她在我们捞车村的名望很高。遇见谁家要办喜事或者举行祭祖，都要请她过去参加，她在村里说话是很有分量的，因为她办事客观公正，让人心服口服，有问题找她肯定能解决，因此都很尊敬她。

我婆婆土家织锦做得好，这是上下村子都家喻户晓的。我从小就听村里的人说："彭家的老姑婆，手巧得很！"只要提到她做的土家织锦，都会竖起大拇指。我婆婆没日没夜地纺线、染线、织花，乡里乡亲都知道她织得好，有时候还和她换工，帮她干农活，让她帮着去准备自家嫁女看月的西兰卡普。在我大姐那儿，还保留着我婆婆年轻时候织

过去集市上售卖土家织锦的摊子

勤劳能干的土家族妇女

的一幅西兰卡普，那个图案是大玉簪盖，是我婆婆留下来的老物件，非常漂亮，我记得那个织锦的两个档头是万字（"扎土盖"）变体勾连图案，它是最常见的一个土家织锦纹样，中间是玉簪花排列，用菱形万字作边框分割，那个铺盖就算是现在拿出来看，不论是样式结构，还是色彩搭配，都是非常古朴典雅的。

我婆婆一辈子都生活得很简朴，她还经常教育我们要勤俭持家。我记得最清楚的是她的那身蓝灰布衣服，因为我们这儿盛产靛蓝染料，所以她的衣服大部分都是那一种颜色，穿久了难免会褪些颜色，但看上去却更朴素、更有生活的味道。我们土家族人喜欢穿深蓝和黑色的衣服，很少穿白色的衣服，女的也喜欢蓝、黑、灰这些中性的颜色，有时候你可能会看见一个穿着打扮都很朴素的土家妇女坐织机上很不起眼，但她手里挑织出来的花却是华丽漂亮的，让人刮目相看，这就是我们土家族女性最质朴的一面。

我们小的时候，我婆婆经常坐在织机上边织花，边给我们唱歌："妹（儿）、妹（儿），你莫哭，转个弯弯是你屋，田也有地也有，打开后门看石榴。石榴树上三个姐（儿），三个姐（儿）赛梳头……"婆婆的歌谣伴随着我们的童年，十分难忘。她还经常给我们讲她那个年代的事儿，那时候每逢赶场，周边村寨都有集市，集市上售卖着各色

捞车村的民居

土家织锦《大玉簪盖》

各样的东西，其中有土花铺盖、衣服、荷包、帐帘等等，各式各样，场面十分热闹。大山外面的商人来我们这里收购桐油、五倍子、生漆、土碱等药材和山货的时候，看中了我们织的土家织锦和一些竹编，一并买了之后，顺船运到沅陵、常德和汉口等地再销售。这样，我们土家人自产自销的农副产品，逐渐开始走向了外面的市场，土家织锦也被大山外面的人认识和喜欢。据说那时候这些"土里土气"的东西销得很好，只不过后来，随着战乱的影响，土家织锦又被尘封在了酉水流域，留在大山里面了。

我婆婆是很传统的农家妇女，没有什么文化，但她知道很多道理，她总说："养女不织花，不如不养她。""白布帕子四只角，四只角上绣雁鹅，帕子烂了雁鹅在，不看人材看手脚。"她说旧社会穷人家女子的地位很低贱，就是因为有了土家织锦，我们土家女子才有机会在外面挣钱，织花不仅能增加经济收入，改善家里的生活，还能提高土家女子在家里的地位，所以，掌握织花的手艺，对于我们来讲是非常重要的。她那时候还讲过很多关于织花的俗语，我现在都不太记得了。总之，大意就是讲土家族的姑娘要是不会织西兰卡普，就是一个愚笨的人，以后找对象都困难；要是心灵手巧织得好，就是勤劳能干的人，这样的女子以后追求的人也多，能过上好日子。我婆婆认为，女孩子可以不用读那么多书，但一定要会织花，她常跟我们说："你们多织些花，是为你们自己好！"所以，在我婆婆的影响下，我们家三个姐妹，都会织花，也都织得很漂亮。

桐籽和茶籽丰收场景（旧照片）

　　我小的时候，一有空就喜欢到大人们的织机前站着看她们织锦，看着那些五颜六色的线在她们的手工挑织下，一点点被织在一起，最后变成了一幅漂亮的织锦，我心里非常好奇，也很羡慕，心想什么时候我也能织出这么漂亮的花。那时候我和大姐经常趁婆婆不在屋的功夫，坐在她的织机上学着她的样子摆弄，她回来看见了就要说我们："阿达比（小妹），你莫把我的花搞乱了。"然后，她会继续边织边给我们讲，应该怎么挑、怎么织，啥时候提综，啥时候投梭，我们看在眼里记在心里，所以对于我来讲，从一开始，我就特别喜欢织花，可能跟我从小看着我婆婆、我姐姐还有周围的人都织花有很大关系。

　　我印象中，婆婆最开始教我们织的图案是燕子花，这个纹样现在看来是很简单的一个图案，就是几个三角形组合在一起构成的纹样，但我刚开始学的时候，还是会觉得难。因为在菱形中间是它的主纹样，然后菱形里还要不断有规律地变换三种背景颜色。刚学织花的人在织的时候，注意力一定要非常集中才行，我当时就生怕哪一点不在意织的话就织错了。别看平日里我婆婆对我们都很和蔼，但她教我们织花的时候却是个十分严厉的老师，对我们的要求非常高。如果织错一点儿，就会批评我们，有时候还会骂我们，一旦织错了就必须拆了重织，一点儿都不能马虎。我刚开始学的时候，因为织花出了错，被她骂过，还哭过呢，但是不管怎样，我们都会听她的话，老老实实、一针一线地把织错的地方拆掉，然后再重新织。

刘氏三姐妹（左：刘代娥，中：刘代玉，右：刘代英）

刘代娥小时候喜欢看织机上五颜六色的丝线

现在我带徒弟的时候也是这么要求的，但有的人织错了图案就不愿意重织，因为她觉得自己织了半天，好不容易织了这么多，拆掉太可惜，而且拆的时候会更麻烦，织错一点儿也没什么大不了的，全当没人看见，不愿意拆。这些年轻人和我们那时候学织花的心态太不一样了，我们那时候是一点儿也不能马虎，做错了就拆掉重织，没有商量的余地，织出来的花必须是没有错的。如果对自己做出来的东西得过且过，织错也不愿重做，这样继续织下去的话，会越织越乱，甚至到后面看着错误百出的锦面，搞得人心情也十分不愉快，自己都不想织了，还不如从头到尾认认真真好好织呢！

我们跟着我婆婆学织花的时候，经常织累了，站起来休息一下，然后再跟着她去别人屋里看其他人是怎么织的，看看她们织的是什么样的花，有时候我看到别人织的图案漂亮，就记在心里，回到家自己琢磨，一有机会就试着把它织出来，就这样，慢慢地我会织的图案越来越多。经常有人问我："你刚开始学织花是学了多久才会织的？"其实，我也说不上来我学了多久，只知道每天看着我婆婆织，自己自然而然就会了。后来我自己也在想，我们成长的时代环境很特殊，那时候屋里屋外随处可见都是织花的人，走到哪里都能听见"啪嗒、啪嗒"的织花声，所以好多东西是在平日里不知不觉中就已经学到了，这是我们得天独厚的优势，现在学织花的人就没有这样的条件了。

土家织锦《燕子花》

传习所里摆放着许多徒弟们的织机

第二节 技艺启蒙

以往我们土家族女子织锦的技艺，都是在自己家族里面，通过婆婆、母亲、姑姑、姨母、嫂子、姐姐等教授给小姑娘们的，都是开放着教的，没有什么保密的地方，也不用拜师。我的大姐刘代玉比我大三岁，她从小就是跟着我婆婆学织花的。我婆婆平日里喜欢教我们织花，我母亲也会织一些，所以我们从小就受到家里人的影响，学织花学得很快。我在十一二岁的时候，开始跟着大姐学，那时候我还在上小学，我就利用周末休息的时间织花，有时候放学早了也在坐机子上织一会儿，反正织机就摆在屋里面，有空就可以织。

在我们捞车村，小孩子一般到七八岁的时候就要去学校上学。听老人们讲，我们这里以前也有土匪，解放前孩子们上学的时候，村里面要派壮年男子拿着枪一路护送着去

枯水期的捞车河，远处的影视基地所在地原是黎明村小学

学校才行，不然就可能被劫持。解放后社会变得安定，情况就有了好转。但那时候上学读书对于普通人家来说，不是一件容易的事。我小的时候我们家里条件很艰苦，婆婆、父母都要干活务农，没有什么钱，所以我母亲就对我们姐妹三个讲："你们可以去读书，能考到哪里，就读到哪里，但学费要自己赚。"当时我们想这就是个任务，想读书就得自己去赚学费，不觉得这是压力。那时候我一学期的学费是 1.5 元，我大姐最先学会织花，她织完以后拿到集市上卖，赚的钱很可观，大概一幅土花铺盖就能卖十几块钱，所以她赚的钱不仅能供我们读书，余下来的还能补贴家用，缓解我们家拮据的生活，这对我来说让我备受鼓舞，想着以后我也要像大姐那样，织花卖钱。

原来我们老屋前面住着一个舅娘，我们平日里去上学读书的时候，她就经常来我屋跟我母亲说："你日子过得这么艰苦，为什么还要让她们读书，不要让她们读书了，早点儿回来还能帮你干点儿活，不然就让她们在家织花吧，这样你的日子还能好过些。"我有次听那个舅娘这么说，心里就很不高兴，特别不喜欢她。但当时我们这里就是这样的情况，一般小孩子在六七岁大的时候，就要开始学烧饭、带娃娃，我那时候也带过我三妹，她比我小五岁，我带她的时候我只有七八岁。除了这些，平时还要去山上打猪草、拾柴火，家里面喂猪、喂鸡这些活我都干过，所以我们大山里的孩子，从小就养成了爱劳动的好习惯，个个都是爹妈的小帮手。等长到了十四五岁的时候，有的孩子就能跟父母到

小时候的刘代娥常背着背篓上山拾柴

坡上种庄稼了，那就是一个很好的劳动力了。而且那时候，我们这里的人思想上还有"重男轻女"的观念，认为男孩子可以去读书，以后还能外出闯荡一番；女孩子就应该待在家里，规规矩矩地干活，或者在家织花，这就可以了。我父母当时坚持让我们三姐妹读书，在村里已经是十分少见的了。那时候就是这样，能到学校读书的孩子已经是很幸运了，我们这儿一般的家庭都有三四个孩子，如果全部都去上学的话，对于家里面来说负担太重，加上我们这里经济又不是很发达，大部分都是务农的平民百姓，供不起孩子读书也是很正常的事儿。我大姐高中毕业的时候，她是我们村里走出去的第一个高中生，我们家姊妹三个最后都读了高中，这在当时已经是很少见的事儿了，所以我父母在他们那个年代属于比较开明的家长。

回想我们上学那个时候，条件是特别地艰苦，一般一个村子只有一个小学，还有片小和完小的区别，片小是没有中学部的，很多村子的片小只有一二年级，孩子们上完二年级之后，还要转学去比较远的乡镇上完小才能完成学业。有的大人害怕自己的孩子小，不想让去太远的地方上学，就会让他（她）再读一个二年级，等年纪稍大一些，再送到远处读书，所以，我们班上有几个孩子，入学时年龄已经很大了。我是在八岁的时候去

正在建设中的惹巴拉影视基地

读了小学，就在隔壁的黎明村黎明小学读的，那时候学校只有几间破旧的屋子，屋里光线也很昏暗，不像现在的教室，都是宽敞明亮的。不仅是学校设施简陋，当时的师资力量也不行，我们学校里的老师不多，一个老师往往要教几门课，而且老师们只有很少几个能讲普通话，所以我那时在学校也没学太多知识，只是能识字、会读书，就已经不错了。

我刚上小学的时候，放学回家吃罢饭，就见大姐坐在织机上织花，那时候我太小，脚够不到踩杆，只能站在一边看着。等到我该上初中的时候，就能操作织机了，每天放学之后都跟着大姐学织。刚开始学的时候，虽然不陌生，但感觉还是很有难度，大姐多次教我，教不会的话，我也会挨骂。我那时候我也很要强，为了不挨骂，每学织一种花纹，就一遍一遍不停地练习，直到掌握了这个图案的织法，能熟练织出来为止。我从小就有不服输的劲儿，喜欢跟我自己较劲，一定要织好了一个图案之后，才去学下一图案，这个要是学不会，我肯定不会去学下一个的，所以有时候她们就说我脾气倔得很。

谁知道后来不久，"文化大革命"开始了，要割资本主义的尾巴，堵资本主义的路，所有的家庭副业都被看成是资本主义的尾巴，都要被割掉。那时候许多人的织机都被毁了当柴烧，一些以织花为生的人也都被赶下了织机，没有了吃饭的门路。我和我大姐那时候只能偷偷摸摸地织，当时害怕得很，怕被发现要挨斗。但当时我们不仅要吃饭，还要上学，不织花就没有办法生活下去。所以，我俩白天照常上学，晚上回来点着桐油灯偷偷地织，当时我们不舍得用洋油（煤油），就用棉芯点着桐油，就着微弱的光亮织花。我们母亲看我俩摸黑织花，害怕我们把眼睛累坏了，她就把灯芯搓得很粗，这样光线就

凌乱的五彩丝线背后是精美的锦面

会亮一些,但我们胆子小怕被发现,就把灯点得暗暗的,能看见线就行了。织的时候也不敢用力打梭子,害怕发出一点儿声响,就是拿着梭子轻轻地用力挤一下,我现在还会这个本事,织的时候不出一点儿声音,这样我俩偷摸地织花,织完了就拿到集市上卖,卖的钱都交了学费,剩下的就交给我母亲。

我读了两年初中,三年高中,我们那时候读的都是农业中学,上学以劳动为主、学习为辅。在家里面,我跟着大姐一起种过棉花、栽过麻、喂过蚕,整个传统土家织锦制作的工艺流程,我们俩个都干过。我们种棉花的时候,一般是在每年三月份开始,在自己家的老房子后面,找个日照充足的坡地上,开出一块地,我们这里用俗语讲就是:"好地种棉花,多选向阳坡。"棉花是个喜欢阳光的农作物,在充足的阳光下它长快,所以要种在向阳的地方,然后深耕播种,均匀地洒下种子,再覆上土,接着就是育棉花苗了,等播种之后一个月左右,再分离种植。棉花它的根须扎得深,中期生长的时候还要浇水,后期可以吸收到地下的水分,就不需要浇水了,但还要施肥料。等棉花长到一定程度的时候,还要给棉花剪去多余的枝条,土里面有杂草的话也要经常清理,不然杂草就会吸收棉花的营养,不利于生长。等棉花吐絮成熟摘下来之后要晒干脱籽,开松除杂,然后再进行梳棉,把棉花纤维收集到一起,拿竹签滚成一根根棉条,再用力拉伸捻搓棉花直到形成棉纱,用纺车纺线,把棉花条纺成匀细的纱线,棉线就制成了。

棉线纺好以后,我们俩还会到山上找各种植物来染棉线,比如黄栀子、板蓝根、五倍子、椿树皮、苋菜根等,都是我们那时候用过的染料。在染这些颜色之前,还要先用

刘代娥种植的黄栀子

用植物染色的棉线织造的土家织锦

石灰水煮沸脱脂，再用清水洗棉线，然后晾干再染，那时候我大姐制配方，我来煮水熬制，等我们把线染好以后，就用纺车把色线倒到络线筒上，这样就方便织花时候用了。

我跟着我大姐学织花的时候，是从织锦的原材料、纺线、染色开始做的，传统土家织锦的十几道工序我俩都做了一遍，因为当时物资比较贫乏，也没钱没条件买材料，只能自己种花植麻，自己养蚕缫丝，自己纺线染色。现在真是方便太多了，在外面直接就能买到各种各样颜色的棉线、丝线、化纤线等线材，还不用担心掉色和固色的问题，织出来的效果也不错，真是省了很多力气。

我大姐教我织了很多种不同的纹样，还给我讲了一些口诀，比如"四十八勾名堂大，最难织的是岩墙椅子花"，就是说"四十八勾"是我们土家织锦所有图案中最具内涵的，但织起来最难织的还是"岩墙花"和"椅子花"这两个图案。关于配色的口诀，她也给我讲了不少，比如"紫是骨头绿是筋，配上红黄色更新""女红妇黄、寡青老褐"等，这些口诀有的是我婆婆教她的，有的是她从别人那儿学的，但后来她也跟我讲过，土家织锦自古以来"传图不传色"，图案是固定不变的，颜色搭配是没有固定讲究的，只要掌握住各种颜色的感觉，怎么搭配全凭织锦人自己的理解和经验，正因为这个原因，我们才能把土家织锦做出个人的特色，这些道理对我产生了很深远的影响，也是我一直不断追求和探索的方向。

植物染色土家织锦《骑马人》

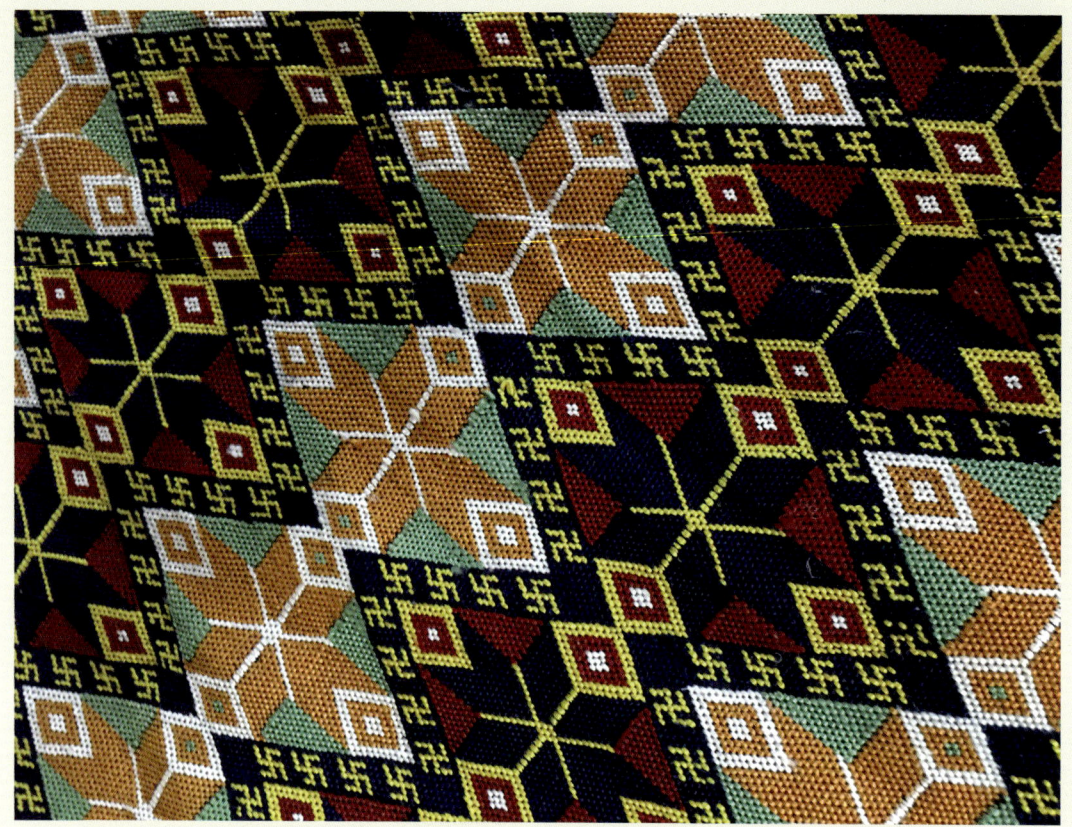

土家织锦纹样《八角香》

土家织锦《四十八勾》

第三节　成为织女

我高中毕业以后，就回到了我们村，干过一段时间的团支部书记，还当过一段时间的妇女主任。因为那时候我读过高中，是有文化的，村里就安排我当村干部。我记得在我作妇女主任的时候，我的主要任务是宣传计划生育政策，当时我们土家族作为少数民族，在计划生育政策下，每对夫妻都可以生育两个小孩，但我们这里有"重男轻女"旧思想，有的家庭生了两个孩子了，都是女儿，还是想要男孩，所以要再生。但那时候政策不允许啊，我就要去做工作，跟他们讲男孩女孩都一样，要优生优育，即便是这样，还是有人超生。后来我还要经常去开导村里的妇女们，要发扬自信、自立、自强的精神，提高文化水平，提高妇女在家里的地位。

但干了不久，我就感觉到自己并不适合做这些工作，因为我是一个很内向的人，不擅长跟人沟通，平时都不怎么爱讲话，更不知道怎么去说服别人做什么事，我只想安安静静地做自己的事。所以想了很久，我决定辞职不干了，跟村里说明了情况，回家开始

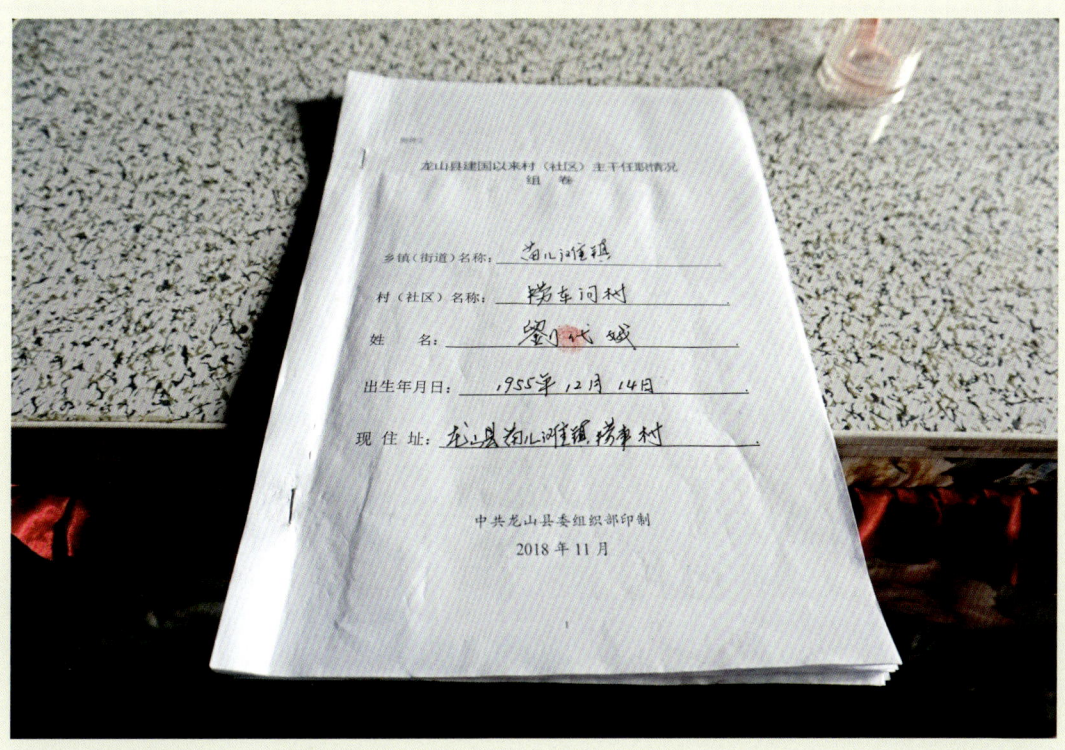

记录刘代娥曾担任过村干部的登记表

刘代娥和三妹刘代英时常交流织花技巧

勤劳能干的土家族老人

专门做织锦。那时候我三妹还在上学，我一边在屋里织花，一边还教会了我三妹织花。我当时对织花的兴趣是很浓厚的，觉得这是一门手艺，要做就要做好做精，这样才能做得长远，而且织锦在我们这儿有一定的市场，做织花跟种田土一样，都能增加收入，有的时候甚至比种田土还更能改善家里面的生活。况且我们家的生活条件一直不是太好，人口多，又没有别的生活来源，不织花就难以维持下去，所以我决定要专心致志好好织花。

我们大山里的田土、桐林和茶林，没有不是长在山坡上的，和平原地区相比，同样面积的田土，所花费的劳动要多得多，所以家里面的男人基本上都要参加生产劳动，女的也是长年上坡下田，跟男的一样，是劳动生产的能手。除此之外，我们土家族的妇女还要从事家务劳动，赡养老人、照顾小孩，抽点儿空才能织花，生活很是辛苦。这种生活状态一般要从十二、三岁开始，一直干到老了干不动为止，因为只要身体好、不生病，那就要手脚不停地忙活，不然就没办法生活。也正是因为这，我们土家族的妇女个个都很会劳动，很能吃苦，一年到头从播种到收割，从舂米到磨苞谷粉，什么都会干，什么都能干，可以说是这种艰苦的生活环境造就了土家女人们吃苦耐劳的精神。

每天天不亮，我就摸黑起床生火，做好一家人的饭，天刚亮就要背着竹筒去打水，然后到山上砍柴、打猪草，在出工劳作往返的路上，还要两手还不停地边走边捻线。傍晚收工回来，一放下装满柴或猪草的背篓，又要开始忙碌，喂猪、喂鸡、生火煮饭，一刻也不停歇，一直忙到晚上天黑，点着灯开始在织机前织花。那时候我不仅会织花，还会做一些绣花鞋垫，做鞋垫的手艺是我母亲教我的，就是先把家里破旧的衣被找出来，洗干净晒干，然后拆成布块，放在平整的木板上，先用磨成浆的魔芋或者淀粉做浆糊，再把布块一层层均匀地涂上糊粘在一起，一般糊个五、六层就可以了，然后把它们晒干，做成布壳，再把布壳剪成鞋样大小，贴上白色新布。等干燥以后，再在鞋垫上面绣上花，用那种长条形的布把鞋垫的边缝扎紧，绞一下边，再围着内边加上一道十字绣锁好边，最后把鞋垫上没绣图案的空白地方，都用针线细细地有序地扎满，打一下底就做成了，这样手工做的鞋垫，不仅美观漂亮，而且穿着也舒服。

我决定在家里面专业做织锦的时候，我大姐刚调去龙山工作，三妹还没毕业，那段时间我白天不仅要干家务活，还要织花，非常忙碌。我印象最深的是我刚学会织"台台花"图案的时候，花了好几天时间织了一个盖裙，那个盖裙我自己非常喜欢，但为了生活我还是把它拿到集市上卖了，卖了五六块钱，当时心里很不舍。我记得那个盖裙的配色也很漂亮，是用桃红、浅绿、淡黄这些看上去比较可爱粉嫩的颜色，因为彩色锦条的面积小，三面包围着大面积的黑土布，所以不会显得俗气，整体效果非常典雅亮丽。这个"台台花"纹样是我们土家织锦里面非常经典的传统纹样，它和"双白梅"纹样经常被人搞混，有的人织了好多年还分不清哪个是"台台花"，哪个是"双白梅"，其实它们两个最大的区别就是看有没有船纹和水波纹，如果只有面纹的，就是双白梅，如果面纹、船纹和水波纹都有，那就是台台花。

台台花是我非常喜欢的一个图案，它不仅看上去漂亮，实际上还蕴含着我们土家族的文化。为什么台台花会有船纹和水波纹？这要从我们土家族的故事讲起，《梯玛神歌》里面提到了我们人类的起源，据说洪水泛滥了七天七夜，整个大地都被淹没了，洪水中一个葫芦变成了船，救了世上仅存的一对兄妹，后来他们兄妹成亲，繁衍后代，创造了新世界。你看，盖裙从下沿到左右两边，台台花图案一级级地上涨，就好像"七天的洪水"，水涨船高，葫芦船也随着水位上升，但水再涨也不会齐天，船随水升再高也不能通天，所以盖裙上方是不封口的，留出大面积的黑色，代表没有边际的天。我听说在我祖辈人以前居住的八面山，也有一个民谣："八面山高一只船，齐天大水渡人难，兄妹成亲当堂坐，百家姓里把人传。"这和梯玛古歌里唱的意思一样，老人们说那个葫芦船战胜洪水之后，就化为了八面山，所以土家人把八面山称作"树木补"，意思是"祖先山"，虽然这些都是神话故事，但也说明了我们土家织锦蕴藏的丰富文化内涵，从我成为一名专业织女开始，我就一直关注土家织锦的文化意义，因为我知道，没有"根"和"魂"的

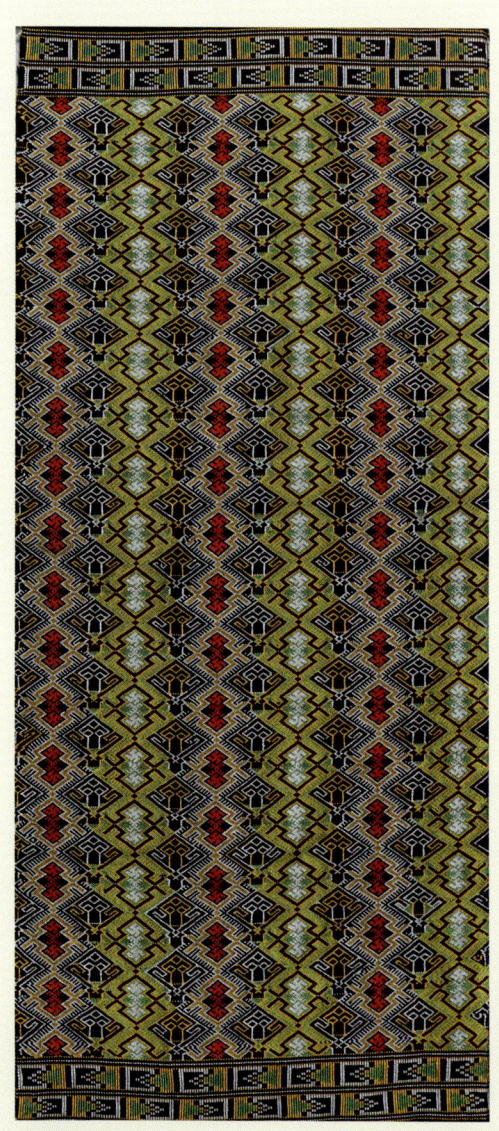

土家织锦《双白梅》

土家织锦《台台花》

织锦，不是真正的土家织锦，土家文化是土家织锦这棵苗苗成长的田土。

　　我那段时间总在不停地寻找各式各样土家织锦的纹样，想把所有自己没见过、没织过的花都织出来，就像"西兰卡普传说"中的西兰姑娘一样。而且，我觉得所有织花的人身上，都有值得我学习的地方，不管是织法、图案，还是构图、配色，都可以拿来补充我织花的不足，这样我的织花水平才能提高得更快。记得有一次，我听人说坡脚那边有我没见过的桌子花纹样，为了对比和我手头上的桌子花纹样的差别，我就一个人徒步去坡脚寻访桌子花。早上5点多天刚刚亮，我带了点儿干粮就从家里出发了，那时候的农村，交通不便，路很难走，遇到泥泞的地方，就更难行路了，现在我回想起来，都不敢想象自己是怎么一步步走到那儿的。我们山区，没有什么代步工具，也不晓得自己翻过了几座山，穿过了几片林，只记得走了一整天，到晚上天黑之后才走到坡脚。当时感觉我的两个腿就像灌了铅一样，抬都抬不动，脚也麻木了，感觉不到疼，整个人是疲惫不堪。但到了之后，我也没空休息，继续挨家挨户地寻访，最后找到一个老农家里，看见到了那个桌子花的纹样。我见到桌子花时心情格外激动，虽然那块锦已经有些破旧了，但看到那个纹样、那个配色，就感觉自己付出的辛苦都是值的，什么疲惫都忘了。桌子花是我们土家织锦里面一个传统的图案，土家语称它为"石贴卡普"，虽然它是用我们日常生活中的桌子为原型创造的纹样，但却是我们土家织锦里面最难织的图案之一。从工

台台花纹样的盖裙

台台花盖裙局部

远眺土家人的"祖先山"——八面山

艺技巧上讲,桌子花的造型复杂,织造难度大,织的时候需要配十多种不同颜色的纬线,但我非常喜欢挑战这样的图案,只要会织了这个纹样,我就会变换各种配色来练习织,直到彻底能熟练掌握,织出我自己觉得满意的锦面效果才肯停手。

从以土家织锦为生的那个时候开始,我一直在干一个庞大的工程,就是收集土家织锦传统图案,最初只是为了多掌握几种传统纹样,能比别人多织几种花,后来我就想着要把所有土家织锦的传统图案全部织出来,展现在世人的面前。当然,这个工程是非常耗时、非常困难的,有的时候是满载而归,有的时候是空手而回。记得有一年夏天,我听说他砂乡有一幅跟经典台台花图案不一样的传统织锦,我很感兴趣,决定去一趟看看情况。出发的那天下着小雨,我冒着雨就出门了,山路崎岖,路上很滑,而且没有通车,只能靠步行。我爬了三座山之后,到了目的地,可惜见到那个纹样,让我大失所望,这

　　个台台花我之前也见过，不是很特别，当天就悻悻地返回来了。这种事情很常见，总是抱着极大的期望去了，千辛万苦到了地方，看了之后发现并不是想象中的那样，难免会有点儿气馁，但是下次如果还有这样的消息，我还是会像打了鸡血一样跑过去看的，我就是想把所有自己没见过、没织过的传统纹样都织出来。说实话当时我并没有想得太远，也不晓得这对后来的非物质文化遗产的保护能起到这么大的作用。

　　我自己在家织了几年之后，后来就跟我爱人向光武结了婚，我们两个建立了新家庭，但我们肩上的生活负担还是很重的，我父母亲健在，妹妹刚高中毕业，那时候我爱人在家种田土，我在家生产织锦，后来我们商量着办了一个小规模的土家织锦坊，就在我们家老房子那儿，当时连带我和我三妹，一共有六个人在织锦。又干了几年，生意稍微有点儿规模，我爱人就开始到外面联系销路，我在家负责生产织锦，日子稍微好了一些。

土家织锦《桌子花》

织有刘代娥名字的土家织锦

从我婆婆到我母亲,再到我大姐、我和我三妹,土家织锦已经在我们家传承三代人了,那个时候我们连生计问题都解决不了,物质和精神都是很贫乏的,最终还是靠织花支撑我们度过了最艰苦的日子。现在总有人问我:"学织花难不难啊?"我讲:"织花要说简单其实很简单,要说难也有难的地方,如果只是想学会织,快的话用不了一周就能学得会。但要想做精的话,每个图案都要熟悉,一点儿都不能错,这需要大量的练习。只要你明白了织花里面的道理,积累了经验,然后自己慢慢体会,一点点认真坚持去做,那么不管什么样的花,都能织得好、织得漂亮了。"这就是世人常说的:"世上无难事,只怕有心人。"从我婆婆、母亲、大姐到大多数平凡的土家妇女身上,我看到了她们吃苦耐劳的品质、坚韧不拔的精神,这是我受益终生的财富,使我能勇敢、坚毅地走到了今天。

刘代娥织花(早年照片)

第四章 从艺之路

引 言

20世纪70年代末期，土家族传统文化的生存状况出现了转机。为了推动民族地区的经济发展，地方政府决定大力发展土家织锦这一传统民族文化。随着土家织锦的繁荣，湘西很多地方纷纷建厂投入生产，就连本属苗族地区的花垣、吉首、凤凰等地，都有了土家织锦的加工厂。洗车河流域是土家织锦现代发展的核心区域，这个地区的织锦艺人数量众多，技艺精湛，争相被各地厂家聘为技术顾问。在这样的社会背景下，高中毕业后回村当了几年村干部的刘代娥，辞职后继续专心做织锦。她手上功夫扎实，脑子里记得花样也多，渐渐积攒了名气，后来受聘到花垣县织锦厂（花垣县民族民间工艺美术厂）作技术顾问和业务厂长，负责生产和销售土家织锦产品。那时候的土家织锦，刚从自产自销的土家族日用品，变成了时髦现代的商品被推入市场，织花开始成为土家族妇女谋生的重要手段。

后来，刘代娥的大女儿和儿子相继出生，她又回到龙山苗儿滩镇捞车村，继续在土家山寨里织花，其中有一年的时间，她到张家界森林公园织锦厂做技术指导，但没干多久就又回到了家乡，她总不忍背井离乡，在家里她不仅能照顾老人和孩子，而且还能一边织锦一边干自己想做的事儿，家乡让她觉得格外自在，并且还带动了村子里的妇女一起织花。

在她的大姐刘代玉和三妹刘代英的支持下，她们共同创办了自己的土家织锦厂，虽然厂子扎根在平凡的土家山寨中，但在规模上却丝毫不输给城里的织锦工厂。厂子最兴盛那几年，附近坡脚、靛房和捞车等地的一共360多个织女一起给她织花，她也悄悄成了名副其实的"万元户"。平日里她除了负责管理生产工作，还坚持着传统织锦的织造，她的《岩墙花》和《船船花》等作品，在各种比赛中接连获奖，刘代娥的名气越来越大，技艺越来越精湛。

然而，到20世纪90年代中后期，由于缺乏对经济市场价值规律的认识，以及部分产品质量低劣等问题的影响，一度繁荣的土家织锦突然之间遭受到重创，订单锐减，产品滞销，工厂运作困难。整个湘西地区的工艺织锦厂先后停产倒闭、迅速解体，个人织锦作坊也纷纷关门，仅剩花垣织锦厂和洗车河流域的个别名气较大的织锦艺人还在坚持。当然，这其中还在苦苦支撑的就有刘代娥的织锦厂。再后来，许多织锦艺人纷纷转行，被邀请到张家界和芙蓉镇等著名旅游景区进行土家织锦的织造和表演。但刘代娥没有选择离开，她依旧坚守在自己的家园继续织花，她知道她所生活的地方就是土家织锦的源生地，是土家织锦最后一块热土，土家织锦绝不会在这里断代。

处在低谷时期的她，仍在不遗余力地搜集传统土家织锦图案，因为她一直以来都有一个心愿，就是要建立一个土家织锦展览馆，把传统的土家织锦两百多种纹样全部展示出来，让人们领略土家织锦文化的魅力。为此，那个时候的刘代娥不舍得给自己买一件新衣服，赚到一些钱就拿去收旧的土花铺盖，她想把自己见到过的所有图案全部织出来，不想错过任何一个纹样，她的一生和土家织锦结下了不解之缘。

2004年，随着我国加入联合国教科文组织《保护非物质文化遗产公约》，土家织锦技艺于2006年被列入我国首批非物质文化遗产项目，之后刘代娥被认定为第一批国家级非物质文化遗产项目（土家织锦技艺）代表性传承人，这一列的举措，为生存艰难的土家织锦及其艺人带来了生机。如今刘代娥的传习所每年接待上万人，来参观学习的人络绎不绝。虽然她已年过花甲，但现如今她却更喜欢尝试新的创作，她的双色双面织锦、《藏女·娜么塔》和《甲子顺锦》，都是近些年最新的"研究"成果。这一章，跟随刘代娥老师的讲述，一起了解她的从艺之路。

第一节　在外打工的日子

　　从我十一二岁跟我大姐学织花,到在生产队时期偷偷地织花卖钱,维持家里面的生活,再到后来我成了捞车河织花手艺最好的艺人之一,一路过来,我觉得我没什么特别的地方,就是为了生计不断织花的普通织女。我年轻的时候,土家族的女孩子结婚如果没有几床好看的土花铺盖,大家都会觉得没啥看头,因为我手上功夫扎实,脑子里记的纹样也多,织得又好又快,所以很多结婚需要买西兰卡普的人,都找我订货,这样我的订单多了,织得也多了,熟能生巧,就织得更精一些。后来我逐渐小有名气,在捞车河一带都知道我织得好,于是就有人到我家里来,请我到花垣县民族民间工艺美术厂(刘代娥习惯称它为"花垣县织锦厂"),帮着他们指导土家织锦的生产和销售。

色彩艳丽的西兰卡普是土家人婚礼上最引人瞩目的物品

20世纪七八十年代,集市上售卖土家织锦的场景(旧照片)

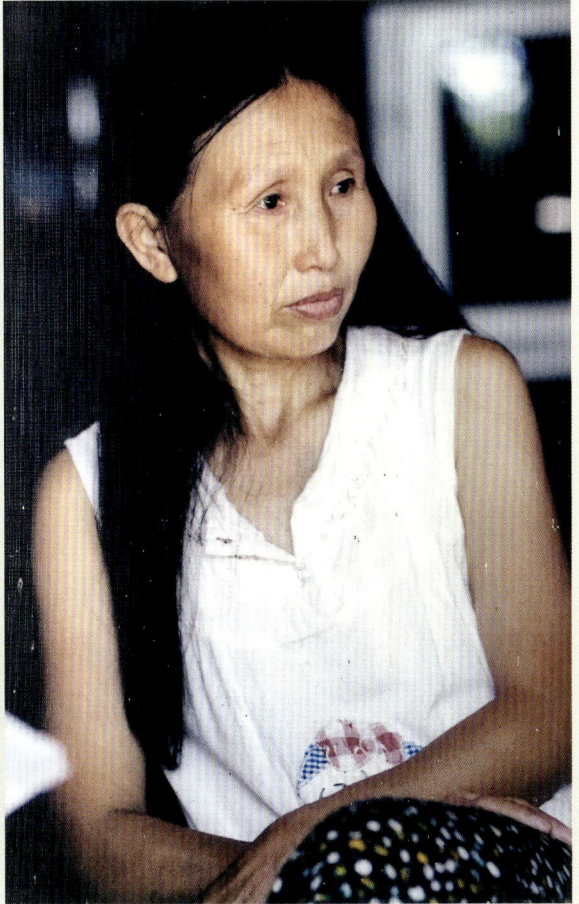

到捞车河考察的清华美院学生为刘代娥拍摄的照片(2010年)

改革开放以后,随着市场经济的发展,可以说我们土家织锦迎来了最繁荣的一个发展时期。那时候我还没怎么意识到外面市场上有什么变化,只记得从"文化大革命"结束以后,我们湖南省的工艺美术研究所,对土家织锦就进行过全面的调研,他们那时候也来找过我,问我当时关于土家织锦生产的一些情况。后来我才知道,经过他们上面的研究和改革,土家织锦要开始从土家族内部的自产自销,走向大规模的商品化生产,向外推广出去了,我们龙山县就成了土家织锦的生产中心。我们县那时候一共有20多个乡镇,总共有将近一万名织锦艺人和四五千台织机,县里面的主要经济来源就是靠土家织锦。当时国内外的市场对土家织锦供不应求,龙山县是以千家万户的零散织锦作坊为大本营,以专业生产织锦的个别厂家为龙头来发展土家织锦的生产的,产品的品种也从传统的西兰卡普、裙被衣服,到多种多样的旅游纪念品、工艺装饰品、生活日用品等,还生产了不少土家族的服饰,那段时期可以说是土家织锦发展的一个恢复期,各类产品都销得不错。

那时候我们龙山县之所以能把土家织锦发展起来,还获得了不错的效益,主要原因就是他发展的措施很得力,继承了传统土家织锦的制作工艺,打响了土家织锦的牌子,同时扩大了销路。龙山生产的土家织锦很多都直接远销国外,包括日本、菲律宾、加拿大等国家,深受各国人民的喜爱,赢得了很高的声誉。当时我们苗儿滩镇也是以织锦厂为中心,镇里生产的织锦产品品种非常多,有沙发巾、沙发垫、电视罩、电风扇罩、厅堂壁挂、各种织锦袋、马夹、裙裤、被面、帐帘、枕套等等,可以说是应有尽有。我们这些家庭小作坊当然也看到了这个大趋势,跟着生产了不少织锦产品,从那个时候开始,土家织锦就不再是长期封闭在大山里面土家人自己的织物了,已经开始被外面越来越多的人认识和接受。

从20世纪80年代开始,我们湘西州的花垣、凤凰、永顺、龙山等县和永顺王村、龙山苗儿滩等公社相继建立了民族工艺厂,我们镇上的很多织锦能手,都到外面的织锦厂里传授织锦技艺,有的去了湖北的来凤、恩施、鹤峰,有的去了湖南的长沙、张家界、吉首等地。当时龙山县土家织锦工艺厂的终身技术顾问,就请的是叶玉翠大师。在1981—1985年之间,我也应邀受聘到花垣县织锦厂当了技术顾问和业务厂长,主要负责织锦工艺设计和技术指导,同时还带了30多个徒弟,传授他们织锦技艺。

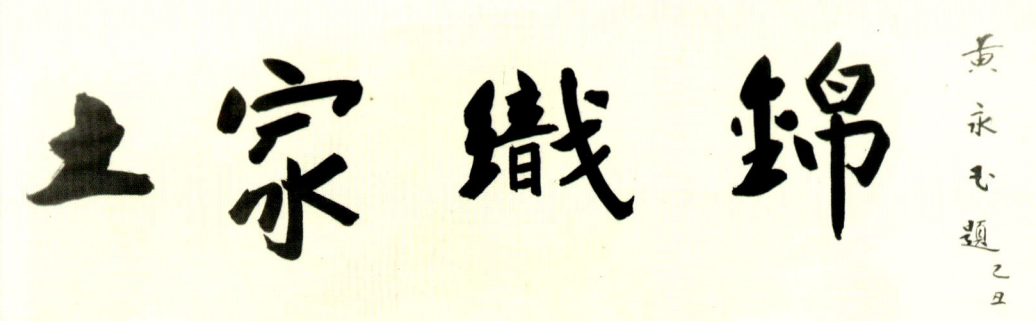

黄永玉为龙山土家织锦工艺厂题写的"土家织锦"

龙山土家织锦厂生产的织锦挎包

叶玉翠教徒弟们织花（旧照片）

我去的花垣县织锦厂，是在1979年花垣县机绣厂的基础上改建的，它主要生产的是蜡染、苗绣、土家织锦等湘西地区的很有特色的民族手工艺品。我刚才提到了，在20世纪80年代，随着土家织锦的繁荣发展，湘西很多地方纷纷建厂投入生产，但到了90年代中后期，土家织锦开始迅速衰落，很多织锦工厂和个体作坊又相继解体了，但这个花垣县织锦厂至今还在织造生产，它作为一个国有集体织锦厂，能经历大风大浪顽强地生存下来，是很不简单的。

我在花垣县织锦厂的时候，指导织工们织传统图案的西兰卡普和壁挂毯，有时候也会组织设计一些时尚挂包，挂包上的图案有的是土家人摆手舞，有的是现代抽象艺术图案"梦"和"茶花女"等，我记得最好销的产品还是壁挂一类的装饰品，几乎是一出厂门就被"抢"光了。现在回想起花垣县织锦厂当时做的产品，无论是从做工工艺、质地，还是产品的样式、颜色上来说，都是很不错的，这是它能长久生存下去的根本原因。当然，这也得益于它的建厂时候的基础，因为当时织锦厂里大部分的织工都是做机绣出身的，个个手都得巧很，而且他们对图形、颜色都有一定的审美经验，制作时候工艺也很讲究，都很重视产品的质量，毕竟质量才是一个企业的根本。另外，花垣县织锦厂它的地理位置也非常好，离湘西州的州府吉首很近，能经常和湘西州轻工局和州里面的工艺美术研究所的人交流，这样就能更方便地提高设计水平，准确地把握市场行情，能及时

西兰卡普挎包

针对客户的需求，开发适销对路的产品。

所以，我觉得做我们这行，要向花垣县织锦厂学习，不仅要会做、做得好、做得精，而且还要会找路子、会动脑子，不断开发适合市场的新产品，这样才能跟得上时代的节奏。土家织锦从自产自销的日用品变成被千家万户喜爱的商品，再变成现在珍贵的工艺品和收藏品，是不断地在社会发展中与时俱进的，时代不停地前进，我们这些手工艺人、织锦作坊、织锦企业，都应该在发展中继续摸索，创造更多适应社会和市场的新作品，这样才能把土家织锦更好地延续和传承下去。

我在花垣县织锦厂干了大概将近五年时间，到1985年，我儿子出生以后，就没有再去了。那时候我大女儿两岁，儿子刚出生，两个小孩子都要照看，我想着还是在家里干小作坊吧。后来，我孩子都稍微大了些，在1986年下半年，我接到了张家界森林公园织锦厂的邀请，让我过去指导生产，我就去了张家界。那时候我是带着我儿子过去的，在张家界那边租了间房子，还找了一个人帮我带孩子。我在张家界森林公园织锦厂，担任的是工厂的技术指导，也带了几个学徒，主要是负责生产旅游景区纪念品，以壁挂和背包为主，图案是一些现代的人物和风景图案，我们指导工人生产的这些产品当时在张家界景区销售得很好，卖得最好的就是"月是故乡明"和"土家歌舞"这两种图案的产品。

后来，到张家界的第二年，我怀上了老三，等生老三的时候，我又回到家里了。那时候，我看到龙山这边的织锦产业也发展得很好，当时就想，到张家界也是给别人打工，虽然厂里给我的待遇很好，但还是不如回来给自己干好，这样老人、小孩儿我都能照顾得

土家歌舞织锦《土家摆手舞》

土家织锦挎包——张家界旅游纪念品系列

到，况且在张家界还要到处租房子，生活成本也不低，每天来来回回很不方便。所以转过年，我就没有再去张家界森林公园织锦厂，把那边的工作辞掉了，不过，我走的时候留了两个徒弟继续在那边帮忙，指导他们生产。张家界森林公园织锦厂的厂方后来一直挽留我，那时候没有电话，他们就经常给我发电报，喊我过去，还跟我讲可以把我两个小孩的户口带过去，成为城市户口，同时还能解决我爱人的工作。但我那时候就是不想到外面打工，就想回捞车，在家里面自在，所以，一共算下来也没在张家界干多久就回来了。

张家界的那个森林公园当时是我们国家第一个森林公园，自然风光很美，有得天独厚的旅游资源，所以国家和政府都很重视它，投了很多钱发展它。后来到这里玩的游客越来越多，游客多了，旅游产品自然就好卖了，当时的土家织锦产品只要生产出来，马上就会卖光。我以前在张家界认识的那些做生意的朋友，现在都发财了，他们见我还跟我说："张家界早就从'小山城'变成'国际张'了，你当初要是留在张家界就好了！"我当年要是真留在张家界继续干，的确也早发财了，因为那时候正赶上好时候，肯定能赚不少钱。但是现在回想起来，我一点儿也不后悔，一方面当时因为我上有老、下有小，家里需要我回去照顾；另一方，如果我没回捞车河，待在张家界，现在估计就是个商人，想得是怎么样才能扩大生产规模，多挣些钱，还哪有心情恢复传统土家织锦纹样，钻研我想做的新织锦呢！

刘代娥丈夫向光武与本书作者周鼎合影

刘代娥做的金牡丹双面织锦

你看我现在在捞车，有几间屋子，还有几亩田土，那边还有我的传习所，想种地、想织花都可以，生活非常自在，基本上现在日常生活都用不到钱，没有什么生活成本，也用不着忙来忙去地挣钱。要是我当时没有回来，还把家里人都带去了张家界，那我们要多干多少年才能在城市里有套房，而且我们家祖辈们留下的这几处房子没有人住的话，早就荒废了。你看我们村里，本来家家户户都是非常古朴的老房子，因为年轻人都外出打工，小孩子也都跑到县城里读书，老人有的也跟着去带娃了，家里的房子长时间没有人住，好多都塌了，多可惜啊！其实我对我现在的生活很满意，一家人在一起，儿孙满堂，还有这几间房，平时也可以作民宿旅馆，让来惹巴拉景区旅游的人住，搞点儿农家乐，等到了暑假还可以接待来参观学习织锦的人，我能过上现在这样的生活，已经很知足了！

刘代娥和丈夫向光武在大年三十挂灯笼

第二节　重返家乡

从张家界回家之后,我考察了龙山的市场情况,觉得是干织锦的好时机。于是,我就跟我大姐和三妹商量,要办一家土家织锦加工厂,她们俩听了我的想法,都非常支持,我们很快就把厂子办起来了。那一年,我们还参加了川、滇、黔、桂、藏、渝六省市联合举办的第四届商品交流会。在交流会上,我们带的织锦产品全部销售一空,而且成交了三万多元的订单。那可是1988年啊,肉价才几毛钱一斤了,那个年代"万元户"是个相当了得的人家,我们靠着开织锦厂,已经悄悄步入了"万元户"的行列。当时普通工人的工资,也就是每个月二三十块,谁家存款要是有一千元就已经非常不错了,所以我们的织锦厂在当时可以说办得是很红火,后来发展到最鼎盛的时候,大概在1995年左右,光我们屋里就有几十台织机,周边各个村寨来我这里领料加工织锦的,有360多个织女,是非常壮观的。

膨体纱织造的土家织锦壁挂

20世纪80年代后期，张家界的旅游发展起来了，游客来这边旅游，回去的时候都想带点儿我们这儿比较有特色的东西，土家织锦就很符合当时的需求，不仅有特色，而且物美价廉，所以土家织锦那会儿的生意真是火得很。每天都有做不完的订单，来订货的很多是张家界那边的老板，织的都是旅游纪念品。我爱人那时候在外面做销售，还要从柳州给我们买线材，当时用的线材大部分都是膨体纱（化纤），膨体纱它可粗可细，织起来很出工，织的周期短、成本低、价格也便宜，量就更大，那时候我们村家家户户都在帮我加工织旅游纪念品。我们当时销售出去的产品，不一定是我们自己设计的样式，有时候是别人给我们图案让我照着做，只要客户告诉我他想要什么样的产品，要多少，什么时候要，给我下好订单，我就安排着把加工的任务分配下去，组织工人们生产。除了卖往张家界之外，还卖到海南、韶山等地，只要有旅游景点，就需要旅游产品，就会有客户到我们这里拿货，有时候我们也会先在本地收购一部分产品，有人来买的时候再卖出去，这样时间久了，就形成了比较固定的供货关系，生意就越做越大了。

　　另外，那段时间我还做了一些传统的土家织锦，我织的《岩墙花》和《船船花》，在1990年湘西州民间工艺美术大赛的评选中获了奖，知名度也不断提升。我当时还在搜集

刘代娥收藏的旧土花铺盖

销往海南、韶山等地的织锦产品

传统西兰卡普的图案，收购了很多旧的土花铺盖。传习所展示的那两床就是收来的，一床是民国时期的，另一床是清朝的，这两床收得很贵，都是几千块钱一床，谁知道这些旧被面后来也成了抢手货。其实从 20 世纪 70、80 年代开始，就有不少人来我们农村收购，那时候收得很便宜，不知道旧被面有价值，我收了很多，但是为了生计都把它们卖了，现在很少有机会能收到好的旧被面了。那段时间，几乎都没有买过新衣服，有点钱就去收购这些旧被面，然后把传统纹样复制出来，再把这件卖了去收别的没见过的。把土家织锦百余种传统图案全部都织出来，是我们三姐妹共同的心愿。

1990 到 1995 年这几年间，我还跟湘西州二轻局工艺美术研究所合作过，我们是一起合办了试制工厂，开展土家织锦的生产和销售。那个时候生产出来的产品，60% 要交给厂里面，剩下的 40% 我留着自销。1995 年以后，生意突然不好做了，厂里就没有再大规模组织生产。到了 20 世纪 90 年代末，随着整个织锦行业的衰退，我的织锦厂的规模也在逐渐缩小，订货的客户变得越来越少。但当时由于我自身文化水平的限制，具体也搞不清楚到底市场上发生了什么情况，导致订单锐减，产品滞销，当时我们很多织锦艺人都很迷茫，不晓得为什么织锦突然就卖不出去了。在土家织锦行业最低落的那个时期，我们龙山县的织锦厂基本上全部都垮掉了，苗儿滩镇的织锦厂也全部垮掉了，最后就剩我一个还在坚持织。

中南民族大学罗彬教授

刘代娥织花照片

盛线筐里装着五彩丝线

刘代娥的家

　　我的这个厂子前后一共维持了有将近十年的时间，由于市场、材料和经营的问题，最后还是垮掉了，但我自己没有放弃织花，还是坚持在做织锦。那时候我最小的女儿刚上小学，我父母年龄也很大了，我爱人就和我商量要再一起外出打工很不方便，我们就想，反正家里还有些田土，实在做不下去，他种田、我织花，照样能生活下去，那时候为了维持全家老小的生活，咬牙坚持着继续做下去。

　　快到新千年的时候，中南民族大学的罗彬教授带队来我们这里进行田野考察，无意间他了解到土家织锦，就跟我聊天，问我："现在生意好不好？"我就讲："现在生意不好做了，往下跌。我们县里、镇里的很多织锦厂全部垮掉了，只剩下我还在做一点点。"他说："怎么就低落了呢？你们没找找原因吗？"我说："我做的全部是现代的东西，具体也搞不清楚原因。"后来罗老师就跟我一起分析市场，找问题的根源是什么，通过与他的接触之后，我才逐渐意识到问题出在哪里。他说："你可以做一下传统的东西，传统的西兰卡普才是土家织锦啊！"他继续问："你用的原材料是什么？"我讲："我的原材料是用化纤。"他说："那你可不可以把材料和图案全部改变一下试试呢，还做成传统的丝线和棉线怎么样？"后来，我就听取了他的建议，改变了织造使用的材料和图案，放弃用膨体纱那样粗糙的化纤线材，还用传统线材来织造传统织锦图案。

　　就这样我全部回归传统，采用丝线、棉线、麻线等天然的原料，不用化学纤维材料，只做传统图案的土家织锦。这一改变，竟然很快让土家织锦走出了困境，我开始认识到传统工艺的优势和价值，特别是传统土家织锦未来的市场前景，非常广阔。从那时候到现在，我在家里又办起了"捞车河土家织锦工艺坊"，理念就是要坚持回归传统，不做现代旅游产品，只做最具传统土家织锦特色的精品，经营模式基本上就是订单销售，客户主要有湘鄂黔渝四省（市）各县民族事务局、民族宗教局、湖北民族学院、宜昌三峡大学以及张家界风景名胜区等单位的客商。后面逐渐地，我的生意又开始变好，我织造传统土家织锦的声誉也传出去了，尤其是现在国家越来越重视非物质文化遗产保护，土家织锦技艺成了国家级的非物质文化遗产项目，我跟着名气倍增，找我订货的也越来越多。

　　土家织锦过去在我们捞车和苗市这一带是最兴旺的，20世纪80年代末到90年代中期是织锦的繁荣时期，几乎家家都有织机，那时候我自己收过很多徒弟，主要是靛房、坡脚、捞车这个范围的。但是后来又有几年的萧条，织锦的销路不好，织锦厂也都相继破产，我的徒弟很多为了养家糊口，都外出打工赚钱了。当时我自己还在家里面坚持织，一部分是为了往北京、上海、南京等地的订单，另一部分是织些传统图案自己留着。我年纪越来越大，不想为赚钱而织花，我想开办一个土家织锦展览馆，把所有我见过的传统土家织锦图案全部织出来，展示给人们看。我想通过我自己的努力，宣传土家织锦文化，让更多的走出去的人能够回来复业，这也是我一直留在村里织花的一个原因，如果

捞车村里因人们外出务工而被废弃的老房子

我能带着村里的人织花致富，他们就不用外出打工了，土家织锦技艺就不会在它的源生地濒临失传了。

但目前来看，我的能力有限，改变不了村里的年轻人外出打工的选择，毕竟每天坐在这里织花辛苦得很，工作单调、收入低，现在在外面随便找个工作，一个月就有四五千块，但织一个月的花不仅很累，而且能不能销出去还不能保证。所以，对于年轻人来讲，不愿意把织花当职业去做，我也很理解。我们现在的社会发展了，土家织锦也在逐渐退出历史舞台，以前我们土家人结婚一定要有几床西兰卡普当嫁妆，要不然就觉得没有看头，但现在还有几个结婚的时候用西兰卡普呢？现在年轻人结婚时候的铺盖，都是到商场里买的印花的床单被罩，那些东西不仅时尚漂亮，而且便宜实惠，二三百块钱就能买一个床上四件套。但如果要做一床精致的西兰卡普，大概需要织几个月，即便是简单一点儿图案的，也至少需要一整个月时间，而且这一床的价格至少要一两千块，所以从市场销售上来讲，跟现在的四件套根本没办法比。

不论如何，我搞了这么多年土家织锦，总结经验认为，不管以后土家织锦的市场是好是坏，至少从织锦艺人自身来讲，不能再像20世纪八九十年代那种做法，为了迎合市场，用低廉的线材，织流行一时却没有特色的图案，那样的东西根本没有什么质量可言，更别提收藏价值，算不上是真正的土家织锦，所以导致最后没有人要我们的东西，差一点就毁了我们土家织锦的牌子。因此，我们不能再走老路，一定要质量先行，无论平纹还是斜纹，现代图案还是传统图案，质量一定要过关，通过你织的东西的质量提高，才能保证你作品的价值，土家织锦的质量是土家织锦的核心，什么时候都不能丢、不能忘。

第三节　成为国家级非物质文化遗产传承人

回顾我几十年的织锦生涯，从刚开始跟着我婆婆和大姐在家里织花，到后来收集整理了不少传统纹样；从我在集市上自织自卖，到后来我去织锦厂给人做指导、带徒弟，最后还是回到了我们捞车河，开了自己的织锦厂；然后厂子由盛到衰，逐渐过渡到现在，又恢复了正常的生产和销售，可以说我的织锦人生经历了低谷、也经历了高潮，经历过惨淡、也经历过辉煌，跌宕起伏，最后还是一直不间断地在织花。早些时候，我也

2006 年北京的专家到"中国土家织锦之乡"洗车河镇考察时的合影

旧的西兰卡普

刘代娥复原的土家织锦
《珍兽图》(植物染色)

刘代娥复原的土家织锦《珍兽图》

没想过自己收集的这些传统土家织锦有什么作用，后来渐渐觉得它对我的创作有很大的帮助，那些各式各样的风格、色彩和技法，我见得多了脑子里也想的多了，自然而然地就能把一百多种漂亮的传统纹样随心所欲地织出来，别人看了我织的锦，说我是亦古亦今，承前启后。但我觉得，这都是因为我赶上了好时代，尤其是这些年我们国家对传统文化的保护和重视力度越来越大，是这个大的环境给我们土家织锦重新焕发生机提供了土壤，让土家织锦有了重放光芒的机会。2006年6月，土家织锦技艺被列入国家首批非物质文化遗产代表作名录；到了7月份，我们龙山县又被授予"中国土家织锦之乡"的称号；那年年底，中国工艺美术学会织锦专业委员会授予我"土家织锦工艺大师"的荣誉；2007年6月，我又被文化部授予了第一批"国家级非物质文化遗产项目（土家织锦技艺）代表性传承人"，成了名副其实的织锦专业户，我知道土家织锦的春天又来了。

我今年63岁了，做土家织锦有50多年了，收集传统土家织锦纹样也做了有三四十年。从20世纪80年代开始，我一直在搜集民间遗存的传统土家织锦纹样，那时候只要一听说哪里有图案，就赶紧跑去，但经常跑空路。即便这样，我也愿意去找去看，因为我总认为，要是错过了好的图案，那我会感觉更吃亏的，所以我要尽自己最大的努力，去搜集和还原更多的传统图案，把这些宝贵的纹样从破旧的锦面上"复制"下来，让百余种传统土家织锦纹样的真实面貌呈现出来，让我们的后代子孙也能了解前人做出过多么辉煌的成就。目前，我已经收集了两百多种传统织锦图案，还原和复制了一百多幅传统土家织锦。

记得那一次，我有一位从贵州过来的朋友跟我讲，他在凯里旧货市场见到了好多传统的土家织锦，我一听非常兴奋，当时就决定要去贵州看一下。那是我第一次背井离乡到那么远的地方，但我一点儿也没有犹豫，独自一人辗转乘车到凯里去寻找传统土家织锦纹样。到了之后，我走访了很多人，把当地织女们的织锦也拿出来研究和学习了一下，然后凭着我对土家织锦图案的经验，非常幸运地从卖家那儿找到了一块有200多年历史的旧土家织锦，虽然那幅织锦已经色彩暗淡，难辨形状，材质已经到了吹弹可破的地步，而且上面的图案不是很清晰，但经过我仔细拼接、反复辨识编制轨迹，发现这就是祖辈们提到的土家织锦里面的珍品《珍兽图》。我把这块织锦小心收藏好，带回家里面，就开始着手准备复原《珍兽图》。但复制旧织锦也不是一件容易的事儿，更何况这幅旧织锦上有60多个大大小小的洞，最大的一个洞有巴掌那么大。回家之后我先画图，然后经过多次试验试织，花了将近两个月的功夫，才把那幅残缺褪色的旧土家织锦图案复制成功。

普通的织锦一般只有300多根经线，我复制的这幅《珍兽图》，用了将近600根经线，而且它本身是用蚕丝手工织造的，所以我就采用蚕丝做原材料。整幅织锦幅宽0.5米、幅长1.5米，上面有天鹅、麒麟、梅花鹿等十几种土家人心中的瑞兽，纹样典雅，神采飞扬。你看上面的蓝色，是我按照传统染色的方法做的，先用蓼蓝叶泡水，然后与石灰发酵沉淀后制成"土靛"，最后把丝线染成蓝色，织的时候尽量都用传统工艺。据说这幅《珍兽图》是清代的遗物，非常古朴，只有用传统的线、传统的织机、传统的工艺严格织

  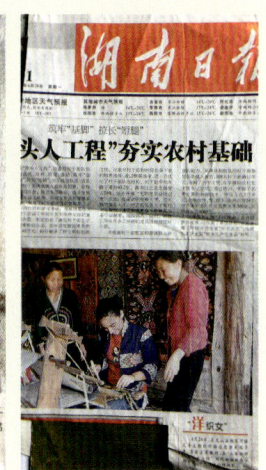

报道《"珍兽图"失传 200 年后重现》的旧报纸　　来自美国、加拿大、瑞士等国的游客跟刘代娥学习土家织锦技艺　　美国姑娘 Chelsea 和 Angela 跟着刘代娥、刘代英学习土家织锦技艺

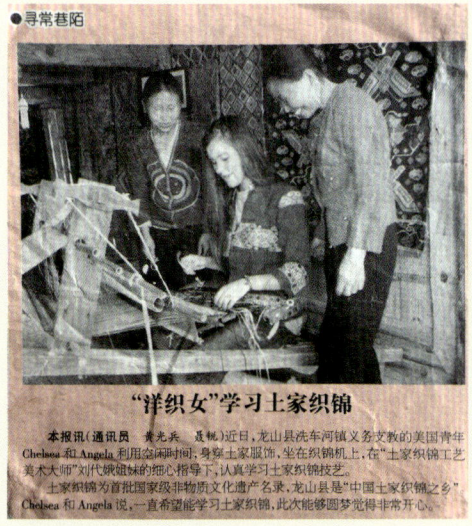 

美国姑娘 Chelsea 和 Angela 跟着刘代娥、刘代英学习土家织锦技艺　　清华大学、复旦大学和香港浸会大学的学生们向刘代娥了解土家织锦技艺

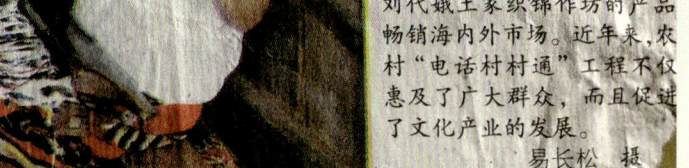

2009 年刘代娥经营土家织锦

造，才能按照原图织出一点儿那种古朴典雅的味道，每一个细节都要做得无可挑剔才行。

我那次在贵州寻找传统织锦图案的时候，还遇到了一批人，他们也在大量搜集西兰卡普和苗绣等老旧的民间传统工艺品，据说是因为一个日本的收藏家想要买，就派这些商人到各地的村寨里大量收购，他们手里有很多现金，收的都是比较珍贵传统的土花铺盖，而且都是大批大批地买，我当时手里也没有钱，只是觉得很可惜，那么好的东西以后再也见不到了，还都是被外国人买去了。不过通过那件事以后，我更加坚定了搜集传统土家织锦图案的工作，虽然当时我也没有钱，没办法把铺盖买回来收藏起来，但我都是买了这个之后，照着复制一下，然后再把它卖了，好去再买其他铺盖。那时候为了省钱，我出门只随身带一瓶水和一包方便面，这是我路上一天的饭。那个时候交通不便，有的地方要过河却没有桥，再碰到发洪水，我可能一个多月都要耗在外面没办法回家，那段日子很是艰苦，我至今还记忆犹新。

2010年，为了传承土家织锦技艺，州政府在捞车村给我分了几间房，支持我开办捞车村土家织锦传习所，专门用于土家织锦的传承与教学，以及讲授土家织锦的历史文化知识。小小的传习所汇集了来自全国各地的学员，有的是游客，有的是在校大学生，有的是夏令营的青少年，还有的是其他村寨的村民，他们来到我这里，都可以在传习所接受免费的织锦培训。我除了教会了来自全国各地的织锦爱好者，还教会了外国姑娘，2008年，一个美国姑娘来我们这里义务支教，她看到我们土家织锦就非常喜欢，让我教她织花，临走还试穿了几件我妹妹设计制作的土家族服饰，当时也有媒体报道了这个事儿。我一直认为，作为传承人，应该要担得起传承的义务，只要有人想学，我就会无条件地教他们，不管是出于对织锦兴趣，还是想以织锦为谋生手段，我都会毫无保留地教。2011年，我这个传习所被文化部命名为"首批国家级非物质文化遗产生产性保护示范基地"，光是每年来参加培训的，就有近万人，其中有一百多人都可以织造出合格的土家织锦产品。现在我们传习所有90多台织机，120多个学员，每年举办免费的传习培训活动有30多期。

我自从有了些名气以后，也带来了一些烦恼，平时我不仅要参加非物质文化遗产的各种会议、展览和比赛，不管是国家级的、省级的，还是州级的活动，我都要去，一年有三分之一的时间都是在外面进行交流活动，而且剩下三分之二我还要在传习所教授徒弟，接待来参观访问的团体和个人，接受采访，填写表格和资料等。总的来说，琐事太多，耽误了不少我自己搞创作的时间。当然，我作为国家级传承人，外面也经常有人来请我去讲课，或者聘请我带徒授艺，有时候给的待遇很高，但是我总是在心里给自己敲警钟，反复确认请我去上课的目的，如果不是真正为了织锦的传承和发展，我会毫不犹豫地拒绝。

以前有个记者，她采访我的时候问："为什么您一直呆在捞车村，而不是借着国家级传承人的名号去城里呆着，开个织锦坊什么的，不是能把生活改善地更好吗？"我当时就跟她讲，每个人都希望自己的地方发展起来嘛，我在自己的村寨里做，还能带动多村

到土家织锦传习所参观学习的小学生

刘代娥正在讲解土家织锦百余种传统纹样

时常有记者到捞车村刘代娥家里做采访

子里的很多人致富,而且我现在对自己的收入比较满意,习惯了不那么忙的工作和生活节奏,这样我自己还有空干点儿自己想干的事儿,比如说研发一些创新的产品。

目前,我和我妹妹两个人在捞车河做,也代理销售了不少邻里乡亲的织锦产品,有的销往北京、南京、上海,有的销往湖南、湖北和贵州,购买的客户大部分都是为了收藏或者当礼品送人用的,当然还是主要做传统土家织锦。想想以前我织的花卖的好便宜啊,在70年代的时候我织了一床西兰卡普,才卖几十块钱,到80年代的时候能卖到100多块,现在价格卖得比较高了,能卖到三四千块,最好的还能卖到七八千,收入比以前提高了很多,我已经很知足了。

现在,我作为一名国家级传承人,对自己有更高的要求,我认为当下土家织锦的精品要想传承下去,还是比较困难的,要从材料上探索,从工艺和技术上改变,以前传统的土

用土家织锦做的抱枕

2017年6月18日，中国民协分党组书记、驻会副主席兼秘书长邱运华（右二），中国民协副秘书长吕军（左二）和湖南省民协秘书长吴帼屏（左一）调研土家织锦时，与刘代娥合影

刘代娥与龙山县民族宗教事务局局长向邦平讨论土家族非遗的发展

家织锦有赖以生存的文化环境，它是土家族人日常生活中必须要有的，但现代社会土家织锦的这种功能基本丧失了，没有几个人还用它做嫁妆、做被面，喜欢它的都是为了收藏的，它的实用性越来越弱。我总认为有过去才有现在，有现在才有将来，如果现在不发展、不挖掘、不创新、不突破，不为土家织锦寻找路子，那土家织锦未来就不会有发展的可能。

现在有的传承人认为自己带的徒弟越多，越是好的传承人，但我总觉得，土家织锦的传承人不应该是比谁教的徒弟多，谁就做得好，而是说你作为传承人，能不能把真正的本领传给徒弟，能不能把徒弟教出师，让徒弟也织出好的作品，达到较高的水平，这样传承的工作才算是做到位了，才算是把传承人的工作做好了。以前不管是遇到市场好的时候，还是坏的时候，我都一直不断地织花，更何况我现在是传承人，有责任和义务手把手地把这门技艺传承下去，虽然我现在年纪大了，但我对织锦的感情没有变过，可以说土家织锦已经融入我的生命，跟我是一体的了。

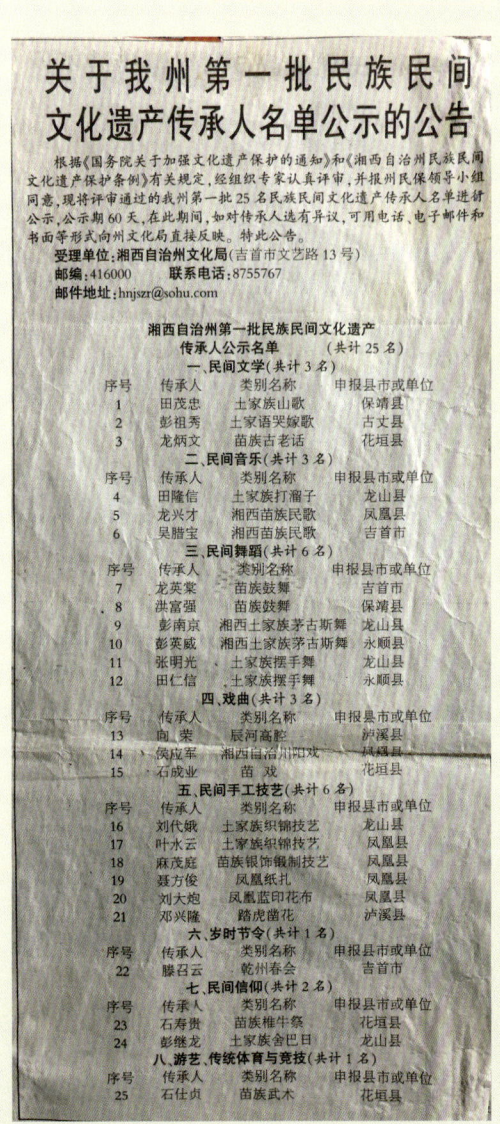

湘西州第一批民族民间文化遗产传承人名单公示的公告

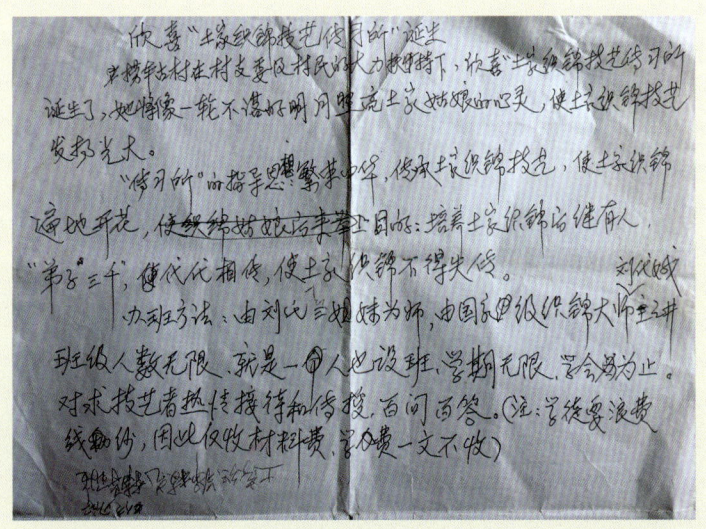

刘代娥为土家织锦传习所书写的感言

第四节　我的艺术创作

这些年，我们土家织锦的功能和性质一直在变，过去土家织锦是用来做铺盖的，现在它主要作为旅游产品、工艺品，虽然它凭借着漂亮的图案、亮丽的颜色、丰富的内涵，受到很多游客、收藏家和博物专家的青睐，但它的发展困境还是没有太大改善。为了给土家织锦找到发展的出路，我之前在省相关部门的帮助下，也研发了一批新产品，把土家织锦的元素融入到披肩、围巾、拖鞋、服饰等实用性产品中。目前，我开发研制的一批披肩和围巾，都取得了不错的收益。我觉得只有在社会的发展、市场的变化中，不断地研究开发新产品，才能适应人们不断变化的需求，为土家织锦谋得出路。

去年是我们湘西土家族苗族自治州成立60周年，州政府要在2017年9月份举行一个60周年的庆典，我们龙山县苗儿滩镇作为"中国土家织锦之乡"，县政府决定用最具土家民族特色的国家级非遗项目——土家织锦技艺，让我来负责带头制作。我接到这个任务之后，非常兴奋，马上就和李开奇老师一起构思设计，最后我们俩个打算选60幅传统的土家织锦图案，来表现一幅60米长、1.5米宽的西兰卡普长锦，作为给60周年庆典献礼的礼物。但怎么样才能让60幅土家织锦传统图案组成一个整体，形成一件完整的作品呢？我俩个一致认为要达到两个统一：一是寓意内涵要统一，二是表现形式要统一。我们土家族有语言无文字，土家织锦传统图案历经上千年的传承发展，土家织锦里面的图案成了我们土家族人对大自然和社会认知的历史记载。所以，我们根据图案表现的内容，按认知发展的历史顺序，把作品设计成一个完整统一的篇章。

首先是排列表现神话传说的织锦；然后再排列表现渔猎社会中对动物的认知所形成的动物图案；接着排列表现农耕文明时期，对植物认知所形成的植物图案；然后排列人类进入文明社会后，所用到的生活器具；最后排列因中原文化的融合影响，形成的一些汉文化图案及汉字图案。因此，最后一幅是以汉字《福禄寿喜》为结尾的。整个织锦既是一件国家非遗项目土家织锦精典图的集成，又是一幅用图案语言，表现了我们土家族经过神话起源、渔猎生活、农耕文明以及与汉文化融合的生存发展的全过程，堪称是一幅巨制长篇，特别是以《福禄寿喜》这个吉祥纹样为结尾，体现了土家族人对自己民族、对湘西州以及对各族人民的美好祝愿，正因为有了这些文化意义，才能突显出我们土家织锦的珍贵之处。

在表现形式方面，我建议把土家织锦的精典图案《四十八勾》一分为二，重复排列延长，形成左右两条长 60 米的二方连续纹样的花边，排列在长篇左右两侧，使 60 幅织锦图案形成由同一个纹样花边装饰的整体。同时，为了体现我们中国土家织锦之乡——龙山的地域特色，我们把龙山土家织锦的标志，也用重复排列形成二方连续的纹样，分别排列在 60 米四十八勾和主体 60 幅经典图案之间，使 60 幅图案统一在一个图案中心。经过这些设计、安排和处理，这幅长锦作品无论是从内容还是从形式上，都达到了和谐统一的效果。

设计完成之后，我认为这肯定是我有生以来做的尺寸最长、工作量最大、意义最非凡的经典之作，所以必须要找个吉日，举行个隆重的仪式之后，才能开工。2016 年 11 月 5 日，农历十月初六那天，我买了刀头肉，供奉祷告神灵和菩萨，把所有的织造人员都召集

刘代娥织的双面织锦

刘代娥和李开奇讨论织造意匠

上机织造前刘代娥和织女们一起敬神许愿

刘代娥和媳妇谭凤香上机织造

在一起，包括土家织锦省级传承人叶菊秀、州级传承人刘艳、刘代英、谭凤香、程远英、向作莲、余清娥、向光菊、梁润花等，所有人齐聚在我的织锦传习所里，庄严地完成了洗手、净身、敬神的仪式。敬神完了之后，上午8点过8分，我带着我的徒弟刘艳上机开始第一班织造；下午四点，第二班与第一班顺利完成交接；半夜零点，第三班与第二班进行交接；第二天早上8点，第一班与第三班进行交接，如此返复循环。当时湘广传媒的任耕心拍摄团队、龙山县摄影家协会主席曾祥辉，对开工当天的事都做了全程影像记录。

就这样，我们每天三班倒，人停机不停，日复一日，历时八九个月，一直织到2017年8月5日作品下机。经过一个星期的修补，在2017年8月22日，世界记录认证机构认证之后，这幅长锦与全州其他几件作品，一道经过州、县交接仪式，被湘西州非遗馆收藏。这幅长锦将代表土家族艺术精品，作为镇馆之宝展示和保存。关于这幅长锦的名字，我们当时还征求了龙山土家文化专家和土家织锦专家的意见，先后命名为"西兰卡普""毕兹卡之花""土家织锦"和"甲子顺锦"，最后选定为"甲子顺锦"，体现"六六大顺"的吉祥寓意。

我这个人说起来很奇怪，这么多织锦的图案和纹样，样式又碎又杂，我虽然没有刻意记，但却都很清楚地印在我脑子里，基本上是过目不忘，但对于织锦以外的事，我却

2017年8月5日，刘代娥亲自从织锦机上剪下《甲子顺锦》

刘代娥和织女们高兴的抬着自己的作品《甲子顺锦》

《甲子顺锦》制作完成后在惹巴拉凉亭桥上展示

8月22日,在世界纪录认证现场,刘代娥接受主持人采访,向认证工作人员及现场观众介绍织造情况

很容易忘记。比如说今年谁来采访过我一两次,等下次见面的时候,我竟然完全想不起之前还见过这个人,所以总让人觉得我这个人的记忆力太不好了,说我是贵人多忘事。但等我一开始织花,就什么都能记得起了,哪里配什么颜色,哪个地方是什么花形,我记得都非常清楚,我也觉得很可笑。

回想我年轻的时候,织花是很拼命的,忙起来的时候,除了吃饭和睡觉之外,我能连续十几个小时都坐在织机上织,最后搞得自己腰酸背痛颈椎疼。现在,我一天最多织七八个小时,除非是要赶工,我才会开着灯加夜班织。我的两个女儿也非常心疼我,跟我讲年龄大了就别织了,但我总是闲不住的,没事儿就要坐机子上织一会儿。所以,你不要小看这一幅织锦,虽然面积不大,图案也不是很复杂,但我要是织的话,要一个月才能织出一幅完整的,像50公分这么宽的织锦,我每天最多只能织出一寸那么长。不过我织了这么多年,现在还是把主要的精力投入在尝试新的产品上面去了,前几年,我想做双面双色图织锦,所以就开始尝试,本身双面织锦对于织锦艺人而言,就是一个挑战了,再混合两种颜色,无疑又增加了织的难度。

我也不晓得经过了多少次失败之后,终于摸索出了双面双色图织锦的织法,但是刚研制出来的那个产品,效果不理想,我不是很满意。我这个人对自己做的东西是很挑剔的,那段时间每天早上我一睁开眼睛就动手织，闭上眼睛就开始想，反复琢磨图案和织法，后来经过断断续续一年半的时间，我终于试织成功，织出了效果比较理想的双面双色图织锦。那次尝试其实给我了很大的信心，让我有更大胆的想法：我要尝试多种颜色的双面图织锦，这是我的下一个计划。别看我现在六十多岁，我还是愿意突破传统，做一些创新的尝试，虽然我知道多色双面图织锦的困难很大，但我还要试试，说不定就成功了。

最近我还做了一个比较有意思的尝试，都知道土家织锦里面的传统图案，大部分都是抽象的纹样，很多人第一眼看，往往看不出织的是什么内容，只有听了图案的名字和解释之后，才能勉强联想到一起。即便是后来我在张家界做旅游产品，也做的是比较抽象的图案，基本上没有具象的表现，但为了让游客能看明白喜欢这个图案，我也做了很多改进，把现代的这些图案尽量具象化一些，这样就好销售，基于这个基础，我最近又尝试着做了一件具象的人物平纹土家织锦，叫《藏女·娜么塔》。可以说这幅织锦是土家织锦发展史上第三件具象人物的土家织锦，也是第一件具象人物的平纹织锦，这幅织锦还是跟李开奇合作设计的。

娜么塔是一个女孩儿，她是国家民委从西南民族大学选出来驻武陵山片区的联络员，在我们县挂职，主抓民族文化工作，"娜么塔"是她的藏语名字，意思是"仙女、神女"。李开奇和娜么塔在工作上有几次交流，后来就有了设计一幅反应土家族和藏族文化因时代发展而交流与融合的土家织锦作品的想法。但由于土家织锦的织造原理，以及织造材

讨论织锦配色问题

刘代娥对比人像底稿配色

料和工具的限制,导致土家织锦所有的表现基本上只能用抽象的表现方法,所以,对于"娜么塔"人物表现,在设计人物图时,主要是要抓住娜么塔的人物面部特征,用尽量少的色线,准确地表现娜么塔的精、气、神,让具象的人物表情,生动地活跃在锦面上。

这幅作品用的是土家织锦技艺中的平纹织法,作品上档头用"娜么塔"藏文字与土家锦中象征高贵女性的凤鸟纹图案进行组合,点出主题。下档头采用土家锦毛古斯人与太阳纹组合,表达土家文化中人与自然和谐共存的理念。中间主体的背景采用藏族图腾牦牛和羊等动物,与土家织锦的星星图案组合,用土家织锦的艺术语言加上藏蓝色的主体色彩,表现青藏高原上广阔草原、蓝色天空的意思,表达藏女"娜么塔"的生活环境。作品的构图上借用了达·芬奇经典作品《蒙娜丽莎》的半身正面像构图,这样更突出端庄稳重、美丽大方的"仙女"气质。这幅作品完成之后,娜么塔本人见了也非常喜欢,算是一个很不错的尝试。

我觉得民间艺人在从艺过程中,要起到承上启下的作用,承上就是要把老祖宗留下的东西牢牢掌握住,启下就是让自己在继承的基础上,再往前多走一小步,能把后来人带上路,这样才算是一个合格的民间艺人。熟悉我的人都晓得,我这个人不爱说话,用龙山方言讲就是"老般人",我不喜欢在外面宣传自己有多么厉害,一般跟我合作的,都是听说我织锦的技术不错,专门找到我的,从花垣到张家界,再到我自己办厂,我一直是在坚持做自己擅长的事。我认为自己就是一个普普通通的农村妇女,没有多少文化,也没有多大本事。我唯一爱做的事就是织花,不过别看我平时不爱说话,我带徒弟的时

刘代娥在织机上织造《藏女·娜么塔》

《藏女·娜么塔》下机

候，要求可是非常严格的，尤其是在细节和质量方面，我是个很爱较真的人。

你看同样的花纹，同样密度的竹筘，使用同样的色线，不同的人织出来的效果就有很大的差距。我的徒弟织的话，如果第一块织的质量没达到我的要求，我就让他再织第二块，如果第二块的质量还是没达到，那就要找原因了，看看是哪里出了问题。有时候，我也会换一个人再织，看换了人之后织出来的东西如何，如果比第一个人织的好，那就说明是个人手头上的功夫没做到，如果两个人都织得不行，那就有可能是经线、纬线或者梭子线哪里出了问题。这时候我看效果不好的话，我自己还会再织一遍，看看到底问题是出在哪里了，必须要找到，要解决，不然不能往下进行。

土家织锦人像作品《藏女·娜么塔》

不同规格的竹筘

这几年张家界那边有一个很有规模的织锦生产厂,那个厂的老板经常来我这里跟我交流,他看了我创作的一些新作品之后,回去之后他也会照着做一些,但我不怕别人学我的东西,我很欢迎所有想做的人都来学。后来,他把他做出来的东西拿出来跟我做的东西的效果一比,感觉不是很理想,他就专门找到我问:"刘老师,你看我们厂用的也是跟您一样的线、一样的机子、一样的织法,为什么就是织不出你这个效果呢?"其实这个问题我跟很多人都讲过,在织的时候,即便是方法顺序上细微的差别,也会造成最后效果有很大的不同,这就需要一个人日积月累去用心体悟,去寻找原因,去总结经验,如果织成什么样都觉得差不多,都觉得马马虎虎就行了,那就永远不会有提高。所以,我觉得要想做好土家织锦,就必须对自己织的作品的质量格外严格地要求,不管你是大厂子还是小作坊,对于自己生产出来的产品,都要追求精益求精,这样才能有进步。现在,国家对我们民间手艺又这么重视,提供了很多机会和平台,我觉得只要好好干,我们土家织锦的发展肯定会越来越好。

刘代娥传习所里挂着的织花规范

第五章 织造技艺

引 言

土家族织锦技艺历史悠久，自成形以来已有1500多年的历史，它是土家族传统文化的杰出代表，体现了我国少数民族织锦技艺体系的基本特征，在整个民族工艺文化中占主导地位。土家织锦，民间俗称"打花"，主要包括两大品种：西兰卡普（又称"打花铺盖"或"土花铺盖"）和厄拉卡普（土家花带）。

其中西兰卡普最具代表性和典型性，它是非常实用的一种传统手工艺纺织品，它采用"通经暗纬，断纬挖花"的织造技术，大致分为"对斜"平纹素色系列和"上下斜"斜纹彩色系列两大流派。西兰卡普的织造需要使用古老的纯木质腰式斜织机，一般以赤、靛蓝、黑三种颜色的线为经线，以五彩色线为纬线，其装机流程主要包括倒线、牵线、装筘、滚线、捡综、翻篙、捡花、捆杆上机、安篙筒、织布边和挑织等十几道工序，以"反织法"挑织成图案花纹，织法主要包括"对斜""上下斜"和"抠斜"三种，这在我国织锦工艺中是独一无二的技艺，要求织女必须对样式花纹有清楚的记忆才能织好。这种织法织出来的锦绚丽多姿却不失雅致，设色自由却不失和谐，纹样题材和色彩配置的融合统一，构成了土家织锦鲜明的民族特色。

土花铺盖自古以来深受土家族人民的喜爱，《大明一统志》中就有"土民喜五色斑衣"的记载，而清同治年间，土家族诗人彭施铎在那首描绘溪州土司王古都老司城的繁华场景中写道："福石城中锦作窝，土王宫畔水生波。红灯万点人千叠，一篇缠绵摆手歌。"可见昔日被称作"城内三千户，城外八百家"的福石城中，土家织锦早已深入到千家万户，家家都是以土锦作"窝"床，用土锦当铺盖。土家人如此喜爱土家织锦，普及之广，影响之大，正是土家织锦千年不衰，并流传至今的重要原因。

土家花带是土家锦中普及面很广的品种，有素色和彩色两种，但以黑白和蓝白素花为主。其织造工艺方法与图案的组织原理与西兰卡普大同小异，技艺流程包括牵线、结耳做综、织边、提综、捡花、送喂线等。它采用"通经通纬"的古老"经花"手法，织出来的花带正反两面同时起花，几乎不需要专用工具，在织造者的两膝中间就能完成。土家花带精巧别致，简单易学，是一种实用性很强的小手工艺，主要用于腰带、裤带、小孩背带、围裙带等。土家花带的种类繁多富有变化，主要是以大自然为描摹对象组成装饰图案。

酉水流域的土家族织锦技艺主要分布在永顺、龙山、保靖、古丈四县的土家族聚居区，传统的土家织锦多以麻、棉、丝为原料，手工编织而成，不仅艺术精湛，而且工艺独特。"数纱花""对斜"平纹素色织锦是在普通平纹布面上，以纬线挖花而成，原生地主要在永顺县的对山、和平及首车一带。"上下斜"斜纹彩色织锦是西兰卡普中的主导品种。它是在"对斜"平纹素色织锦上发展起来的，质地较厚，结实耐用。它的图纹构成和色彩都更趋成熟，单个纹样复杂丰富，且完整丰满。原产地主要是在龙山捞车河两岸的苗儿滩、坡脚、靛房及保靖县普戎一带。酉水流域的土家族地区是土家织锦手工技艺的原生地和最后一块热土，也是全国土家族中至今仍保留民间织造风尚的惟一区域。

土家织锦织造的技艺从简单到复杂，从低级到高级，是在不断演变和发展的，在这一过程中，从挑花到数纱再到土家织锦，从平纹素色织锦发展到斜纹彩色织锦，演绎了土家织锦从普通的"布"变成精美的"锦"的曲折历程。但不论是土家挑花、土家数纱、数纱平纹素色织锦、平纹彩色织锦、斜纹彩色织锦等，都是土家织女心灵手巧的创造。这一章，跟随刘代娥的讲述，一起了解土家织锦的织造技艺。

第一节 从数纱到织锦

我们土家族织锦技艺是随着时代的发展而不断发展的,从原始简单的织造技法,到现在比较复杂的织造技法,从普通的"布"变成精美的"锦"不是短时间就能产生的,想了解现土家织锦织造技艺为什么是这个样子的,就要先了解我们土家人手工织造的历史,如何从初级简单的织造技艺,到后来比较成熟完善的织造技艺,这个过程包括了土家族挑花、土家族数纱、数纱平纹素色织锦、平纹彩色织锦和斜纹彩色织锦。

其实,这些分类都是我们现代人总结发明的,土家族织造技术的发展实质上是一脉相承的,有时候一些织法和技艺之间有过渡和转化,并没有明显的区分,从织造的品种类型上看的话,挑花和数纱的特点非常明显,就是经纬布底大面积的露在外面,主要是

传习所墙上挂着的织女挑花照片

用黑色、深兰色或者红色做经纬布底，用白棉线或彩色粗丝棉线做图案，织出来的风格简约明丽、古朴大方，我见过的黑白、红白的素锦，数量比较多。我也会做一些挑花，但做得不是很精，以前土家族挑花是我们土家小姑娘学绣花和织锦之前，要做的一项基础功课，因为它工艺比织锦简单很多，基本不需要什么辅助的设备和材料，但目前来说，会挑花的人已经很少了。

挑花在我们湘西地区也叫"十字挑花"，有的人把它叫做"十字绣"，其实我们土家族挑花有很悠久的历史，在民间流传得也特别广。挑花的工艺比较简单，只有两道程序：第一是要织好布，第二是在布上挑花，就是在布面上，按照布纹的经纬十字交点，用跟布的颜色不同的线，挑织出各种图案的一种织法。这样挑织的图案不是嵌在布面里面的，是在布上面的，十字图案的长度与布的经纬线的密度也不一样，所以挑织的图案不是很结实，容易变形，不牢固。

挑花的基本织法有两个，一个是"十字针"，另一个是"回复针"。因为在平纹布上，它的经纬线是很有次序和规律的，经纬线相交成直角90度。所以，用十字针法时，十字形的大小可以根据线的粗细自己决定，有时候是竖三横四，就是经线数三根，纬线数四根，效果是一个长方形的对角线交织；有时候平纹布的布料纱线比较细密，那就可以做竖五横六，就是经线数五根，纬线数六根，这样在长方形的两根对角线进行织，组成一个十字，每个十字一次就是竖三横四或者竖五横六，这些交叉的十字可以连成各式各样的图案，这就是十字针法，比较简单。

"回复针"是要根据图案的形状，每隔四根线挑一针，每次挑出来之后就回针，从原来的针脚上反复挑一次，方向相反，回挑的线刚好能重叠，这样用回复针法织出来的图案看上去更美观，非常匀称，而且正反两面的花纹一样，所以也有人把它叫做"双面挑花"。

我们土家人的祖先在从事织布的过程中，在"通经通纬"的斑布织造技艺的基础上，把只有纵横条纹图案的斑布和挑花的工艺，结合在了一起。在织布的过程中，把带有颜色的纬线加到了里面，按照挑花的技法数纱，不是用单一的十字针法挑织，而是用一束线，根据图案的特点，在需要色纬时就织在上面露出来，在不需要时就压进布面底纬，最后织出了类似十字挑花的扁长矩形的一个整体的小单元，这个小单元已经不是对角交叉的线，而是一个矩形的面，我们通常把这样的一个小单元叫做一"颗"，也有人把它叫做一"格"。

若干个这样的小颗排列在一起，可以组成各种样式的图案，这样的图案，色纬与所织的布是一体的，是嵌在布里的，这样不仅增强了图案花纹的结实度，而且所加的色纬的粗细也可以控制，更容易表现图案的效果，发挥的空间更大了，所以后来就形成了很多经典的图案，跟土布相比这是向前进了一大步，使图案更复杂有形，颜色更鲜亮丰富，虽然这种土锦也比较原始，但是已经超越了普普通通的布，是从"布"到"锦"的质提

红底黑线挑花

黑底白线挑花

土家织锦的最小单元"颗"(或"格")

刘代娥的挑花上衣

刘代娥挑花上衣上的图案

升,尤其是在我们土家族的发源地之一永顺地区,因为它是土家族政治、文化和经济的中心,手工艺也很发达,很流行这种数纱平纹素色织锦。

随着历史的变迁和社会生产力的不断发展,我们武陵山地区的纺织物开始出现了从平纹到斜纹的过渡,而斜纹结构的织物要比平纹结构的织物结实很多,非常实用。在织造工艺上,斜纹要比平纹的复杂一些,织造难度更大一些。这种织造技术渐渐地被土家族的先辈们学习采用,把织锦工艺中的平纹工艺改进成了斜纹工艺,不仅提高了土家织锦的结实程度,还丰富了土家织锦的颜色,逐步形成了"斜纹彩色"织锦的类型。后来到了清代改土归流,结束了八百年的土司王朝,土家族的文化中心开始向我们龙山东南和永顺西的地方迁移,于是这种斜纹彩色织锦作为主要的土家织锦品种,就在龙山捞车河流域生根开花,被发扬光大了,这就是为什么我们捞车河流域至今还保留着传统斜纹彩色织花工艺的主要原因。

土家族挑花迎亲图

总之，数纱是我们土家织锦技艺的一个主要核心，不管是从简单的到复杂的，从低级的到高级的，从平纹素色到斜纹彩色织锦，这些变化中的织造起花方法，都是从数纱引纬开始的。在斜纹彩色织锦的工艺里面，还是在用"挑三压一"的数纱方法引进色纬，有的时候由于竹箔的间距和纱线的粗细不同，一根经线与相邻的另一根经线之间的距离比两根纬线之间的距离要大，也就是说"经疏纬密"，经线间的间距与纬线间的间距比例大约有3∶1左右，所以根据不同图案的要求，对应经纬线的位置，把色纬引入，再由经纬线组成的一个略扁长的小单元，在需要显花的时候，数纱定位，挑色纬出锦面；在不需要显花的时候，把色纬压入锦面其他纬线之下或断掉就可以了。在现在我们土家织锦的织造工艺里面，不论是平纹还是斜纹，不论是图案设计，还是上机织造，都还是用人工数纱和定格的。

土家织锦采用的是"通经断纬"的反织法织造的，织造时锦面朝下、背面朝上，不会织的人从外面一看，感觉杂乱无章、毫无头绪，看到的全是断纬线头，感觉很复杂很神秘。所以，外行人根本看不出图案在哪，是什么形状，怎么织出来的。但会织的人，靠着自己脑子里记忆的图案形状，按照纹样数纱定格，然后用挑子挑线引入色纬织造就可以了，所以织造起花的原理主要还是数纱引纬，而且织锦纹样的每一个小单元构成图案的方法和十字挑花是一样的，只不过织锦是以点带面，以点带线，而且线都是直线，不可能有圆弧那样的曲线，因此，土家织锦又和有曲线的那些织物织造的表现手法不同，有属于它自己的一些特色。正因为是这样的，我们民间还有把这种织造方式叫做"挑花"

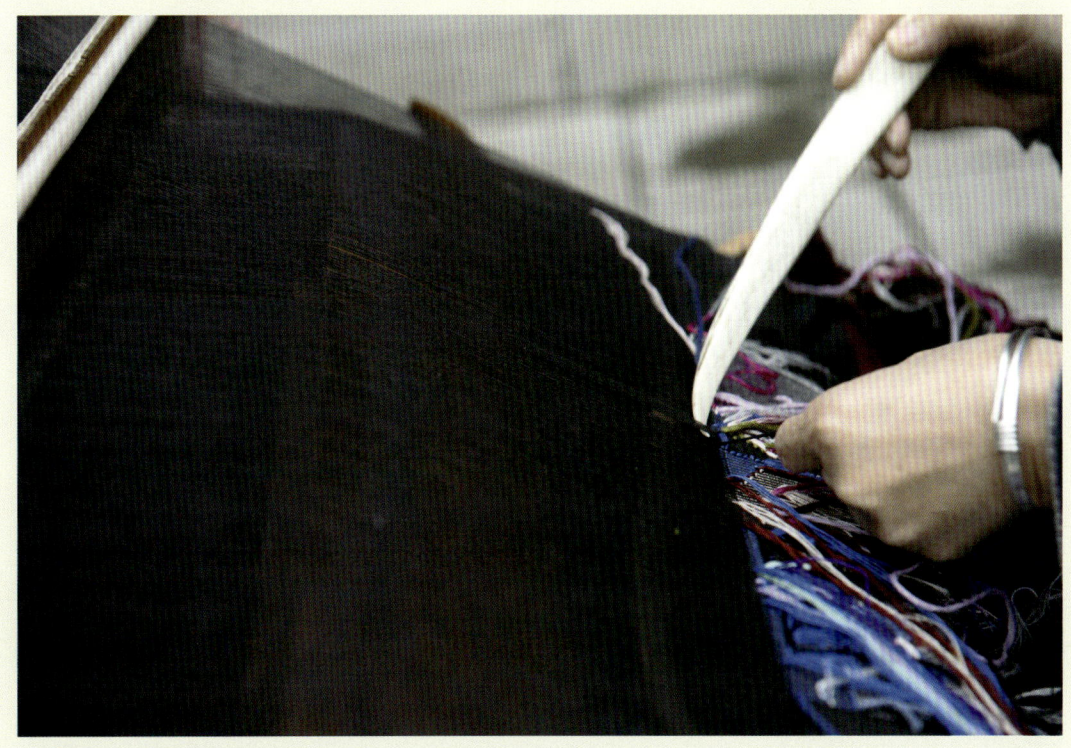

"挑三压一"数纱方法

数纱花织锦

的,只是这种"挑"不是用针线,而是用"挑子"完成的,这种叫法很容易与平常讲的"十字挑花"弄混,所以,我们把这种在织造时必须以梭罗拍打纬线锦面的织锦称为"打花"织锦,把摹仿十字挑花风格的那种织锦叫"数纱花"织锦,它们两个是不一样的。

　　土家挑花、土家数纱和土家织锦是不同的品种,土家挑花是在布上面画出图案,画好花形,然后按照图案,用"十字针"或"回复针"法来做的;土家数纱,是不用在布上画图案,图案都在脑子里面记忆的,织的时候一般是用经三纬三或经四纬四,这样三根或四根纱为一组,挑织而成的叫数纱;土家织锦是在斜织腰机上织出来的,通经断纬,反面挑织。当然我说的只是一个大概的分类和区别,它们之间又不是完全没有一点儿联系的,有的后来还有数纱斜纹彩色织锦,就是斜纹彩色织锦发展成熟之后,又反过来临摹仿照传统数纱形式的一种风格,是我们现代人挖掘整理传统土家织造工艺的时候做出来的,所以会有人分不清这些不同的工艺。

仿挑花斜纹彩色土家织锦《鱼跃龙门》

仿挑花斜纹彩色土家织锦《老鼠嫁女》(局部)

第二节　土家织锦（西兰卡普）织造工艺

　　西兰卡普它的生产工艺比较复杂，工序也很多，而且这些过程全部都是手工操作的，每一个步骤都有它的先后顺序。从整经开始讲的话，就包括倒线、牵线、装筘、滚线、捡综、翻篙、捡花、挂杆、安篙筒、织布边等十个步骤，这些完成之后，才能开始真正的挑织图案，而且挑织之前的每一个步骤都不能错，如果弄错弄乱的话，在接下来织的时候，就根本没办法织。我平时装一台新机子，一般都要用上一整天的时间来做，如果有人帮忙，还要赶早开始，装得快一点儿，一天能装完；如果一个人装，装得慢的话，天黑之前都装不完，可能就需要一天半或者两整天的时间才能装完。所以，千万不要小看装机，它是织花的基础，如果机子没装好，织出来的东西要不然是质量很差，要不然就是没办法织，因此，装机是非常关键的一步。

倒站线

络线筒摆放在线筒桩上

络线筒

装机前，要先确定织西兰卡普的线材，我织花基本上只用棉线和丝线，尤其是这几年，经线和纬线我都会选用蚕丝线，因为我想织些精品自己留着的，所以线材要选最好的。我年轻时候织的花，基本都是用棉线做经线的，因为那个时候蚕丝线价格很高，用不起，而且经线一般是藏在锦里面的，猛一看是看不到的，所以就用棉线作经线，整体效果上差别不大，以前除非客户那边有特殊要求，我才用蚕丝线做经线。暗纬线（梭罗线）和经线的颜色和材质要一样，纬线可以用棉线也可以用蚕丝线，但是蚕丝线的效果更好，看上去也更亮，颜色也有很多选择。经线我大部分选用的是土红、靛蓝和黑色这三种颜色，也可以用其他颜色做经线，全看个人的需要。

西兰卡普的工艺流程从倒线开始讲的话，第一个步骤就是倒线，是利用纺车，把棉纱线套在倒线绷架上，再把15厘米长的竹筒，也就是络线筒，装在纺车上，手摇纺车把纱线倒在络线筒上，便于接下来牵线。倒线的时候可以多倒到几个络线筒，以免牵线的时候，有的线不够用，就可以接替上。

第二个步骤是牵线，俗称"地桩牵经"，以前是用三根以上的光滑竹棍或者木杆，插入地下，俗称"篙桩"，但现在地面都被硬化铺砖以后，就没办法插到地里了，所以我爱人给我做了几个水泥篙桩和固线桩，每根竹竿都固定在水泥桩子上，它们之间的间距在15厘米左右，用的时候拿出来，不用的时候收起来，也很方便。然后，在与篙桩垂直

理线头

的方向把络线筒固定在一字形排列的线筒桩上，线筒桩上的络线筒一般放 15 到 30 个就够了，根据你要织的锦来决定用的数量。接着，把络线筒上的线头依次拉出来，固定在固线桩上，然后把一头固定的站（经）线向篙桩方向拉，拉到两边线桩中间位置时，用右手依次将站线绕出"8"字形的圈，这道工序叫"捡花"，然后再移动"8"或"S"圈，把站线牵到篙桩那里，安入篙桩，再把站线整理交叉放进篙桩，然后把站线牵到固线桩，这就完成了一个工序。

接下来，你要根据你所需的筘幅、站线总数和线筒的多少，继续操作，反复牵线，按桩的顺序牵挽绕桩。这个步骤要求站线排列的次序不变，并用"8"字圈分组，如果按 30 根线一手为单位计算站线的话，一幅 45 厘米宽的织锦，需要牵站线数为：45 × 3 道 / 厘米 × 4 根 / 道 =540 根，540 根 30 根 / 手 =18 手，这样我牵够 18 手就可以了。

第三个步骤是装筘，根据牵线时候站线的顺序，用竹筘刀依次把站线穿入到筘眼里面，每一个筘眼里要穿两根线，穿筘一定要注意不能有漏筘，顺序一根都不能错，就是一个"8"字圈穿进一个筘眼，至到将所有站线依次穿完为止。在织的过程中，竹筘起的作用是控制织物经线的密度，使锦面与花色一致，并打紧锦面。如果一根经线出错的话，那么整幅织锦就会作废，穿好竹筘后梳理经面。滚线用准备好的棍棒把经线卷起来，卷的时候用力要均匀，这样经面才能平整，不能偏斜。

挂线头

牵站线

捡花

打"8"字形圈

根据所需的箬幅和站线总数等反复操作

理花棍

用线固定花棍两头

理线形成花叉

装筘

理站线

　　第四个步骤是滚线，把牵好已经装好筘的站线梳理一下，将线头圈中的线放一根竹竿，然后把竹竿安在卷站线的卷经轴上，卷几圈站线把它固定住，再把卷经轴靠机头的固经桩，靠着织机本身的重量拉紧站线，把站线卷到卷经轴上。把固线桩的站线头移到一个倒放的板凳脚上，然后在板凳上放石头，拉紧放线。我滚线的时候没用板凳，是直接用塑料袋包裹住线，然后把石头压在线上面，靠石头的重量压着移动，卷起站线的。卷站线的时候，需要一个人卷卷经轴，另一个人用筘理顺站线，滚站线要一边卷线，一边往所卷的站线里加稻草或者报纸，这样才能避免所卷的站线不垮边，这个工序最主要的是梳线及卷棒时张力要均匀，保证日后的操作能正常进行，确保织出来的质量和效果。

　　第五个步骤是捡综，把安放在单根固线桩上的站线头取出来，按照篙杆所分出的上下两级站线均匀地分成十余组，打成活结，穿在卷经轴上，套上绊带拉紧站线后，将站线头再一次打结固定，使站线松紧一致。用一根粗线从左至右，穿过站线开口处，把站线头固定在综杆上。综杆就是一根 1 米长的竹竿，竹竿从一头用刀破开，再用一根 8 厘米长的小竹棍撑开竹竿，然后在竹竿上安放一根小竹条，在它的左端用绳子和竹竿捆在一起。用一根粗线从左至右横穿上下两组站线，然后从右至左将上一层站线一一套在综

用卷经轴滚线

滚板理线（织机部分）

滚板理线（另一端）

滚站线

杆上，用一根细线用8字形的套法绕过综杆上的小竹条，防止综线串位，这个工序称作捡综线，要求按穿筘时站线的顺序一一行，一根也不能错，捡完线后，去掉小撑棍，并用细绳将综杆与小竹条两头固定。

第六个步骤是翻篙，完成捡综以后，把两根竹竿依次抽出来，并依次插入竹筘后面的站线里，作为上、下斜篙杆，使站线开篙杆移到筘后面，完成翻篙。把竹筘移到织机的插杆桩前，再在站线交叉处插入两根上、下斜篙杆，并把篙杆插入机头的插杆桩上、下两根孔里面，把站线分成上、下两组，原来的两根篙杆还安在后面作为分绞杆，以便于断线时理线。

第七个步骤是捡花，把上层站线按顺序采用挑一压一的办法分成两组，用一根竹竿将其隔开，并将竹竿插入插杆桩的上端的插杆孔中，然后再用一根竹竿将上层的两站线共同抬起，并插入插杆桩端的另一插杆孔中，加以固定，把将来准备起花的那一层清理出来，以便于踩上下斜。

第八个步骤是捆杆上机，用绳索捆扎联动机构，捡好综的综杆的两端用长绳穿过两边"鱼儿"的钻孔，然后把鱼儿穿入挂杆，最后把两边鱼儿上的绳子捆紧压线棍，最后把两边长绳连接到踩棍上，调整综杆与杠杆"鱼儿"及踏杆的位置。站线头端打结上滚

捡综粗线

捡综

棒，调试撑子力度。

第九个步骤是安放篙筒，把篙筒安放在插杆上端及上、下分组站线的中间。篙筒是一根直径5厘米，长约60厘米的竹筒。在织锦前，把篙筒安放在上、中花棍的中间，主要作用是分开经线。

第十个步骤是织布边，装机完成后，要先织几梭布边，试织一段平纹布头，便于安放在卷经轴上卷起织锦，固定控制织锦面。我们土家织锦到现在，一直沿用着民间传下来的图案纹样，织造的时候，要把它们记在心里面，织造前就要想好自己需要的纹样。织布边时采用对斜织法，踩中斜是把篙筒放在压线杆下放的经线中，然后踩下踩棍将站线分成上下两层，再把梭罗引纬线穿过，并用梭罗穿过站线杆打紧，在第一段纬线中引入第二段纬线，如此反复多次，织成布边。

最后一个步骤就是挑织图纹，挑织的时候先将束腰的绊带绊在腰臀的位置，拉紧站线，心中默想或参照现成的图案纹饰，抽花线，选色喂线用挑子挑起成束的站线，数纱夹喂线，穿梭喂暗纬线，回梭引进明纬线，然后接梭子，拍打纬线。织造时身体微微后靠，脚踏分经杆，一手提综，另一手投梭插梭罗，就这样循环。

所有部件安放完毕

织布边

关于西兰卡普的织造技艺，我把自己这些年织花的经验总结成一句话："心要灵、手要巧、眼要快、脚要活，弯腰不驼背，全身协调，人机一体。"心要灵就是说你在动手织之前，心里面要非常清楚，自己想织的是什么图案、什么花形、什么材质、什么配色，都要提前想好，等上机织的时候你才能胸有成竹，知道自己织到哪一步了。手要巧就是说织的过程中手要灵活，挑、拍、打、拿、接都要干净利索。眼要明就是要求你眼睛要专注仔细地看，比如挑三压一该怎么调，都需要你眼睛很快地能定准确位置，这样才不容易出错。脚要活就是说踩杆要灵活自如，踩的时候用力要平衡，踩下踩棍才能把两层经线间的空隙穿进梭子。弯腰不驼背是长时间织花的一个基础，如果你驼背时间长了，不仅姿势不好看，坐久了容易腰酸背痛，这样织得时间就不会很长。全身协调是织花最好的一个状态，心、手、眼、脚、全身都要配合和谐，这样才能连贯协调，真正理想的状态最好是要人机一体，这样才能织出好的作品。

挑织

第三节　土家花带（厄拉卡普）制作工艺

除了西兰卡普之外，土家织锦还包含另一个品种，就是土家花带，它在我们土家语里叫"厄拉卡普"，是一种精巧别致、明丽醒目、结实耐用的织品，除了在龙山、永顺、保靖、古丈四县十分流行之外，在沅水流域的土家地区也很普遍。土家花带主要是用作腰带、裤带、围裙带以及小孩子的背带，有素色的，也有彩色的，但主要是素色的，它是以前我们土家人生活的必需品。

土家花带作背包带

花带基本上都是用棉和丝线作为原材料的，为的是确保它结实耐用，其次才是看上去要漂亮，起装饰的作用。土家花带的工艺比较简单，是古老的"经花"工艺，通经通纬，织出来的花带正反两面都有图案和花色，而且是相同的花纹，但两面的花纹颜色恰恰相反，比如说花带正面是蓝底白花，反面就是白底蓝花。土家花带的图案种类也不少，有的是花鸟鱼虫，有的结合想象力，织成有吉祥寓意的图案，比如蝴蝶采花、喜鹊闹梅、双凤朝阳、二龙戏珠等，不过大部分还是用几何图案作装饰，如线条纹、枝纹、三角纹、棱纹、方形纹等，有的一条花带上只用一种几何图案重复连接，有的可以用十几种几何图案重复连接，图案的方向顺着花带经线的叫"顺放"，从花带两边放的叫"边放"。

土家花带的织造工艺和西兰卡普基本一样，都是一个道理，相对来说土家花带更简单易学，以前，在我们酉水流域的土家族聚居区，不管家里是贫穷还是富有，每个女孩子都会织土家花带，这是必须掌握的本领。土家人一般先学会织土家花带，才去织西兰卡普。编织土家花带的时候也不需要底样，全靠脑子里的记忆来织，因为花带比较小，用不上织机，所以它在哪里都可以织，不需要什么专用的工具，有时候上山放牛、耕田种地的空隙，都可以拿出来织几下。花带有宽的也有窄的，有长的也有短的，宽的土家花带有两寸的，窄的有一指的；长的有几丈的，短的有一尺的。花带的图形讲究对称和协调，彩色的花带颜色醒目，大部分是以红、黄、青、黑、白五种颜色为基调，作为服饰的附属装饰。从土家花带里面我们可以看到土家人的个性，就像土家花带那样简单自然，同时富有意趣，体现出土家人粗犷朴实的性格。

虽说土家花带是我们土家人传统生活中的必需品，但现在除了一些老土家人在用，其他人很少用到土家花带。我记得我上中学的时候，我们班上有个女同学，她在课间休息的时候，就把东西拿出来，往自己膝盖上一缠，就开始打土家花带，当时我们还都觉得好奇，围着她看她编织。所以在我们酉水流域，土家花带其实比西兰卡普流传的地域要广泛一些，因为它是一种比较原生态的手工艺，本身织造方法比较简单，也不需要什么机子和太多工具，所以随时随地都能坐下来织，完全用手工控制，很是方便。但我不是很会织花带，见别人织过，所以就把我知道的土家花带的制作工艺大致讲一下。

土家花带的织造工具就是几个短篙筒和一把挑子，这个挑子也可以用我织西兰卡普时候的挑子。织造的时候大部分都是用棉线，也有用丝线的，制作工艺里面的纺捻线、染色过程都和西兰卡普一样，倒线也只是数量上的不同。

土家花带的织造过程可以分成六个步骤，第一个步骤是牵站线，把倒好的站线套挂在织造人的双膝上绕成个圈，用篙筒分组，装上提综线。第二个步骤结耳做综，用一排线套，套在束站线上，数个线套栓在一起，用来提综放线。第三个步骤织边，试织一段没有花纹图案的布边，用来固定控制织锦面。第四个步骤提综，把下层的站线提到上面来。第五个步骤捡花，因为土家花带很窄，没有竹箅，所以站线的密度很大，捡花时候

土家花带

苗族妇女在编苗族花带

就用手捡数线，也可以用挑子挑线。第六个步骤送喂线，喂线是在挑子上缠绕一圈后，顺势由挑子带过去的，连续不断。显花处纬线在下，由站线显露起花，这和西兰卡普由纬线起花相反。最后用挑子拍打织锦面，打紧纬线，就这样反复织就可以了。

土家花带的站线分单站线和束站线两种，在编织过程中，站线都是套挂在织造人双膝间的线。土家花带是属于经线显花，所以，单站线只有一根，跟纬线的颜色相同，是用来做带底的。而束站线一般是3根为一组，用与纬线颜色不同的线织花纹，这样才能凸现出来。束站线的数量是根据花带的宽窄，以及花纹图案的繁简决定的，比如说棉花粗花纹图案，是比较简单的，一般有二十五束左右；丝线细花纹图案的话，就比较复杂一些，一般有三十五束左右。土家花带的提综装置也很简单，就是用线套，套在束站线上，一排站线有一排线套，这些线套要栓在一起，而且可以移动。编织的时候，完全靠手控制提起束站，然后放线配色，交织提花，这样才能编织出图案。

在永顺那边比较流行一种彩色的土家花带，它的图案基本上都是植物的几何纹样，看上去素雅大气，也有人把这种样式叫"永顺样"。土家花带的彩色花带制作工艺相对素色花带来讲，比较复杂一些。彩色花带制作之前，必须要预先设计好花带的颜色，根据自己要织的图案，把不同颜色纬线的排列方式提前想好，然后安挑中间花纹丝线的蓬数（对数），按整数排列组合。刚开始学织的一般从七蓬开始，然后再到十三、十九蓬，但大多数为二十蓬至二十九蓬，多的也可以有四十九蓬以上。所以土家花带的宽窄在于它蓬数的多少，蓬数多的话就宽，蓬数少的话就窄。花边纹样的衬边经线的数量，可以根据花带的宽窄来安排。

土家花带的"经花"织造技法，其实在历史发展中早就被其他织造方式取代了，但因为它实用小巧，织造方便，还是在民间被保留了下来，苗族现在也有人织苗族花带，可以说花带是织造界的"活化石"。不过，无论是西兰卡普，还是土家花带，想织得好，织得精美，都需要有长期的织造经验的积累，这样才能织出高水平的东西，做些精品留下来。

第四节　西兰卡普的织法（针法）

会织土家织锦的人都知道，它的挖花工艺是"通经断纬，反面挑织"，挑织夹色纬，全是从织物背面完成的，也就是我们常说的"反织法"，这是土家织锦最显著的特点。这种"通经断纬"的挖花工艺，看似纬线可以根据需要无数次断掉，但实际上在织造过程中，真正断掉的只是表面的色纬，在梭罗里面藏着的那根暗纬是不断的，这根暗纬非常细，织的时候它是隐藏在色纬的下面，不容易被人注意到，但是它所起的作用可不能小

土家织锦通经暗纬的工艺手法

看，它在整幅织锦里面来回贯穿，起到了支撑和加固织锦幅面的作用，使织出来的锦更结实牢固，这也就是为什么我们土家织锦会那么结实耐用的原因。像有的一床土花铺盖可以用上百年也不会破损，还有的做工好、材质好的铺盖，它上面的颜色过百年都不会褪色。所以，如果从具体的织造方法上来讲，土家织锦的这种挖花工艺，应该被叫作"通经暗纬，断纬挖花"。

正因为有了这种特有的工艺手法，土家织锦上的图纹和色彩才能不受限制，想怎样织就怎样织，想用多少个颜色就用多少个颜色，还可以在织造的过程中，随时改变锦面的色彩和图案，像我织的《甲子顺锦》那个作品，就是60米长的长锦，涵盖了60幅不同纹样的织锦，不断变化，不受限制。正是这种灵活的织造方式，以及自由的配色技法，让我们土家织锦具有很强的表现力，也让土家织女们可以尽情创造。

要了解土家织锦的具体织法，就要先了解它的织造原理。在织花的时候，织物是有三层站线的错综过纬，就是上、下各半分站线，再将锦面站线分成对半，错综过纬的关键核心是篙筒中的"花（斜）筒"，与踩棍相连的上面那根叫"踩斜联动杆"，当花筒放在"踩斜联动杆"的上方时，为"上斜"织法；当花筒放在"踩斜连动杆"的中间时，为"中斜"织法；当花筒放在"踩斜连动杆"的下方时，为"下斜"织法。织造斜纹时，用上、中、下三斜过纬的手法，我们就把织斜纹叫作"上下斜"；织造平纹时，只用中、下两斜过纬的手法，不用上斜过纬，我们就把织平纹叫作"对斜"。

具体来讲织"对斜"，也叫织平纹花，主要用的就是"中斜"与"下斜"织法，就是把篙筒放在压线棍下面的经线中，经过踩杆、穿梭、打紧、挑花，一系列循环进行的一种组织结构及工艺，所以才把织平纹花叫作对斜。对斜的织法主要是用来织西兰卡普数纱花平纹素色织锦，还有大部分彩色斜纹织锦的档头部分。它的织造工艺受到土家数纱技艺的启发，是根据图案的需要，在投织纬线时，只在需要显花的地方露出来，在不需要显花的地方把纬线压入布底，色纬与所织的面料融为一体，而不是浮在上面的；并且，织对斜是以平纹为基础，通过纬向延长组织点，使组织循环加大的纬重组织。在具体织造时，要把经线平分为上下两层，再把上一层经线按规律平分，投纬挖花的关键就在于对织机的合理运用。

而织"上下斜"，就是挑织斜纹，要把篙筒放在不同的位置上，然后踩杆挑花。篙筒放在上中花棍的中间，踩下踩棍，经线分开后穿梭，再把篙筒放下来，把经线分开、打紧、挑花，这是织上斜。织下斜的时候，要把篙筒放在压线棍的下面，踩下踩棍后，穿梭、打紧、挑花，这样循环进行，就织成了上下斜花纹。上下斜主要是用来织西兰卡普的彩色斜纹织锦及数纱花彩色斜纹织锦的，它是经线与纬线的交织点，按斜线规律，排列在织物表面的，所以就形成了明显的斜向纹路。在织造工艺方面，它不同于平纹花，只用"中斜"与"下斜"就可以了，而是必须上、中、下斜全部使用，所以我们把这种斜纹织法叫做上下斜。

织平纹花

织上下斜

土家织锦《椅子花》局部：对斜、上下斜和抠斜相互转换

"上下斜"斜纹彩色织锦是西兰卡普中的典型品种，也是主导品种，是在"对斜"平纹素色织锦的基础上发展起来的，采用的是斜纹挖花的工艺。在图案方面，这类工艺的图案更多样、更完整，看上去比较成熟大气，一般整体就是一个长条的纹样，按照一定规律向四面八方展开。在色彩方面，斜纹彩色织锦的颜色更加艳丽，大部分是以黑色和深色为底色，彩色为点缀，层次比较多，看上去不仅整体和谐，而且很有视觉冲击力。这类西兰卡普最早发源于我们龙山县，在保靖、永顺也比较普及，它的工艺比平纹素色的织锦更复杂一些，特点是质地粗厚，结实耐用，不同种类的西兰卡普，都有一些地方特点，有的我看一眼，就晓得这是哪个地方织的花。

"对斜平纹"和"上下斜斜纹"是两种完全不同的织法，工艺手法也各不相同，但可以在同一幅织物之中，同一水平纬线的图案上，或同一一垂直经线的图案上，同时采用或者间隔采用平纹、斜纹两种不同的织法，还能做到自然而然，看不出任何痕迹。这是西兰卡普织造的另一个工艺，就是在不同织物组织之间的相互转化的织法，除了对斜和上下斜之外，还有这一种"抠斜"的织法。抠斜一般需要与上下斜的斜纹组织进行配合使用，主要用在一些织造难度比较大的彩色斜纹的织锦里面制造图案。因为上下斜花纹的组织构成都是斜向的，有时候为了织斜向和纵向共同组成的花纹，比如岩墙花和椅子花等，就在经线分开后，按三根为一蓬的单位，在相邻的左右各挑起一根经线，再挑起其中下面的一根底线,这是一个抠斜组合的织法,它是组织间相互转变形成的一种综合织法。它的织造工艺能让纬向上的平纹或斜纹相互转变,让织造的人随意变换织法和组织结构,使图案在平纹和斜纹之间自由转换,形成理想的花纹效果,这种工艺就叫抠斜。

一般来讲,对斜平纹和上下斜斜纹在纵向,也就是同一垂直经线方向上,它们的相互转化是不太困难的,因为它们的接口都是水平的。但是在横向方向,也就是同一水平纬线方向上,它们的相互转化却很有讲究。斜纹的一个小单元浮起的点是呈45度,但平纹的组织浮起点则呈90度,它们两个的浮起点之间相互转化时没办法完全对接,所以,水平纬线上斜纹与平纹之间,在逐步填充"上下斜"斜纹"接口"向经线方向靠拢时,还必须将现有的挑花基本单元再进行分解,横向的一分为二,填半格而形成过渡,这样才能达到和谐一致,也就是两种不同的组织结构能完全对接得上,这就是抠斜的优点,当然这个"抠"有"挖"的意思。抠斜可以使对斜和上下斜的浮起点位置在纵向上统一,让上一个单元与下一个单元的起点按照要求对齐。正是因为抠斜能在水平色纬上随意从"上下斜"转化为"对斜",也可以从"对斜"转化为"上下斜",所以这种织法大大增高了土家织锦的工艺表现力和色彩效果,在传统的椅子花、桌子花、岩墙花、双白梅和双八勾等图纹中,都有很多应用。

刘代娥正在配色

土家织锦的千年的传承，都是在靠普通平凡的土家族女性延续下去的，以前的织女很少有文化的，织造全凭口传身授，摹仿记忆。而西兰卡普直斜线的连续图案，基本都是几何对称的，非常有利于记忆、传承和传播。用一些简单原始的"口诀"，就能完织造复杂图纹的工艺，如"加1加2，减1减2"，意思是每递增一根纬线，图案就增减1～2个基本单元，即便是在少数比较特殊的情况下，也最多只加五。这样的方式，不仅让操作变得方便实际，而且还提高了织造的效率。除此之外，在织的时候，配色方面还有一些民间口诀：

红靠黄，亮晃晃。

要想精，加点青。

青间紫，不如死。

红要红得鲜，绿要绿得娇，白要白得净。

青紫不并列，黄白不随肩。

红搭绿，一块玉。

红间黄，喜煞娘。

黄马紫鞍配，红马绿鞍配。

黄身紫花，绿眉红嘴，显得鲜明。

红离了绿不显，紫离了黄不显。

光有大红大绿不算好，黄能托色少不了。

艳不俗，淡适宜。

色多不繁，色少不散。

草绿披粉而和，藤黄加赭而老。

红红绿绿，图个吉利。

文相软，武相硬。

头色不过四，身色勿过三。

西兰卡普在织造过程中，有时候也会受到很多其他的因素影响，就算是同一个人，用同一台机子和同样的织法，织同样花纹图案，都会织出不同的效果。因为挑起成束的经线，数纱夹色纬，这些操作基本上都是靠织花人的经验和感觉进行的，这与织的时候整个操作过程中的每一个细节都有关系，也会有一定的偶然，所以同一个人织同样的花，也会出现细微的变化，这就是手工技艺的独特魅力，我们不可能像机器织花一样，每一幅都是一模一样、一点儿不差的，手工艺品正因为是织锦艺人制作的作品具有的多样性，才体现出凝聚着我们情感、经验和心智的有温度的作品，所以，这样的土家织锦才是最自然的，是最美的。

第六章
织造工具与材料

引 言

土家织锦技艺是一项具有悠久历史的民间手工艺，它与土家人的生产生活方式息息相关，是土家人智慧的创造。土家人在织造西兰卡普时，所用的织锦机是一种古老的纯木质腰式斜织机，俗称"斜织腰机"，它主要是由机架、滚板（缠绕经线）、经线分叉棍、花棍、综杆（提拉经线，形成开口）、踩棍（又叫踏棍）、竹筘（控制经线的密度，并在过纬后打紧经面）、篙筒（又叫花筒，主要是控制织造平纹和斜纹）、撑子、鱼儿、挂杆、压线棍、滚棒、绊带等部分组成，这些组成部分各自发挥着独特的功能，协调运作，环环相扣，彰显着古代劳动人民的聪明智慧。

织造西兰卡普时除了要用到斜织腰机外，还需要用到其他一些工具，如纺车、手摇倒线架、筘刀、梭罗（含纬线筒）、挑子（又叫挑花刀）、纬线筒、盛线筐等。千百年来，土家族妇女就是用传统的木质斜织腰机和一杆散发着历史光泽的挑花刀，织就出她们对生活的热爱，对自然美的追求。织机上细密排列的一根根丝线，仿佛跳跃着古人智慧的灵光，使我们感受到与古人的距离是那么近，与自然的关系是那么和谐。织女们创造出的一幅幅斑斓多彩的西兰卡普，仿佛诉说着土家人的灿烂史诗，犹如土家儿女口中悠扬婉转的古歌，触动着人们的内心。

土家族是一个热爱自然的民族，在相当长的一段历史时期，土家族的纺织原料主要从栽麻植棉、树桑养蚕、自缫自织中获得。早期土家人的纺织原料是以山林中的苎麻纤维为主，靠着传统的手工艺获得织花的原材料。后来，随着棉花种植的推广与普及，棉线逐渐成为土家织锦的主要原料。目前，土家织锦的主要原材料为麻、丝、棉三种线材，由于受植物自身特性的限制，麻的织造难度较大，而纯手工的养蚕缫丝，又要耗费大量的人力和物力，且丝线产量十分有限，价格昂贵，因此，棉线相较于麻和丝，其适用性和产量都有很大的优势，有力地推动了土家织锦的发展。18世纪中叶以后，随着国家海禁的解除和客商的大量涌入，武陵山腹地居住的土家族人接触到汉族地区的纺织技术和纺织原料，土家织锦的原材料也发生了改变，湘西北以酉水为干线，以桐油、茶油、漆、五倍子等土特产为大宗的内陆河运空前发达，人们通过商品交易，从汉口、常德、沅陵等地购回织锦所需的蚕丝、棉纱、绒线等，过去靠栽麻饲蚕来解决原料的生产方式，逐渐被市场购买所取代。随着洗车河和里耶等商埠经营花、纱、布的商号也渐次增多。20世纪70年代以后，化纤产品传入，在国民经济尚未复苏的年代，丝、棉原料紧缺，土家织锦原料普遍被膨体纱等化纤材料所取代。改革开放以后，工农业经济不断发展，真丝纯棉已经成为人们的生活时尚和追求，土家织锦又回归到"经纬皆丝，间或纬为棉"的历史情境。

土家人聚居的武陵山区，有着丰富的自然资源，这为传统染色提供了先天的条件。清光绪时期关于土家织锦就有"绩五色线为主，文彩斑斓可观"的记载，五色在土家族妇女口中主要是指黑、白、赤、靛、黄五种颜色，用五色彩线织就的织锦图案里，包含了土家先人对自然和民族奥义的理解。土家织锦五彩丝线的染色，大部分是用本地出产的矿物、植物及动物染料染就而成，传统织锦上的每一种色彩，都有与之相对应的染料。如红色是用辰砂、黄色是用黄栀子、蓝色是用蓼蓝叶、黑色是用五倍子等，尤其是植物染料，大部分也是当地土生土长的中草药。在环保观念越来越重要的今天，传统天然染料凸显出它在环境和生态方面的优势。这一章，跟随刘代娥老师的讲述，一起了解西兰卡普的织造工具、材料与天然染料。

第一节　织机与制作工艺

我们土家族的织锦机用的是木质斜织腰机，它是一种古老传统的织机，是在水平腰机的基础上发展起来的。水平腰机是最原始的织机，是用"通经通纬"织花的工艺原理，织的时候它可以变换纬纱，织出不同颜色的布，但织锦人一般是要坐在地上织的，这样就容易弄脏织物，而且数纱挑织的时候也不方便，土家织锦斜织腰机相对来说要先进一些。

我用的织锦机一般长5尺，宽2尺多，高3尺左右，主要由机架、滚板（缠绕经线）、经线分叉棍、花棍、综杆（提拉经线，形成开口）、踩棍（又叫踏棍）、竹箔（控制经线的密度，并在过纬后打紧经面）、篙筒（又叫花筒，主要是控制织造平纹和斜纹）、撑子、鱼儿、挂杆、压线棍、滚棒、绊带等部分组成。土家织锦斜织腰机之所以叫"斜"的原

土家织锦木质斜织腰机

因，是因为它的机座（头）与地面不是平行的，它是有一定倾斜度的，这个角度大概有50~60度，不是完全垂直地面的，所以在打纬的时候从上到下，也容易使得上力，织的时候轻松一些。使用斜织腰机，更方便察看经线的平口和经纬的平整，能看到有没有断线，便于随时整理。

土家织锦斜织腰机的结构比较简单，没有提花装置，所以不需要"花本"，这也是斜织腰机在普通土家人家里非常普遍的一个原因，它比其他少数民族用的竹笼提花织机、帘式提花织机和搂花木织机相比，构造更简单，机动性更大，便于织造。土家织锦斜织腰机是我们土家族专门做织机的木匠打制的，一台机子做下来也就是一千多块钱，机子上的每一个构件都很重要，都有特定的作用和功能：

滚板（卷经轴），是一个厚厚的大木板，有70厘米长，两边对称的位置都开有一个槽，主要的作用就是缠绕整理好的经线，斜靠在固定桩上。在织花的时候，利用滚板一边织，一边放经线，相当于现代纺织机械中的整经轴。

经线分叉棍，是两根竹杆，直径2厘米，长70厘米，第一根用来第一次分叉经线，第二根起经线第二次交叉的作用。

机架

花棍，有上、中、下三根，直径 2 厘米，长 70 厘米，上层托线棍，撑托上层经线；中层托线棍，斜撑中、上层经线；下层压线棍，压住下层经线。

综杆，是一根直径 2 厘米，长 70 厘米的竹杆，杆上缠着提综线套，每个线套穿入一根经线，作用是反复地把经线提起来，以形成开口，便于织进去纬线。

滚板

捆杆上机

竹箅

撑子（上）和竹挑子（下）

168

踩棍，是用直径2.5厘米，长70厘米的竹棍制成，用来连接鱼儿、压线棍和综杆，作用是双脚踩踏控制使经线开口，它在"鱼儿"的杠杆作用下，连接综杆，能完成经线提升开口。

竹箔，主要是用来控制经线密度和锦面的松紧度，使锦面和花色匹配，同时能打紧布面。箔就是用四根长木条和许多根细薄竹片制成的，竹片的间距相等，数量是经线的倍数，一般都是按一厘米距离中有六个眼（三道）来计算的，每道由四根经线组成。

篙筒，是分组和清理经线的一组竹筒，有长而细的，也有粗而短的，它是用来给经线分组的。花筒也是篙筒的一种，比普通的篙筒要粗大些，作用是为了控制对斜平纹和上下斜斜纹的交换。

撑子，主要是用在打花时，撑开绷平织花的一面，使锦边平直不偏斜，又叫竹绷，一般都是用楠竹片做的。

鱼儿，是打花时升降经线的联动装置，由两部件组成：一是鱼儿，用木板制成长25厘米的鱼儿状，实际就是杠杆；二是踩棍和压线棍，都由直径2厘米、长70厘米的竹棍制成，用线连接鱼儿的头，鱼尾连接在综杆上，起升降作用，完成经线的提升和开口。

挂杆，直径有2厘米，长有70厘米，用于固定鱼儿。

压线棍，从鱼头部连接踩棍的绳子，其间经过经线处套一根木棍或竹棍，起到压住经线的作用。

滚棒，主要是用来把织完的布卷起来，并且拉紧经线的织花面，它是一个开有细槽的木棒，两端是小正方形。

绊带，是用宽4~5厘米的布带系在木扣上，绷在腰上的一根带子，木扣套在卷锦轴的木榫上，用来控制滚棒绷紧的程度，所以还叫"绷带"。

西兰卡普的制作工艺比较复杂，工序也很繁多，整个过程都是手工操作的，特别是织造前的装机，是最耗费时间和精力的。有时候装机装得好坏，会直接影响你织时候东西的质量，所以一定要不出差错地装，而且在装机的时候，如果有一点儿出错，整个机子都没办法用，装的时候一定要认真装。装机前有一些工序需要提前准备，比如用纺车把棉线套在倒线绷架上，一手搅动纺车，一手引线，把线倒在络线筒上以备牵线时候用，还要把制作好的络线筒放到梭罗里面，织造时用来打纬，所以除了斜织腰机之外，还需要一些其他工具配合使用。

绊带

第二节　其他工具与制作工艺

用斜织腰机织花时，还要用到的工具有纺车、手摇倒线架、筘刀、梭罗（含纬线筒）、挑子、纬线筒、盛线筐等。

纺车，将弹过的棉搓成一尺长的媒子，然后用纺车纺成纱，再将纱倒成一束束的把把纱，这样便于染色。如果要纺成线，需要让把把纱用水泡透，然后让两把纱安在两个绷架上，再将两个线头并在一起，在纺车上纺成线，再倒成把把线染色。这些都是传统的纺纱、纺线方法，随着现在时代的发展，目前我们织花时候用的纱和线，已是专业工厂生产的商品纱和线了，传统的纺纱、纺线工艺很少有人再用。

手摇倒线架，用来把纱线倒成线筒备用，将把把纱线安在倒线绷架上，然后在纺车上安上长约15厘米的小竹管，手工把线倒到络线筒上。

手摇倒线架

刘代娥自己做筘刀

筘刀，主要是装筘的时候，用来穿引经线的，大部分都是竹子做的，也有用铜和铁做的，筘刀很薄，一端是钩状的最好使。

梭罗，作用就是穿引暗纬过线用的，它可以打紧纬线，也叫"布刀"。它主要是用杂木制成的，横截面是一个锐角三角形，比较扁，有30度的角，梭罗的两端一般削成了手柄的形状，织的时候便于手拿，梭口的长度比布的幅面要宽些，梭背上有一个槽，里面放着加固用的纬线（梭罗线）竹管。

梭罗

挑子，是把纬线挑进经线的工具，它一般是用牛肋骨、竹子或者铜铁做成的，一端方正，另一端尖尖的，而且弯曲有弧度地翘起来，便于挑起经线，进行编制花纹。

纬线筒，装入梭子槽中的竹管，缠绕纬线用。

盛线筐，一般由竹篾或塑料制成，盛装各种花线、剪刀等工具。

刘代娥的牛肋骨挑子

纬线筒

盛线筐

第三节　材料与制作工艺

土家织锦的线材从原始的葛麻、苎麻，再到后来的蚕丝、棉花，直到今天的现代化纤和人造丝，经过了一个漫长的演变过程。明清以前，我们土家族地区是不种棉花的，所以没有棉线，那时候的土家织锦基本上都是麻质和丝质的，后来棉花在我们这里大面积栽种，随着棉的普及和推广，土家织锦开始用棉线做线材。到了现代，有一段时期比较常用一些化纤材料，如膨体纱和毛线，化纤线材的颜色鲜艳，织造时候容易出工，而且价格便宜，所以很多老板都愿意买这个材料织的产品，但用膨体纱织出来的织锦，在效果和质量上都不理想，体现不出土家织锦应有的特色，所以后来我就没再用过化纤线材，基本上用的都是棉线和丝线。

刘代娥的徒弟帮她在网上买的丝线

现在我们土家织锦使用最广泛的线材还是棉线和丝线，根据要织的花的特点不同，可以选择粗细不同的线材。在织花的时候，经线和加固用的梭罗线，一般都是染成土红、靛蓝和黑色的棉线，用两股或三股棉纱并捻。纬线是用多根棉纱或多根蚕丝根据需要合成一股，有粗的也有细的，利用植物或矿物染料染成的。通常来讲，织土家花带一般就用染好色的细棉线或丝线，织西兰卡普"上下斜"斜纹彩色的时候用的线材要比织"对斜"平纹素色的线材粗。而且土家织锦是属于熟织挖花织物，它是织成后不需要再染色和印花的，所以直接手工挑织完成的就是最终产品，因此，我在织传统织锦时所用的棉纱（线）或蚕丝，是在织之前就要经过染色的，按照要织的花的特点来加工染色，以备使用。

我主要讲一下传统土家织锦不同的原材料（线材）的制作工艺：

苎麻在我们武陵山地区分布很广，几乎人人都见过，还有人种过，因为它的生命力非常顽强，往地里一撒，经过培植，很快就能生长出来。苎麻是一种多年生的植物，它的叶子近似圆形叶，有的背面还长了很多白茸毛。苎麻浑身是宝，根可以入药，有清热利尿和安胎的作用；苎麻叶可以止血，小孩子难免有磕磕碰碰的伤口，大人往地里扯一些苎麻叶，洗干净捣碎后敷在伤口上，就有很好的止血效果，苎麻叶还可以当作家畜饲料。

苎麻一般能成长几十年，它的纤维长度是麻类中最长的，从 6～25 厘米不等。苎麻成熟的季节在五月、七月、十月，被叫作"头麻""二麻""三麻"，一年可收三次，我们这里把收割苎麻叫作"打麻"。我小时候跟我大姐一起下田割过苎麻，我们把麻杆割下

棉线　　　　　　　　　　　　　　丝光棉

来，先摘掉叶子再去掉骨干，用我们自制的小竹筒和麻刀把苎麻杆夹在中间，通过按压、摩擦、拉拽，使麻筋从苎麻皮里面脱落，把麻皮从麻杆上取下来，然后再晾干存放。

苎麻的叶子可用来施肥，骨干晒干了可以当柴烧，剩下的苎麻皮就准备提取纤维了。提取苎麻纤维的工具很特别，它由一把呈长弧形的铁刀片，刀片的两边开钝口。织麻布首先要"绩麻"，将一段一段的麻丝捻成纱线，是个非常精细繁琐的工作。把最初的麻纤维绑成一团后，经过一道浸泡的程序，让麻纤维分离成线，然后再把麻纤维团拿出来，撕成一缕一缕的再放入水中泡软。泡软后，就可以把麻线取出来，搓成一缕缕小麻线，放在太阳下面晒干，就成了最初的成品麻线，之后就是将这些麻线染色织花的工作了。

那时候我跟着大姐也种过棉花，把棉花变成棉线的过程也有很多步骤，首先就是除去棉花里的棉籽，然后把棉花拿到镇子上弹花的地方给我们弹好，再把弹过的棉搓成33厘米长的棉条，然后用手摇纺车纺成棉纱，将三根棉纱捻成一股，棉纱倒成把把纱，这样就可以染色了。如要纺成棉线，需把把把纱用水泡透，然后将两把纱安在两个纺绷子上，再将两个线头并在一起，在纺车上纺成线，再倒成把把线。织花时候的经线，是合成两股或三股的棉线，纬线有色纬和暗纬两种，暗线的颜色要和经线的颜色一个样，这样效果最好的。色纬是染成五颜六色的棉线，暗纬是用来打紧纬线的梭罗线，主要用白色或黑色棉线。传统的土家织锦大部分还是用棉线牵站线，为了增强棉纱的韧性，防止在织花过程中断纱，还需经过一道浆纱的工序，先把白纱放在锅里面用水煮两个小时，将纱煮透后捞出放凉，然后把泡过的粳米放到锅里熬煮成浓汁，然后放凉，再把纱放在

现成的商品丝线

里面搓揉，使米汁均匀地渗透在纱里，之后拿出来扭干，用竹竿将纱穿挂起来晾晒。如果是夏天天气热的时候，还要一边晾纱一边搓纱，将纱抖松，以免粘连过硬。

这些都是传统的纺纱纺线方法，随着时代的发展和技术的进步，现在我们织花时候用的棉纱线，都是专业工厂生产的商品纱线，传统的纺纱纺线基本上没人再做了。而且现在可以直接从市场上购买色线牵站线，浆纱工序也基本用不上了。

说起蚕丝线，我想起早些年我们捞车河的地主，他们那时候穿的衣服全部都是蚕丝做的，非常好看。那时候养蚕抽丝织布，是条件比较好的人的生活。我小的时候也见过大人们通过剥茧、挑丝、抬头、压轴、卷绕等多道工序来制作蚕丝线，俗话说："三十五天蚕白头。"从养蚕到摘茧，一般只需要三十多四十天的时间就可以，蚕的一生是到吐丝之后才算终结的。后来我和我姐姐也养了蚕，最开始成熟的蛾子从蚕蛹里破茧而出，产出蚕卵。等到蚕卵变黑，蚕蛹就会从蚕卵里出来了。再等蚕蛹长大成熟，就会开始吐丝成茧，它的蚕茧就是蚕桑丝的基础。以前我们村上种着很多桑树，我经常去摘桑叶喂蚕，这些吃桑叶的蚕吐得丝是白色的丝。在蚕的幼虫在变成蚕蛾之前，它会把自己保护在蚕茧里，每只蚕茧都是一根连续1000～2000米长的蚕丝。缫丝之前，首先要剥茧，因为蚕开始吐丝时是一层乱丝，因裹在茧壳外面，所以称为"茧衣"。只有剥去茧衣，丝绪才会暴露出来。剥下的茧衣称为"丝絮"，没有什么强度，一般不用它织布，但可以用它填充在夹衣中间，能起到很好的保暖作用。剥茧之后，为防止蛹化为蛾，咬破茧壳，要及时缫丝。

从蚕茧到蚕丝的具体过程是这样的：先将蚕茧聚集在湿热的空气中，把里面的幼虫杀死，再把蚕茧放到热水中，蚕茧变软慢慢成浆状，脏的表层会脱落，最终露出蚕丝的终端，然后再把蚕茧放入第二个大桶，依据丝的粗细程度，把单个或几个蚕茧缠在一起抽出，这就是缫丝。搭丝灶、烧水煮茧、捞丝头、缠丝寮、炭火烘丝……缫丝的这些工序要在一周之内全部完成，工作强度非常大，有时候还要通宵达旦地干。缫丝最关键的一点是水温要合适，手伸进滚水里一次次试，直到刚好不烫手的时候才行，过去没有温度计，完全凭手感。茧子煮到什么时候才能出丝，都是很重要的经验，要自己去体会和积累。

从种植麻棉、植桑饲蚕，到割麻剔麻、摘花抽丝，再到绩麻纺纱、织布织花，整个这些传统手工艺的过程我都干过，而且这些工作也是每一个土家族女性要承担的日常劳作的一部分。所以，过去我们土家女子除了干生产劳动和家务活，还要随身带着弹好的棉花和线砣，边走边不停地捻线，没有一刻是闲着的。捻好的线还要用植物和矿物染料染上颜色，捞出晾干，最后才能理线上架织花。可以说我们土家族女子吃苦耐劳的这些精神，全都融入了土家织锦漂亮的锦面上。

第四节 染料与制作工艺

传统土家织锦上面的颜色非常丰富，红、黄、蓝、绿、紫、黑各种颜色，应有尽有，每一种颜色都有与它相对应的染料。很早以前我们土家族织物的染色，都是用本地出产的矿物、植物和动物染料染的，那时候还没有化学加工合成的染料，是都从大自然中找的染料，到了近代以后，化学染料才逐渐被应用。在这些天然染料里面，矿物染料是出现最早、应用最广的一种，比如辰砂（又称丹砂、朱砂），它就是非常好用的红色染料，它在沅水流域分布得很广，但后来因为它价格昂贵，就很少用它了。植物染料应用的最多，比如山里生长的红花、靛蓝、茜草、栀子、姜黄、紫苏、五倍子等植物，基本上都是从他们的根、茎、叶及果实中提取出来的，而且大部分的植物染料易溶于水，染色性很强，染起来也很方便。动物染料相比之下就比较少，如虫（紫）胶等。运用传统染料

植物染色的棉线和丝线

染色的方法虽然听起来都很原始，但染出来的颜色与化学合成的染料染出来的颜色相比更自然，织出来的锦面看上色彩更古朴，也更耐看一些，有的染料还有防虫抗菌的作用。

以染棉纱线为例，染色前要把棉纱线经碱水（或石灰水）煮沸脱脂，拿出来用木棍不断拍打，再放入水中反复冲洗，直到洗干净为止，晾干后再用来染色。根据染料的特性，不同的颜色要用不同的方法加工，我简单介绍一下我常用的几种染料：

染白色，白色在土家语里叫"阿丝"，是漂白的意思，先用石灰、牛粪这类呈碱性的物质，把纱线浸泡或煮沸，然后经多次拍打，再在水中反复冲漂和晒漂，至直漂白。也可以用南瓜叶捣烂，制成叶汁浸泡，冲洗后，反复多次暴晒就可以了。

染红色，红色在土家织锦里面是最常用的五种颜色之一，民间传统的红色染材有很多种，最传统的是用辰砂染，把辰砂磨成细粉，再多次漂取，可以得到正红色的颜料。辰砂染出来的纱线鲜亮深红，色彩艳丽厚重，而且能防虫蛀咬，但辰砂的价格相对来说比较贵，民间就很少使用了。除此之外，还可以用椿树、红花、茜草、樟树、苏木、紫杉、葡萄等植物来染，但他们染出来的颜色不是同一种红，有的红色偏黄、有的红色偏紫，有的红亮度高、有的红亮度低，是不一样的。我们土家织女在掌握了各地染材的基础上，根据本地的资源开发了一套具有我们土家族特色的染材，比如月季花、土苋菜、蛇苞谷（天南星）、毕羔子果实、红山果（山樱桃）、狗屎泡（高粱泡）果实、鸡冠花和枸杞果实等，都可以用来染各种各样的红，大大丰富了我们对红色线的要求。

如果是用椿树皮染红色，染的时候就要先把准备好的椿树皮放入热水中，煮10分钟左右，椿树皮放的量要根据染色的深浅决定，煮好之后把带颜色的汤水放入缸中，再把晾好的棉线慢慢地放入缸中，来回翻动几次，尽量使棉线吃足水分，最后把棉线拧干，在绳子上晾晒干就可以了。如果是用苏木（又称为"苏方木"或"苏枋"）染红色，就要先把苏木劈成小块，放到锅里面煮沸，把汤汁煮浓了以后，再把纱线放到浓汁里面浸泡一段时间，然后再取出来阴干。但要是想染成淡红色，煮汁的时候就不要煮那么浓，把纱线放到稀稀的汤汁里面自然就是淡红的。同时，可以添加不同的媒染剂，还能得到不同的效果，比如加些明矾（铝媒染剂），就可以得到火红色（深红），色红艳丽，经久不退；如果加些铁媒染剂，就可以得到深紫红色（褐色）。如果是用茜草染红色，就用它的根煮水，在汁水中加一点儿生石灰煮沸，能染出土红色。如果想染暗红色，可以用红泥巴煮制，红泥巴就是我们这儿的一种土红染料，价格便宜，但它不易固色，一般不用它染纬线，可以染经线。如果使用土苋菜染红色，需要先取汁再染色，土苋菜是一种很常见的蔬菜，它染出来的玫瑰红效果不错。

染蓝色，用板蓝根染的，我们苗儿滩镇东面有个地方叫靛房，就是因为盛产土靛而得名，蓼蓝的叶子浸沤发酵就是能制成靛蓝和靛青。具体的制作方法是先把蓼蓝的叶子放到石灰里浸泡，一百斤叶子要撒五十斤石灰，每天翻动一次，等叶子发酵成深绿色的时候，就把靛渣捞出来，水澄清以后，底部的一些结晶就是土靛泥了。需要染色的时候，在土靛里面加一些碱水就能制成染液，然后要添加一些糯米甜酒，当染液出现绿色时染的效果最好。土靛制成的染液最适合冷染，冷染的时候是用浸泡的次数多少来决定颜色的深浅，然后把染过的纱线挂在通风口，用空气里面的氧让它显色，再加些醋固色。泡的次数越多，染出来的蓝颜色越深；浸泡的次数越少，颜色越浅。

染紫色，可以用紫草根染，紫草俗称"大紫草""硬紫草"，全身长着粗糙的毛，根是很粗的紫色。它还是我们本地产的一种中草药，用紫草熬出来的汁是很好用的紫色染料。

不同的配料可以染出不同的颜色

染黄色，可以用黄栀子染，黄栀子的果实可以入药，能清热泻火。在我们老房子前面，就栽种了几棵黄栀子树，它果实里面的色素是染黄色的染料，染的时候可以直接把黄栀子的果实捣烂，放在缸里浸泡，然后再染线。另外，民间还有用姜黄煮染黄色的方法，染色时把姜黄的茎浸泡煮沸再染色。酸杆也可以染黄色，用酸杆的根熬水煮沸，可以染出土黄色。不过大多数黄色染成以后，因为颜色浅容易掉色，还需要上锅用木甑蒸，使黄颜色渗入纤维，这样才能起到固色的作用。

染绿色，用山里面的黑苞刺染，把它的第二层内皮放到水里面煮熬成汁，然后把纱线放进去，加一些桐壳、碱灰和明矾，染的时候刚开始出来是黄色，找一个昼夜温差大的天气，把煮好的黄纱线放在露天的草地上面晾晒，把需要成绿色的那一面朝上，而且不能有任何遮挡物遮挡，放一晚上等第二天早上收回来，连续这样晒几天，最好能把染的纱线上了冻，这样才能染出绿色，所以绿色是最不好染的一个颜色。

染灰色，用锅烟子灰研细，放到锅里面用水煮，然后再把纱线放进去染。也有用油麻杆和稻草染的，先把它们烧成灰，再放到锅里用水煮，加少量的碱和酒固色就可以了。

染黑色，用五倍子染，五倍子树是我们武陵山很常见的一种植物，用它的果实研成粉末，熬水煮沸，然后把纱线放进去，再加一点儿青矾作媒染制剂，就能染出黑颜色。还有一种野生植物叫山柳，每年天气开始变冷的时候采一些回来，用水煮熬出褐色的浓

植物染色的丝线

液，然后过滤去渣，把纱线放进去煮，最开始变成蓝色，当煮到一定程度后冷却，再把被纱线取出来浸泡到烂泥里半个小时，最后拿到河里洗掉泥巴，这样反复操作四五次，就能染出乌黑的颜色。

蚕丝的染法与棉质纱线的染法大同小异，但往往需要反复更多的次数，还需要加些明矾和醋固色。不过在传统的土家织锦中，一些蚕丝线根本不需要染色，因为蚕丝线天然就有很多种颜色，可以利用蚕丝自身的颜色来巧妙搭配，比如柘蚕属于黄茧系，它的茧丝有棕、橙、黄三种颜色，也有白色。棕、橙、黄色这三种颜色比较近似，放在一起有亲和力，如果用这三个颜色再配上深浅不同的蓝色、紫色，再用白色线穿插间隔，就可以织出非常雅致的锦面效果。而且用不经过染色的天然色丝织出来的织锦，不怕水洗，还能越洗越亮，但蚕丝线做的织锦也需要保养，不然丝线就容易变毛，洗过之后，也不如最开始的效果平整。

传统土家织锦线材的染色基本都是用纯天然染料染的，染色方法和过程对大自然完全没有污染，这不仅保护了环境，还维持了生态平衡，而且是很多植物染料本身就是中草药，既可以食用，又可以药用，对人体百利而无一害。比如黄栀子，它就具有泻火除烦、清热利湿、凉血解毒、消肿止痛的功效，用它染的黄颜色丝线跟人体接触之后不会出现过敏的情况，而且还能起到保健的作用，对健康有一定裨益。比如染蓝色的蓼蓝叶，在民间还可以用它的沉淀物涂抹患处，能治疗腮腺炎，十分有效。再比如辰砂，它

土家人善于植物染色

丝光棉线

就更有名了，它是古代炼丹的一种重要原料，有镇静、安神和杀菌的功效。而茜草作为植物染料的历史也十分悠久，茜草除了染红色，它还是止血的草药，可以活血化瘀。早在千百年前，我们的祖先就知道这些自然界的物产可以用作染织和医药，当然并不是每种带颜色的植物都可以用来作染料，有的植物有毒，对人体有害，肯定是不能当做染料来用的。从纺捻线到染色，从织布到挑花，这么多道工序全靠织锦艺人的双手来完成的，所以我们皮肤能接触到的东西，一定是要是纯天然的，要没有危害的才行。

我以前经常背着竹篓上山里面找染料，现如今我在自己家院子里面也种了几种常用的植物，等到了时节就可以摘下来染，现在我做的植物染色的传统土家织锦数量不是很多，但有的时候总觉得买来的线材颜色太亮，看上去不是那么舒服，所以还需要一些植物染色的线来搭配着用。因此，我会用植物染料把线染好放起来，等什么时候需要配色就直接拿来用，这样我织的花的锦面效果层次更多，色彩也更丰富。随着现代纺织技术的发展，机制棉线色系繁多，而且它不需要炼制染色，可以直接用，价格也很便宜，所以它就代替了传统植物染色的线，受到大多数人的青睐。不过现在的人越来越意识到，化学染料可能会给我们的生存环境和健康带来危害，所以又开始提倡用天然染料来加工织物，这或许就是天然染料以后的发展机会。

刘代娥家院子里栽种的染色植物（黄栀子）

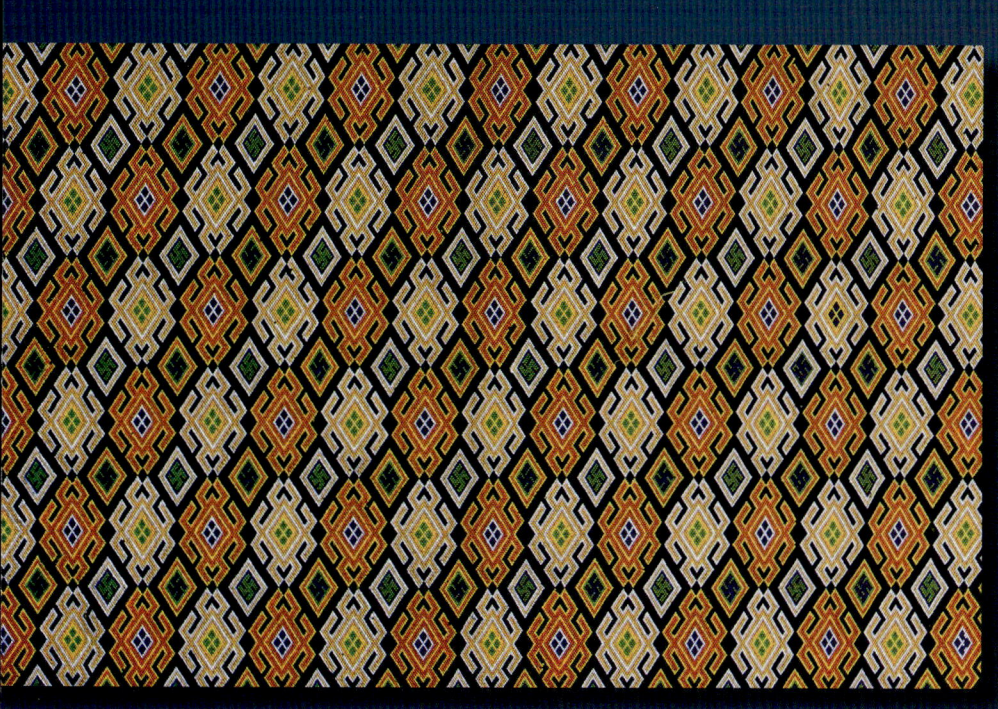

第七章 西兰卡普的图案纹样与文化意义

引 言

　　土家织锦的图案大约有 400 多种，其中斜纹彩色织锦有 250 多种，平纹素色织锦有 150 多种，图案主题涉及各个方面，包括勾纹、植物、动物、器物及其他纹样。土家织锦与土家族人的生活习俗密不可分，土家族人生活中的方方面面，几乎都成了土家织锦的题材范围。土家织锦传统图案，是土家族人文化心理和不同时代文化积淀的独特表现，充分展示了土家族人细微的观察力、丰富的想象力和多样的创造力，以及表达出他们对生活的热爱之情。土家织锦作为土家族文化的物质载体，凝聚了织锦艺人的心智和经验，同时还融入了人的特殊情感，从某种程度上看，它是中华民族多元文化形成与发展的历史见证。

　　经过千百年的细筛精选，流传至今的传统土家织锦图案都是各个时期的精品，刘代娥从 20 世纪八十年代以来，把她耗费几十年时间搜集到的百余种土家织锦图案全部复原，每一幅织锦图案都堪称经典，蕴含着丰富的文化意义。土家族人喜爱种植与丰获，在劳动中把自己的创造与大自然的杰作融为一体，在土家织锦传统纹样中，出现了大量的表现植物的画幅，如藤藤花、韭菜花、玫瑰花、月月红、金勾莲花、臭牡丹花、八角香花、刺花、梭罗树等；土家族人世代居住在山区，对于栖息山林的飞禽走兽，以及饲养的家禽家畜，有几乎一样的熟悉，于是表现各种动物的图案也成了土家织锦图案的重要组成部分，如石毕花（小兽）、猴子手花、野鸡尾巴花、阳雀花、大小狗牙齿花、猫脚迹花、马毕花（小马）、虎头花等；土家族人热爱生活，也善于体味生活，表现在土家织锦图案中的日常器具也很常见，如桌子花、椅子花、粑粑架花、棋盘花、桶盖花、箱子花、豆腐架子花等。

　　在土家族的山寨中，常常看见在弯曲的山道上走着的热闹的迎亲队伍，新娘的花花轿子和督官、送亲客、打旗帜的、打镏子的、吹唢呐的、骑马的、牵马的、抬嫁妆的（箱子、柜子、桌子、椅子、被盖、花瓶、梳妆台）等，这些形象被织进入了西兰卡普的《迎亲图》里，巧妙地植根于土家族的民俗之中。土家族长期受治于土司制度，封建土司也分大小等级，土家族人把土司王看作是权力与统治的中心，于是土家织锦中就有了"四凤抬印""土王五颗印"等图案。无论从心理状态还是处世习惯来看，土家族人是开放型的民族，受汉文化影响广泛。比如，土家族人喜欢吉祥和功名等习惯，与汉文化基本一致，于是"福禄寿喜""长命富贵""鲤鱼跳龙门""二龙抢宝""一品当朝""双凤朝阳""狮子滚绣球""喜子花""龙船花"等进入了土家织锦的传统图案。土家织锦是土家人与自然关系的生动写照，也是土家族人自然观、世界观和宇宙观的真实体现，被誉为织在锦面上的"土家族历史"。

　　在织锦的时候，刘代娥不看任何画稿，图案就在自己的心里，她知道如何操作手里的挑花工具在哪个地方挑出多少股经线，再把何种色彩的纬线织进去。她织造的锦面构图多为菱形、横式长方形和斜式交叉的几何图形；有二方连续组织形式，也有四方连续构成方法；有台台花、船船花等取材于自然和生活的元素，也有老鼠嫁女、鲤鱼跳龙门等取材于民俗传说和神话故事的纹样。可以看出，土家织锦纹样的艺术特色主要是重表现、重创造，名存形异、"名不副实"，对自然物进行升华，以想象构成图形，是人化的自然结果。这一章，跟随刘代娥老师的讲述，一起了解她织造的百余幅传统西兰卡普的图案纹样与文化意义。

第一节　勾纹纹样

我们土家族有自己的语言，没有自己的文字，但整个民族形成的过程，可以从我们土家织锦里找到一些痕迹，土家织锦的图案纹样与我们土家人的生产生活和日常习俗有着紧密的联系，所以想了解土家族的历史文化，应该先了解我们土家织锦，可以说土家织锦是"织出来的土家族历史书"。

在我土家织锦技艺传习所的墙上，挂着一个展板，上面就写着土家织锦的形成和发展过程，每一个来传习所参观学习的人，都可以了解到土家织锦是怎么被创造出来，如何发展成今天这个样子，以及受到过哪些文化的影响，包含了哪些传统纹样等内容。以土家织锦里最经典的勾纹纹样为例，之所以说它是土家织锦里最具代表性的纹样，是因为勾纹类的图案在土家织锦里面是最普遍的一种传统纹样，每十幅土家织锦里面，就有将近两幅是勾纹图案。勾纹图案按照勾纹的数量来区分的话，可以分为单勾、双勾、八勾、十二勾、二十四勾、四十八勾和七十二勾等类型；按勾纹中心的图案来分的话，有箱子八勾、花瓶八勾、盘盘八勾、万字八勾等类型，这些纹样都是在八勾纹样的基础上进行变化的。

为什么会有这么多勾纹类的图案呢？这就和我们土家族的历史文化有关了，据说我们土家族的祖先最早生活在靠近河边的地方，崇拜的是蛙神，蛙是祖先心中的神物，所以蛙的造型就被形象地织在传统的土家织锦里面，象征着我们土家人的祖先。据一些专家讲，土家人对蛙的崇拜和壮族人过蛙婆节的习俗也有一定联系，土家织锦的八勾受斜纹织锦工艺的影响，是一个菱形，蛙背上有花纹，蛙的手足都向外伸展呈勾状；苗锦里面的蛙纹与土家织锦的八勾纹样十分相似，也是一个抽象的蛙纹图案，证明这些民族之间都有一定渊源和联系。在我们酉水流域的一些土家村寨，跳摆手舞祭祀祖先的时候，要供奉"四十八勾"图案的土家织锦，目的是为了祈求祖先保佑我们土家族人丁兴旺、多子多孙，人人能幸福安康，所以从土家织锦的纹样中，可以了解我们土家族的文化信息。不过也有人讲"勾"代表的是蜘蛛脚，蜘蛛在我们土家族是个吉祥物，谁头上如果掉下来一个蜘蛛，大家就会说："喜来了，喜来了，你家有喜事。"所以，不管是蛙的手足还是蜘蛛的脚，都是吉祥的寓意，我织的图案基本上都是有吉祥寓意的。下面我具体讲一下各种各样的勾纹纹样：

八勾纹

　　八勾纹图案共八个勾,分四组,每组两个勾,相互照应,象征着天、地、人、神围绕一个中心,层层散开,通过连续、反复排列组成,它是土家织锦中极具代表性的纹样。这幅锦的图案以八勾纹为主体,副纹样与主纹样交相辉映,其间配以"大刺花"及枝叶,层次分明,使整个锦面既整体又丰富,较小的空档处再设以"东彩",看似闪光的小星星一样,点缀得当。整幅锦面设色古朴,整体颜色深沉,对比较强,配以粗线织造更显古老拙朴,中心锦面为斜织。两档头是猴子手纹(也叫"山包包花"),它是土家织锦中用最普遍的档头边饰图案。

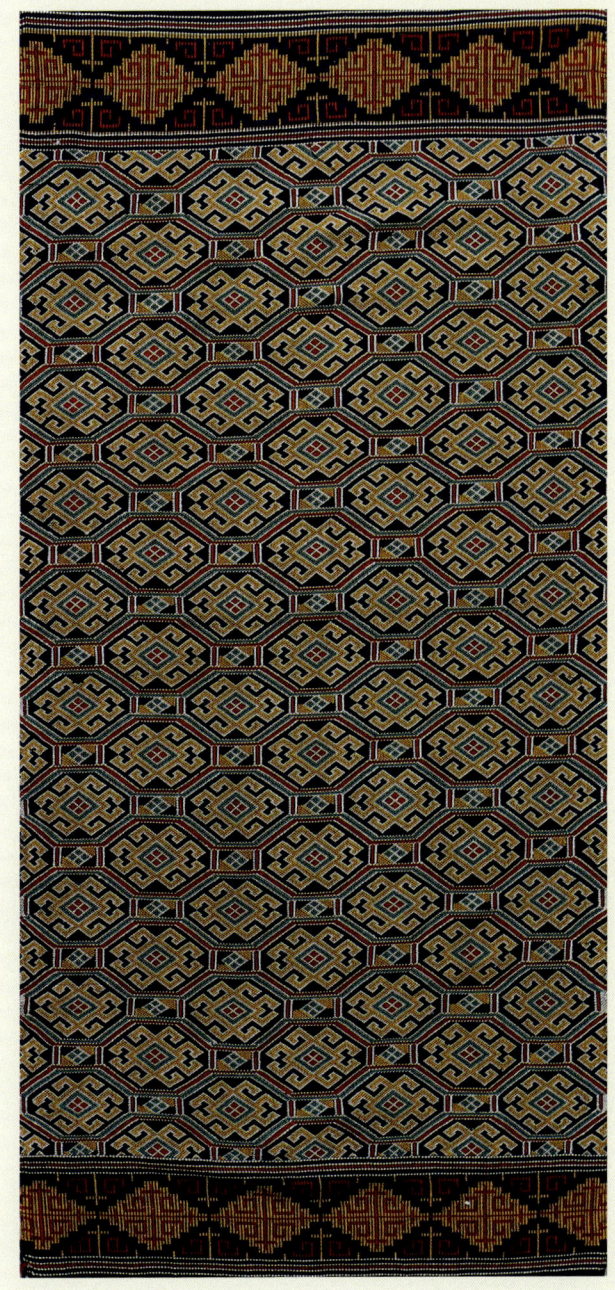

箱子八勾

箱子八勾,土家语称"妥毕八勾"。该图案是以八勾花为主纹样,斜向反复连续,中间用形似民间土皮箱作为连接,中心为单八勾,纹样几何化明显,富有代表性。这幅锦在六边形主纹样框架连接处饰以副纹样,变化丰富,主纹样更显清晰,以古朴的红绿色作为纹样的主色,设色有松有紧,朴素沉稳,民族气息强烈。两档头是寿字纹。

单八勾（一）

单八勾，土家语称"也角卡普"，这幅锦的图案是以八勾纹为主体，主体纹样镶色边，强调了勾纹的形态，主副纹搭配得当，整体造型简洁。勾状形态由粗线和细线相互组合，形成了不同的块面，色彩质朴高雅，鲜艳明亮，变化丰富，色彩的组合有斜向排列相同，也有其他变化。两档头是猴子手纹。

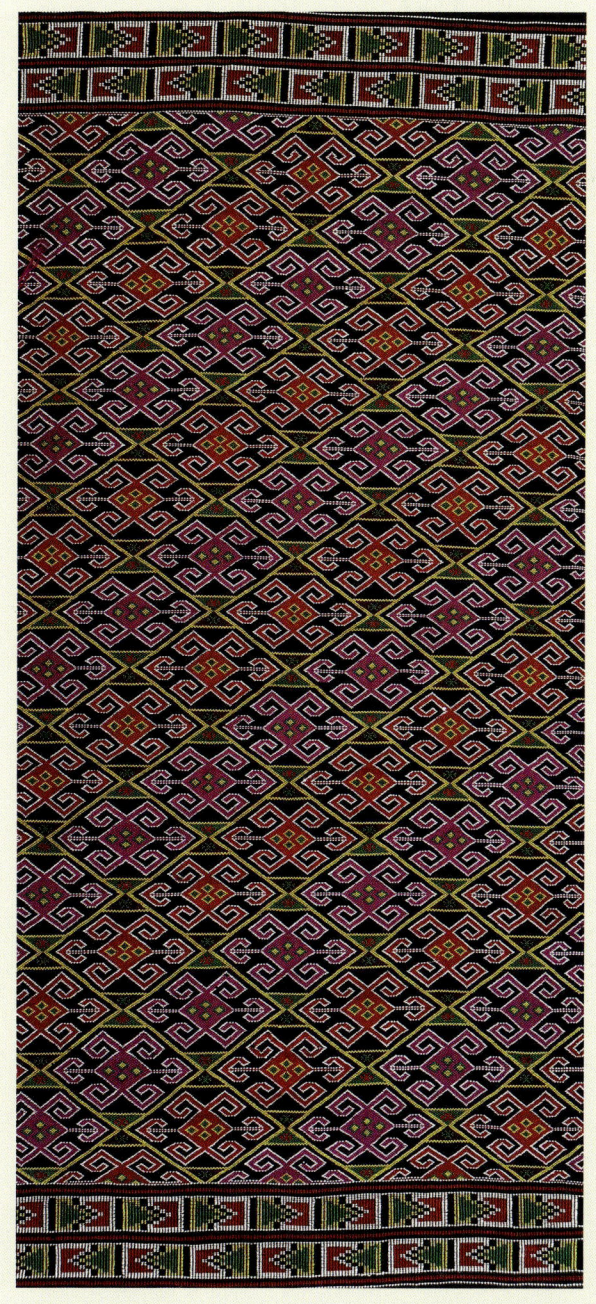

单八勾（二）

  这幅锦的图案是以八勾纹为主体，菱形外框没有重复用边饰线形突出，织盘较低。这类勾状形态有单线、双线相连的，也有朝阳互换成形的，主体纹样有用各色线镶边的，也有不镶色边的；设色有斜向排列相同的，也有排列不同的，织造的基本上比较随意。

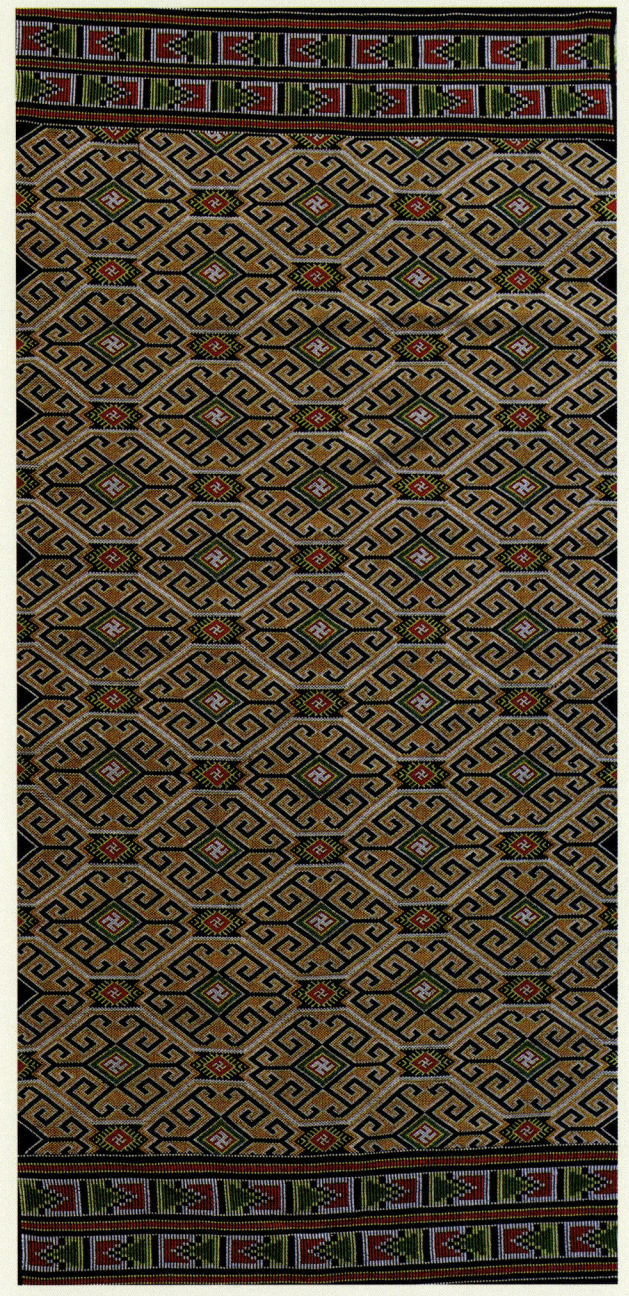

双八勾

　　双八勾是土家人最喜爱的一种勾纹，其形态与单八勾有所区别，勾纹置于六边形中，上下双沟有意断连，协调考究。这幅锦中六边形纵向重复，列间相错，勾心装入田字纹，中间缀以精致的万字花点缀，整幅织锦富有层次感，颜色五彩斑斓，对比鲜明。两档头是猴子手纹。

二十四勾

　　二十四勾图案是以八勾纹为主,在八勾的基础上增加了一层十六勾的连续纹样。这幅锦在单边勾和连心万字头的组合下,形成了完整的菱形图案,再在两侧织以单边万字纹,构成了完整的六边形纹样。主纹样排列有序,以菱形相隔开来,突出主体,层次丰富。颜色以不同深度的灰色调为主,低调朴素,雅致和谐。两档头是猴子手纹。

四十八勾

　　四十八勾图案是土家族最具有代表性的古老传统的抽象纹样，呈多层扩散状，六边形的织盘外沿，用龙牙齿、犬牙齿和锯齿纹套边，由此引申变化出系列勾纹，中心部位由菱形及八个勾组成，以此对称地向外缘逐渐推移递进，勾纹层层套连，层层色变，锦面之字形框架，从而形成一种强大的向外张力，十分壮观。关于四十八勾的来源，一直众说纷纭，有植物说、蜘蛛说、娃纹说等。四十八勾有驱秽辟邪、消灾纳吉、祈子求昌、兴旺种族的含义，代表土家人在千变万化的生活中，一家人紧紧相连，向往未来的生活越过越好，表现了土家织锦深厚的文化内涵，是土家织锦传统图案中的精品。这幅锦两档头是猴子手纹。

七十二勾

　　七十二勾图案是八勾系列勾状纹勾数最多的织品。中心用单八勾，外加双重回纹勾，黑白互补均是勾，古称七十二勾。这幅锦的之字形边纹空当处设计了许多几何创意纹样，织造紧密工整，整个锦面的效果端庄古朴，大方典雅，具有典型土家族勾形纹样的艺术效果。两档头是猴子手纹。

第二节　植物纹样

土家织锦里面，有很多经典的传统图案，都有具体的土家语名称与之对应，如猴子手纹被叫做"尔吉"、南瓜把花被叫做"方嘎措拉"、船船花被叫做"补毕或"等。土家语是传统土家族地区的通用语言，是非常古老的，因此，可以说明我们土家织锦的历史和土家语一样，是非常悠久的。目前，日常交流还在用土家语讲话的地方已经没剩几个了，主要集中在酉水流域的四个县（龙山、永顺、保靖、古丈）的一些村寨，这些村寨不仅保留着说土家语的习惯，更加巧合的是，这样的村寨也都基本上保留着土家织锦技艺。也就是说现在还织花的村寨，主要集中在说土家语的这几个地方，如龙山的苗儿滩、捞车、靛房、坡脚，永顺的对山、凤栖等地区。在我们龙山县苗儿滩镇，还在传承土家织锦的村寨也不少，如捞车村、树比村、黎明村、六合村、叶家寨村、红光村、民族村、补洲村、八吉村、民主村和东风村等，都有织女在织。

长期生活在武陵山酉水流域捞车河畔的一代代土家织女，对这里的一草一木、一花一树，都充满了丰富的感情，你看那红的花、绿的叶，都成了织女们编织的主题。在我们土家织锦里面，植物纹样非常得多，有表现一朵花的，如莲花纹；有表现一根茎的，如藤藤花；有描绘果实的，如苞谷纹花；有描绘叶子的，如丝瓜花；还有抒发心中想象出来的美景的，如梭罗树和梭罗丫。下面我具体讲一下各种各样的植物纹样：

梭罗树

梭罗树,土家语称"梭罗卡蒙"。在土家族民间是指月亮中的树纹花,民间有句谚语叫:"梭罗花,梭罗丫,梭罗树上开桂花"。这与嫦娥奔月的故事中描述的桂花树相吻合。梭罗花的织盘中有四朵花,梭罗丫中的花形有八朵花,而梭罗树中有九朵花。此床被面带有黑布被套,主体纹饰中另装有苗花、万字纹、龙牙齿和"亚独界"小花,整体色调褐黄,点缀亮蓝花朵,颜色古朴,织造精良。两档头是猴子手纹。

梭罗丫

梭罗丫，土家语称"梭罗呵秸"。图案是梭罗花的一种变形，梭罗丫是指月亮中的梭罗树的小枝丫花，近似一种童话般的想象，表现出月色明媚的光辉下，梭罗树上桂花盛开的情景，表达了土家人无限的遐想和美好的情怀。该锦面颜色绚丽，主纹样做中轴对称几何处理，稳定了锦面构架，图案栩栩如生，构图工整。两档头是寿字纹。

四朵梅

　　四朵梅，土家语称"烂枯梅佟巴"，核心图案是四朵梅花交错排列，又称"大烂枯梅"。这幅锦用之字形架构配以万字纹衬托，主体纹红、蓝、黄、白交错于深蓝色底布上，对比明显，光彩夺目。锦面整体丰富华丽，平整厚实。两档头是猴子手纹。

九朵梅

九朵梅，土家语称"烂枯梅毕"。核心图案与四朵梅核心图案近似，在布局上以九朵花菱形排列为主要构图方式，其色彩交替相错，稳重古朴，菱形布局连续而至，使每一组花型更加突出，整体绚丽大方，寓意吉祥安康。这幅锦的主体纹样为斜向排列着九朵梅花，与四朵梅相比，更加大方夺目，以连心万字边为结构，以红色为主调，寓意吉利安详。该锦面颜色绚丽，光彩夺目，在技艺精湛的背后呈现出土家人的艺术特色。两档头是猴子手纹。

九朵梅的图案有多种不同的布局方式，有的传承人会格局自身的理解来配色，但是主体纹样的形式不变，这样使得每一个织女织出来的织锦都能展现出不同的艺术效果。

小白梅

　　小白梅，土家语称"阿丝毕梅"，是传统土家织锦图案，小白梅形制古朴工整，以黑色为底色，红色和绿色为小梅花，棉中夹丝织物，用色不多但效果十分丰富，看上去繁复华丽。这幅锦网格斜线全部入大龙牙齿花，以万字花装饰。此织锦可放在家中，民间传说可用于辟邪。两档头是寿字纹。

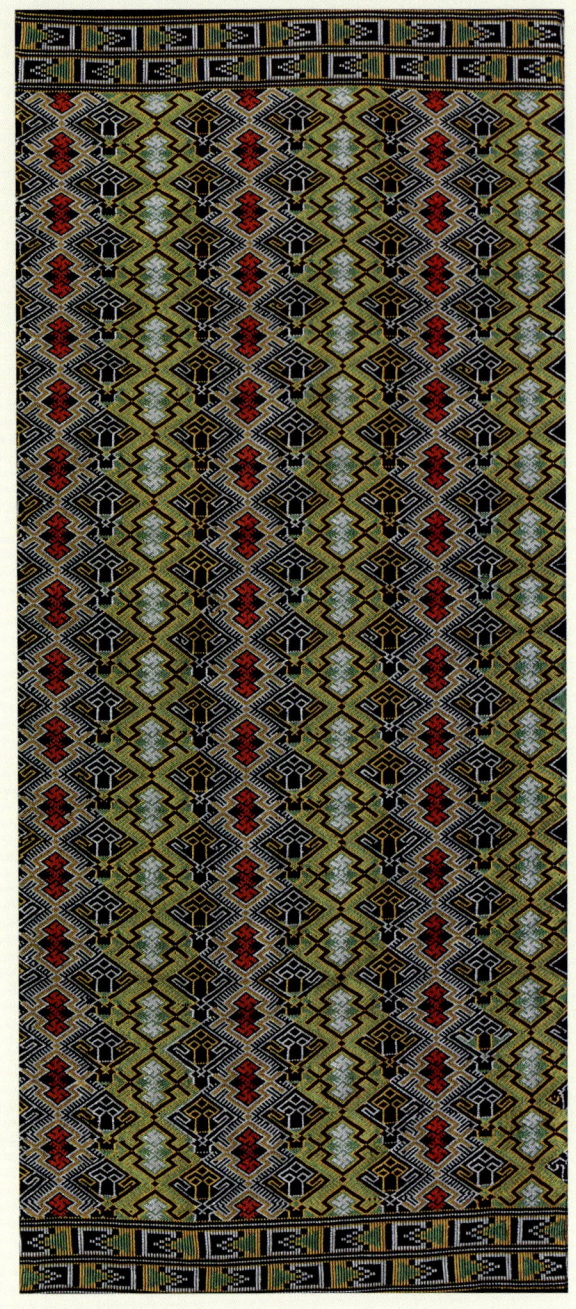

双白梅

　　双白梅是井字构图。这幅锦主体纹饰以万字纹、韭菜纹点缀，底色为黑色，纹样为淡雅的黄色与红色相配，与船船花紧紧相扣，紧密相连，看上去简洁脱俗，生动活泼，表达了土家族人质朴淳厚的性格，以及对富贵双全的的美好祝愿。此锦有"土家织锦之王"的称号。两档头是猴子手纹。

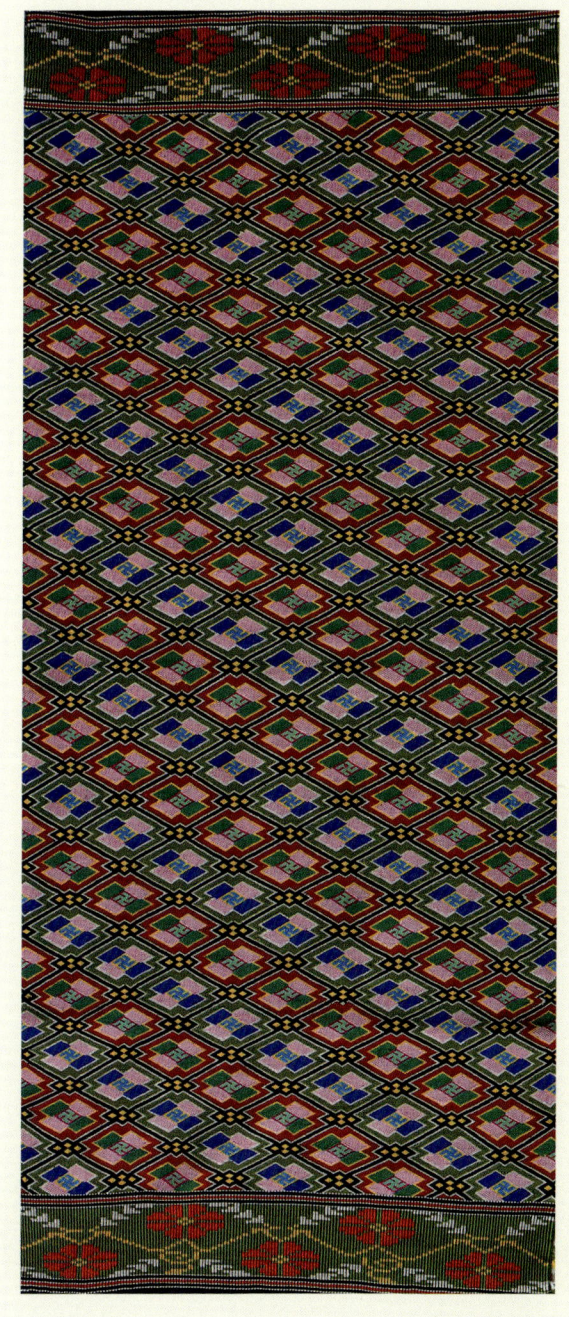

麻阳花

　　麻阳花,土家语称"泽苦尔他卡普",又称"麻园花""麻叶花",是较为古老的图案。麻阳花是指山野中麻类植物盛开的花,土家族有句俗语叫"热闹不过麻阳花"。这幅锦的主体纹样式几何风格,排列规整、形形相扣、密不透风,设色古朴,用色繁而有序,绚丽多彩。两档头是八瓣花。

苗花

苗花，土家语称"升子花"。这幅锦主体纹样以菱形格子布局，每一菱形格子中间以梭子形为主，中心以万字纹装饰，层次分明，布局选用常见的井字格，核心图形周围的边纹以万字流水纹装饰，棕白交错，锦面以杏色为主，红褐为辅，古朴雅致。整体配色浓重，独具民族风情，寄托了土家族人对生活的美好期盼。两档头是八瓣花。

苗花组合

　　苗花组合的图案来源于一个土家族传说。据说苗人和土家人开战，相互之间不准通婚，一位苗族小伙和一位土家族姑娘相爱，他们为了冲破束缚，土家族姑娘织了一幅土家织锦，将苗花组合在一起，这个纹样就被叫做苗花组合。主纹样传统朴实，具有浓厚的乡土气息，纹样造型生动简练，设色以土红、黑色为主，绿色、蓝色点缀其间，显示出庄重典雅的气质。两档头是寿字纹。

金勾莲

　　金勾莲是一种可以食用的植物,味甜有籽,又叫"葫芦花"。源自于远古对葫芦的崇拜,这在土家族的民间神话中也有体现,在至今流传的"洪水淹天"的传说中,描述着洪荒大水中躲进葫芦的一男一女成亲后,繁衍后代的生动故事,象征如意吉祥,具有后代繁衍的寓意。锦面构图形似连接的葫芦,用色单纯古朴,色调浓重沉稳,外沿勾藤纹加有黑色边,工整规范,土家人以此纹样来表达对家族兴旺的期盼。两档头是八瓣藤花。

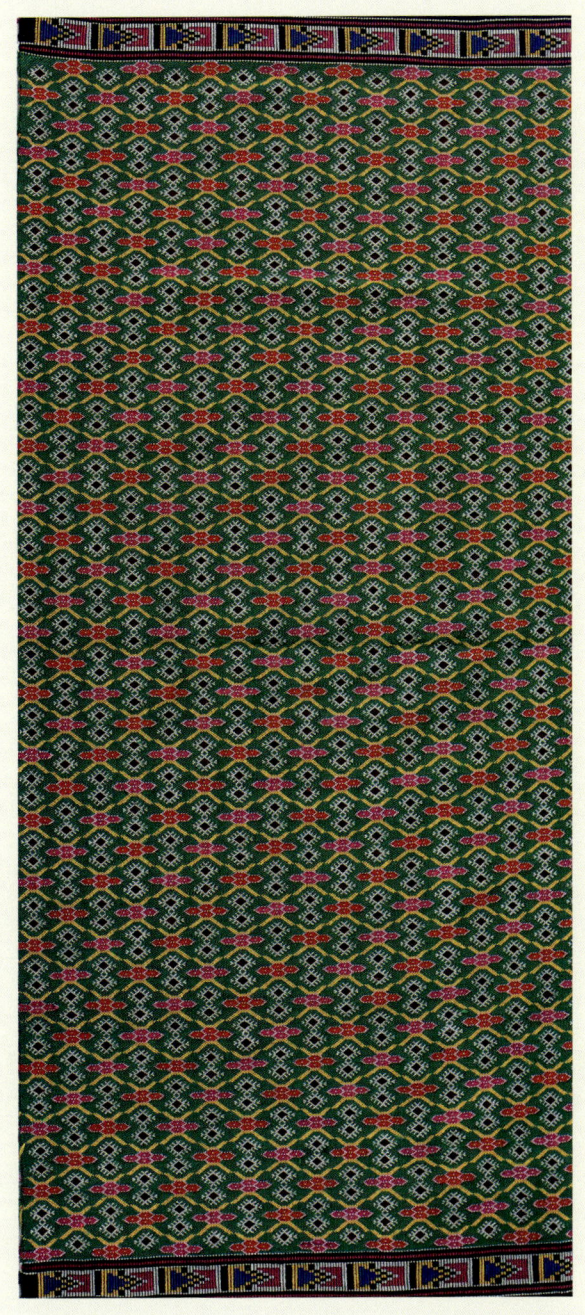

藤藤花

  藤藤花，土家语称"而拉卡普"，来源于土家族人生活环境中的最常见的藤类植物，其花朵以井字格排列，藤枝连接紧密，无一断开，中间以万字纹点缀。藤藤花是土家锦中别具风格的一种，是织造工艺与自然形象的综合体。这幅锦整体颜色鲜艳亮丽，生动活泼，藤藤相连，无始无终，锦面朴素脱俗，表现了并蒂莲的繁茂花朵，预示生机勃勃，展现了土家人热爱自然、崇尚自然的情怀。两档头是猴子手纹。

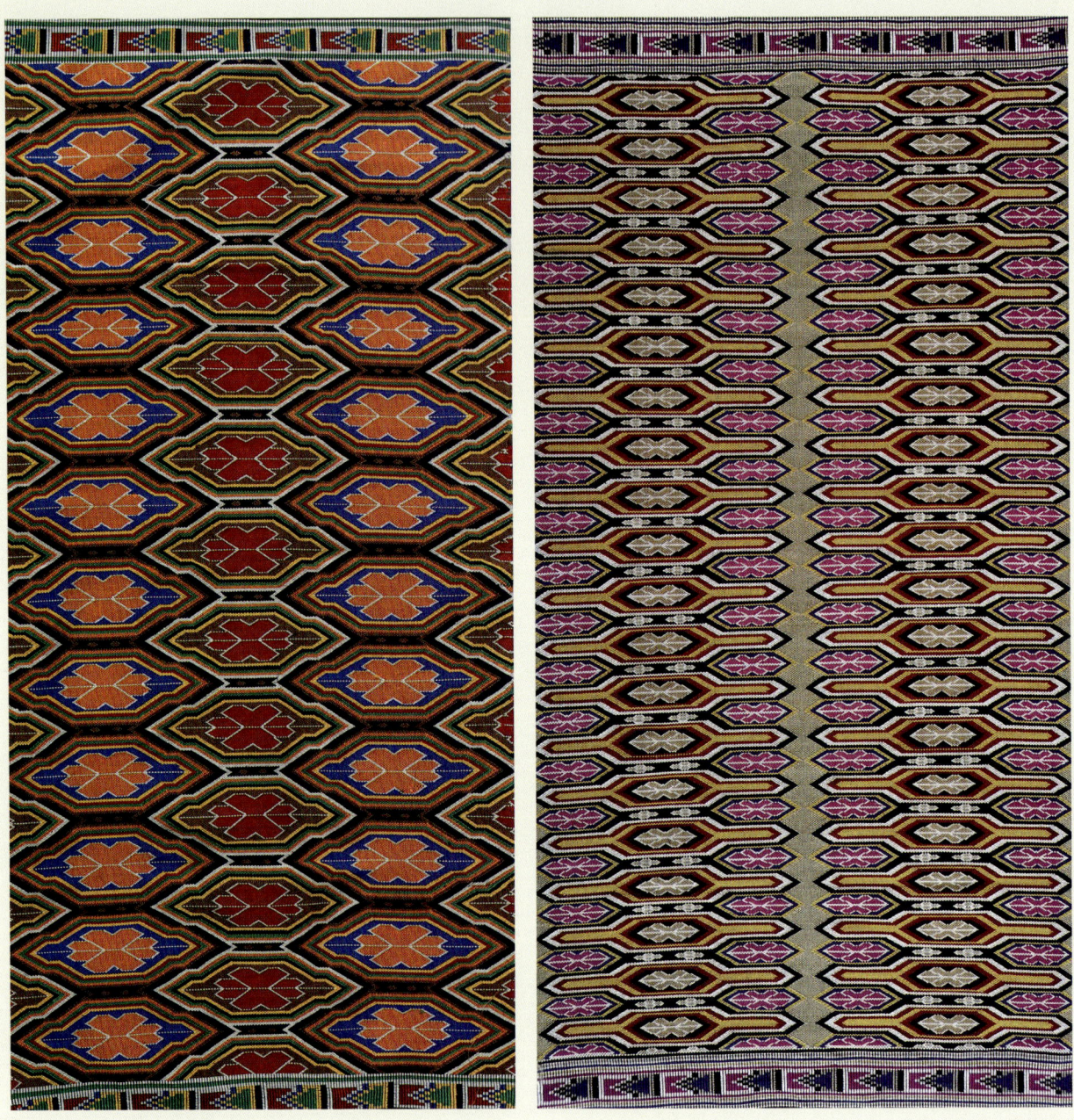

莲蓬花

　　莲蓬花的图案是莲蓬。莲蓬在这里指莲叶，是生长在水边的常年青植物，叶青而长，开小花。大莲蓬以通幅横贯的梭子形纵向连续。这幅锦的主纹图案为几何化构成满池莲叶，其间连着六边形莲花，两边加上各种勾齿纹的波纹线，交错相排，规整有序，颜色粉紫、明黄相衬，明艳悦目，由于莲蓬花的象征意义，土家族人以它表现了对子孙满堂的美好生活的期盼。两档头是猴子手纹。

田字莲蓬纹

  田字莲蓬纹的图案是将田字纹大量装入双梭形织盘内,中心利用莲蓬花形嵌入四个田字,同时运用不同的色彩明度和纯度推移四种灰边,使织盘呈现出晕染效果,层层递进。这幅锦的整体效果明丽夺目,雅致繁复。两档头是猴子手纹。

莲花纹

　　莲花纹的图案是对莲花的抽象描绘。大莲蓬以通幅横贯的梭子形纵向连续形象构成满池莲叶，其间连着六边形莲叶，土家人以它表现吉祥平安，辟邪扶正，是多子多福和对爱情的祝福，与土家山歌中的"十八哥哥我的乖，妹是莲藕未抽苔，有朝一日春风到，风吹莲花自然开"相吻合。这幅锦的主体纹是菱形的花形，节节相连，用色丰富又不失质朴，两边配上各种勾齿纹的波纹线，形态协调统一，整体色块丰盈，犹如风动的荷池。两档头是猴子手纹。

小莲花纹

小莲花纹,土家语称"莲蓬毕卒卡普",图案是对莲花的抽象描绘,与莲花纹十分相似。这幅锦的主纹样在体块上比莲花纹要小,锦面用色单纯耐看,色块间有闪烁的动感,仿佛风动荷池的意蕴。莲花纹样是一种传统的形式,反映土家织锦封闭形的纹饰传承。莲花在民间隐喻着多子多福、子孙繁衍和对爱情的纯真祝愿。两档头是猴子手纹。

八角香

八角香,土家语称"也角香卡普"。该图案是我们土家民间的一种食用香料"八角香"的变形而来,用象征、抽象的表现手法。这幅锦以八角香纹为主体纹样,呈单一形演进变化,织造工整严密,构图饱满,小花造型填充空白,配色交错变化,明度相互对比,具有生动亮丽的艺术效果。两档头是寿字纹。

棉花花

棉花花，土家语称"灭哈卡普"。该图案是棉花的几何纹样。这幅锦以深蓝色为底色，以大小相同的白色、粉色和兰色的棉花花交错经向相排构成一组，每一朵花呈现出规律性的换色处理，以白黄色勾边，使棉花花更加突出，色彩明丽清爽，并以竖构图铺满整个锦面，质朴厚重的人文气息瞬间散发出来，此纹寓意收获与吉祥，也有人称其为"尖菊花"。两档头是猴子手纹。

野棉花

　　野棉花的图案是棉花的几何纹样，经向连续排列成纹，花朵在黑色底纹上呈现出规律的变色处理，即三朵蓝色棉花花，两朵绿色棉花花，其间用斜枝叶连接，成为一组主纹样。这幅锦的锦面色彩明丽清爽，体现出野生棉花的自由生长。两档头是万字花纹。

韭菜花

韭菜花,土家语称"韭菜卡普",图案是以韭菜为原型,充分展示韭菜旺盛的生命力,以韭菜的花、茎、叶的几何抽象图形,做连续纹样,花、茎相互牵连,增加了锦面的整体视觉效果。这幅锦由于花纹较碎,花形简单单一,便在色彩上求得整体协调,和谐统一。两档头是月亮纹。

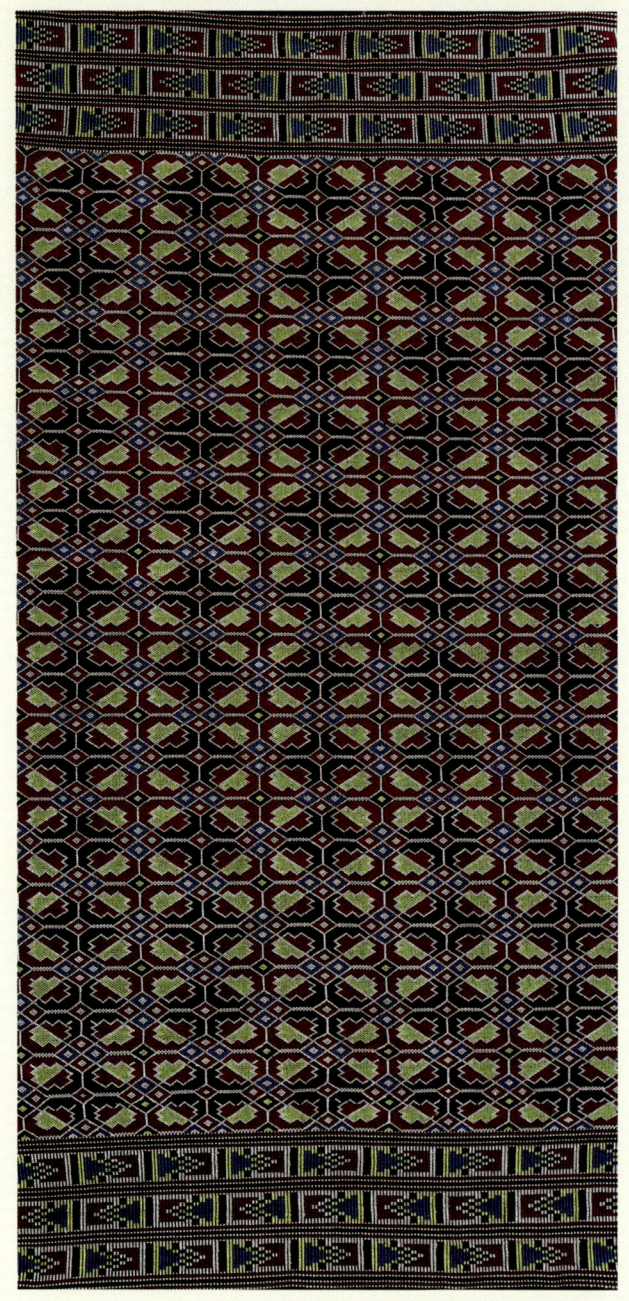

六荞花

六荞花，土家语称"起麦卡普"，图案采用了四方共用形的结构，这种手法是鲁班建房子时候的整体四大斗的结构特征，方圆之间层层紧密，相互对称，斜向纵深排列成菱形线条，恰好划分成平均的体块，处理成阴阳两半。这幅锦的整体结构紧致有序，色彩上虽然没有丰富的变化，但却具有土家建筑的色彩特点。两档头是猴子手纹。

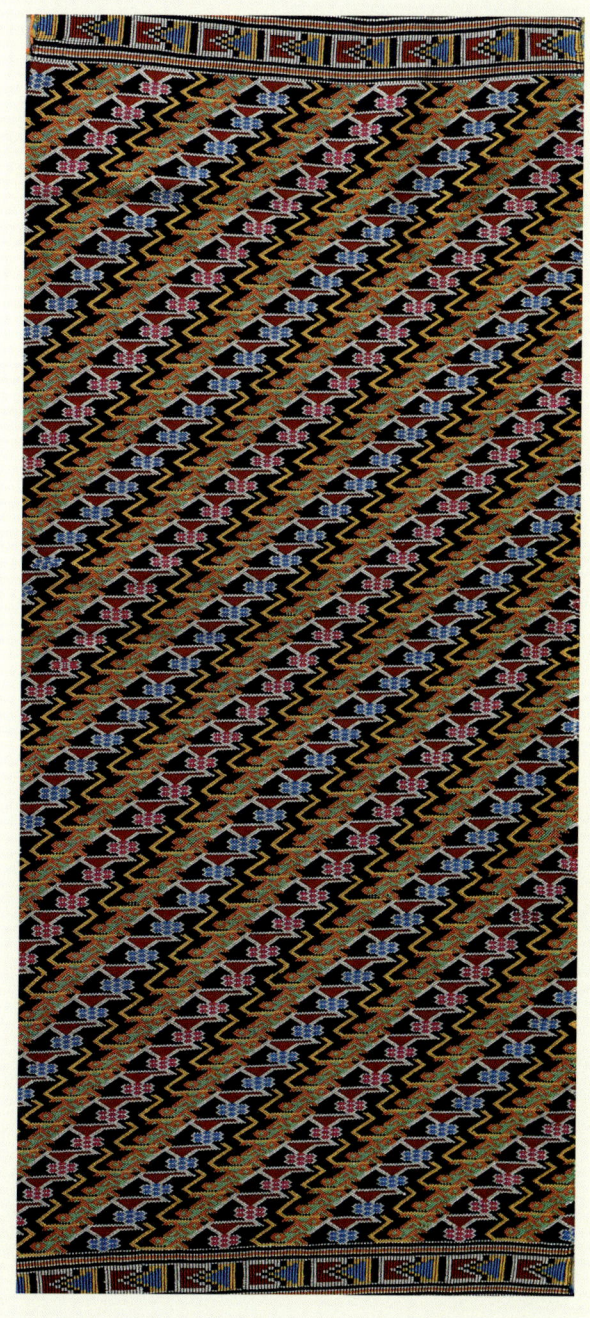

南瓜把纹

　　南瓜把纹，土家语称"方嘎措拉"，图案是南瓜把的几何变形纹样，斜向梯级重复，好似鸭子排队，嘎嘎有声，又似勾状的南瓜藤和南瓜花并列，若隐若现。这幅锦的整幅织锦构图巧妙，造型独特，繁复有序。土家织锦的档头纹样的选择要以锦面的纹样为依据，锦面主纹样复杂时，档头纹样要简约，反之亦然。两档头是猴子手纹。

刺花

　　刺花，土家语称"它色此把"，图案是用四朵大刺花组成一组，上下左右排列。这幅锦的主体纹样颜色交错变化，看上去很协调，花色是黑、蓝两色，并用色线沟边，非常醒目，中心锦面是斜织，这个锦的纹样繁复，美观大方，色调沉稳，锦面色彩华丽，外围装饰图案以狗牙齿纹和万字纹相错排列，细腻相衬，更加突出核心图案。两档头是锁花纹。

牛肚大梅花纹

　　牛肚大梅花纹，又叫"棋盘锦"，因为牛肚被织造断代已经好多年，这是复原后的织锦纹样。主纹样内黄色小菱形饰以黑边、白边和蓝边三种不同颜色勾勒，重点突出，类似秤钩纹，但却与秤钩纹不同，中心彩色千丘田纹，大菱形中嵌入四个小菱形。这幅锦的整个锦面古朴典雅，边饰纹配有牛肚被典型的缺角田纹和田格纹，土色空当处装饰了白色和绿色的韭菜花，层次分明，使锦面更加丰富饱满。两档头是猴子手纹。

万字牡丹

　　万字牡丹图案是在万字底纹背景上，有规律的上下排列牡丹花构成的。这幅锦的整个锦面表现出一种富贵祥和、饱满繁复的风格，锦面上鲜亮的十朵牡丹用色灵活，万字纹底色是双面织品，正反两面都是图案，没有线头，正面红色部分在背面是黑色，背面红色部分在正面是黑色，属于土家织锦的新品种。两档头是连续勾纹。

富贵牡丹

　　富贵牡丹图案是展开对称构成的牡丹花纹样，花的上方为中心生出枝的小花，两边长出含苞待放的花蕾。这幅锦的锦面底色蓝色，空当处随意排列梅花点缀，表示出花团锦簇的繁盛。两档头是燕子纹。

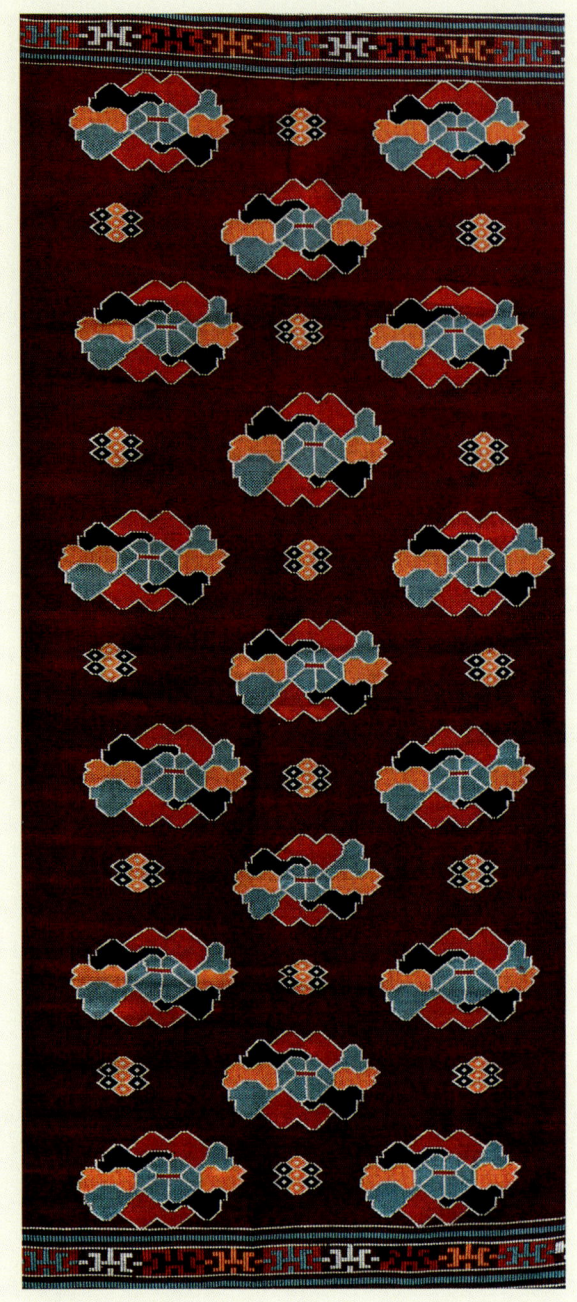

臭牡丹花

　　臭牡丹花图案是对牡丹花的具象描绘，受中原地区汉文化的影响，土家织锦里面的牡丹花也代表了一种富贵吉祥的寓意。这幅锦的主纹是六朵花瓣组成的牡丹花形，组形突出，饱满繁复，花朵两侧均有枝干，用色典雅，整体彰显出高贵大气的艺术风格，纹样与红底相应，层次分明，造成视觉上的大小、前后关系，呈现出层次感。两档头是锁花纹，档头明丽的颜色衬托出中心纹的绚丽。

金勾牡丹花

　　金勾牡丹花图案是以旋动的六瓣花为土家锦牡丹的固定纹样,并与花梗卷色相连成型。这幅锦的相邻两瓣牡丹的配色对比强烈,花梗用黄色和银色相互交替,看上去金银富贵,体现出旋动的韵律,底色用大红色,更添喜庆华贵的气质。两档头是万字满天星纹。

丝瓜花

丝瓜花，土家语称"丝瓜卡普"，图案是两组丝瓜花纵向排列，每一主纹样丝瓜花有十六只丝瓜，绿、红、黄的鲜艳色与深色背景相衬，将土家族的传统与复古情怀表现得淋漓尽致。这幅锦借鉴了民间挑花纹织品，是全平纹组织，构图与"八狮抬印"相似，只是八狮改为八对丝瓜纹，用色不多但饱满丰富，稳健工整。这个纹样寄托了土家人对农耕丰收、生活富裕的期盼，两档头是八瓣藤花。

八瓣花

八瓣花图案是八瓣花的抽象图案。这幅锦通幅采用平纹组织织造,是永顺县对山乡一带的数纱花工艺,表现了八瓣山花的生气蓬勃,黑色部分未分夹粗纬,直接利用了经纬黑线的交织布纹作底色,白色的藤蔓相连成框架,上面接种着蓝、红、黄色的八瓣山花,一根根藤蔓纵向排列,花纹用色作梯级斜向变化处理,使整个锦面看上去既丰富又有层次感,韵味十足。两档头是猴子手纹。

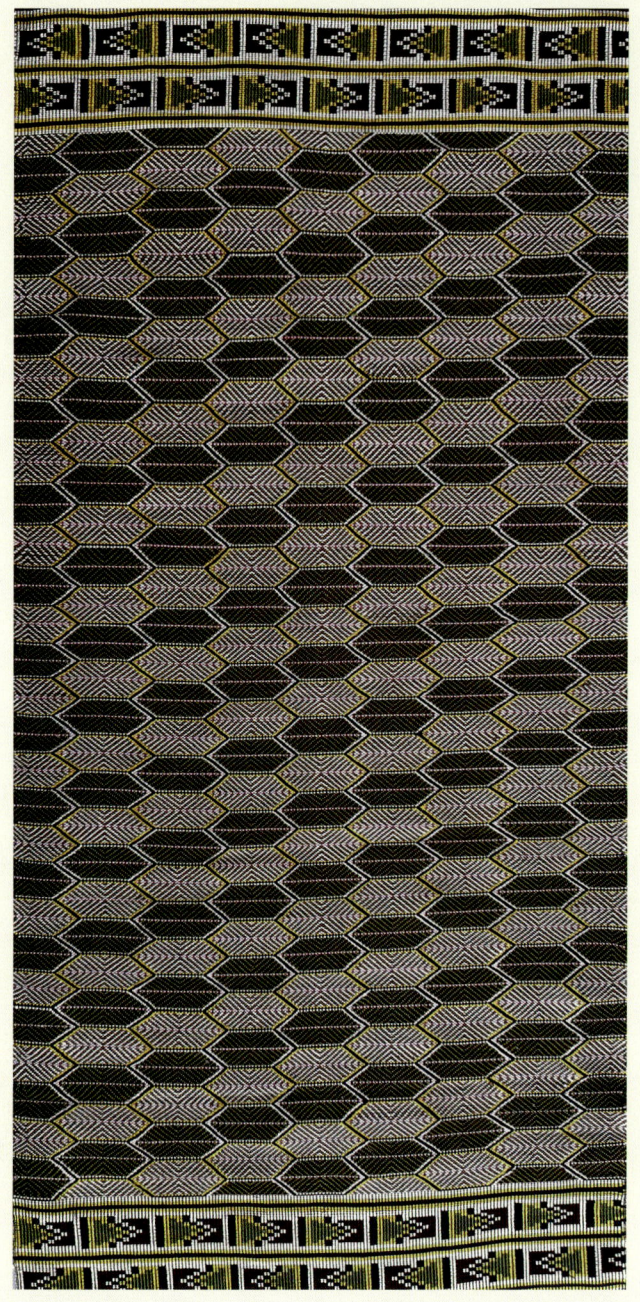

苞谷纹花

苞谷纹花图案是根据玉米的形态编造而成的。这幅锦表现了土家人对主要粮食作物玉米的感情，是对勤劳种植后收获丰硕成果的一种纪念，土家姑娘把这个图案织在锦面上，体现的是对生活及生产劳动的怀念和对勤劳致富的美好愿望。两档头是猴子手纹。

玫瑰花

　　玫瑰花，土家语称"玫瑰卡普"，图案是玫瑰花的几何变形。这幅锦以玫瑰花为主纹样，中心菱形摆放九朵梅花，源于"九朵梅"纹样，外沿之字形全部由勾纹紧密排列，布局工整有韵律，主纹样重点突出，色彩斑斓，层层外推，具有很强的动感和层次感。两档头是锁花纹。

月月红

月月红，土家语称"拉丝丝卡普"，图案是蝴蝶飞舞于月月红花朵中，具有生动的画面感，这是民间排列组合为花形的纹样，体现了民间织锦艺人的匠心独运。这幅锦的色彩运用复杂，具有很强的视觉冲击效果，纹样斜向错色连续，使锦面显得丰富耐看。两档头是万字花纹。

玫瑰花

　　玫瑰花，土家语称"玫瑰卡普"，图案是玫瑰花的几何变形。这幅锦以玫瑰花为主纹样，中心菱形摆放九朵梅花，源于"九朵梅"纹样，外沿之字形全部由勾纹紧密排列，布局工整有韵律，主纹样重点突出，色彩斑斓，层层外推，具有很强的动感和层次感。两档头是锁花纹。

月月红

月月红,土家语称"拉丝丝卡普",图案是蝴蝶飞舞于月月红花朵中,具有生动的画面感,这是民间排列组合为花形的纹样,体现了民间织锦艺人的匠心独运。这幅锦的色彩运用复杂,具有很强的视觉冲击效果,纹样斜向错色连续,使锦面显得丰富耐看。两档头是万字花纹。

第三节　动物纹样

　　土家人的祖先在这块土地上创造了灿烂的土家族文化，凭着一代代土家人勤劳的品格和聪明的智慧，土家织锦才能延续至今。作为保留土家织锦技艺民间织造的传统村寨，捞车村一年四季风景如画，在我们寨子周围，有很多古树，青山环抱，村寨都藏在古木丛中，有时候树林里还会有白鹤飞翔，不管什么时候，只要你抬头一看，就能忘掉所有烦恼和劳累。院子里活泼好动的狗，田间地头的鸣叫的鸡鸭，后院屋舍肥壮的猪，村寨里到处充满了生活的气息，我有时候织花时间久了，眼睛就感觉酸痛，但只要站起来喂喂鸡鸭猪，活动一下，感觉心情舒服多了，还能继续再织，这可能就是为什么我六十多岁还比较能干的一个原因吧！

　　在我们土家织锦中，动物纹样是数量最多的一类，这可能和我们土家人以山地农耕、渔猎采集为生的生活方式有关，在这些动物纹样中，有山林里的蛇，有水里的鱼，有传说中的神物龙凤，也有日常生活里的鸡鸭。下面我具体讲一下各种各样的动物纹样：

珍兽图

　　珍兽图的图案以各种奇珍异兽为主要纹样。天鹅、麒麟、梅花鹿等十几种土家人心中的吉祥物，在这幅织锦中栩栩如生、神采飞扬。珍兽的造型古朴，形态抽象，艺术化明显。整幅织锦构图传统古典，颜色古朴雅致，沉稳大气。这幅精彩绝伦的珍兽图，是传说中的织锦珍品，代表了土家人对珍兽的崇敬以及对未来的希冀。两档头是寿字纹。

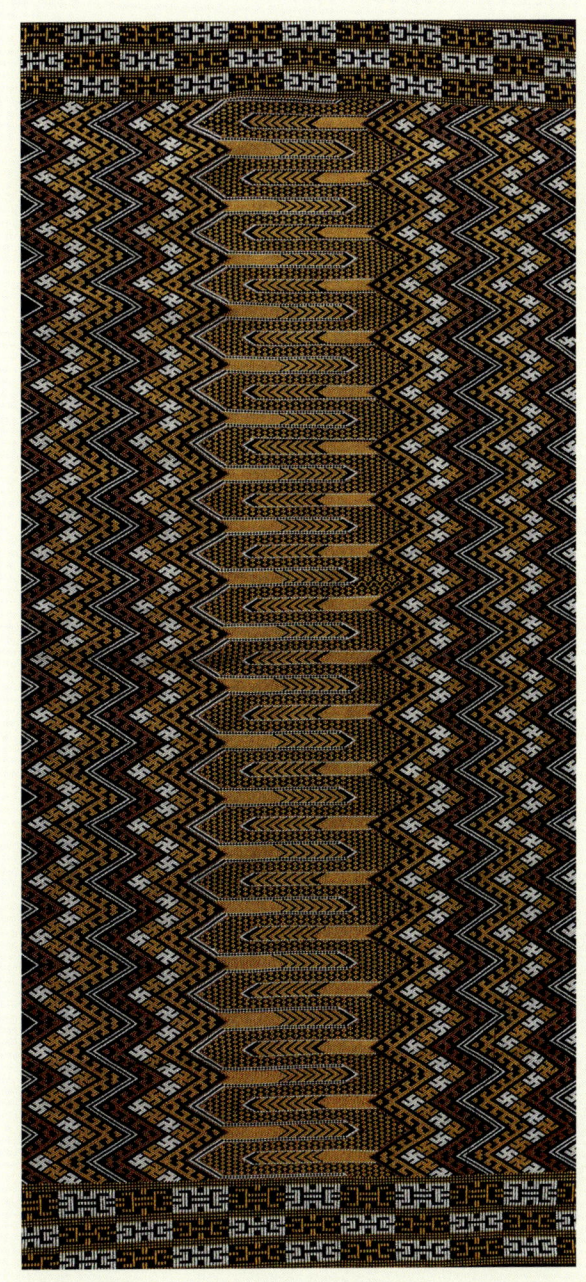

大蛇花

　　大蛇花，土家语称"窝此巴"，图案主体纹样是蛇的形状。这幅锦是根据民间收集到的残片复制而成的，是用黄杞子植物染色，把经纬底纱都染成黄色。主纹样以蛇弯曲的造型以及菱形块状的排列，生动再现了蛇的体态特征以及斑驳的皮肤，两侧配以单边勾纹和"万"字流水纹，相辅相成，表现了蛇的卷曲状态，横竖排列协调统一。整幅织锦色彩沉着古朴，舒适和谐，平整精致，颜色从鲜亮到朴实，突出了蛇扭动的姿态。对蛇纹的表现由来已久，并且直接影响到对龙纹的表现，这幅蛇花展示出土家族人朴实的本性，以及对大自然细致入微的观察。两档头是锁花纹。

小蛇花

　　小蛇花，土家语称"窝毕"，图案是卷曲的蛇纹样，又称为"双蛇花"。这幅锦的两边由八面花构成，适合主体纹样造型，形态简洁抽象，精湛的技艺将蛇的弯曲柔性表现得灵活生动。整幅锦面菱形块相排颇似蛇的赤色斑纹，颜色绚丽富贵，黑色作底，衬托出主纹样的吉祥福兆的寓意。两档头是八瓣花。

螃蟹花

　　螃蟹花，土家语称"旁嘎"，图案以螃蟹脚构成，主纹样造型稚拙，用象征的手法，描绘了螃蟹生动的形象，几何化明显，富有抽象的艺术性，体现出祥和的寓意。这幅锦的色彩亮丽时尚，对比强烈，体现了土家族人的审美特色。两档头是猴子手纹。

蟋蟀花

　　蟋蟀花，土家语称"替梯若里"，图案是蟋蟀的几何抽象纹样，蟋蟀纹与石毕纹极其相似，但两者实则不同。这幅锦以蟋蟀纹样为主纹样，在底纹空当处嵌入各种颜色的小花，这种小花是土家织锦中最常见的"亚独界"纹（土家语），如星星点点的山地野花，十分清雅，整个锦面色彩斑斓，构图经典，反映了土家人对自然界的细致描绘。两档头是猴子手纹。

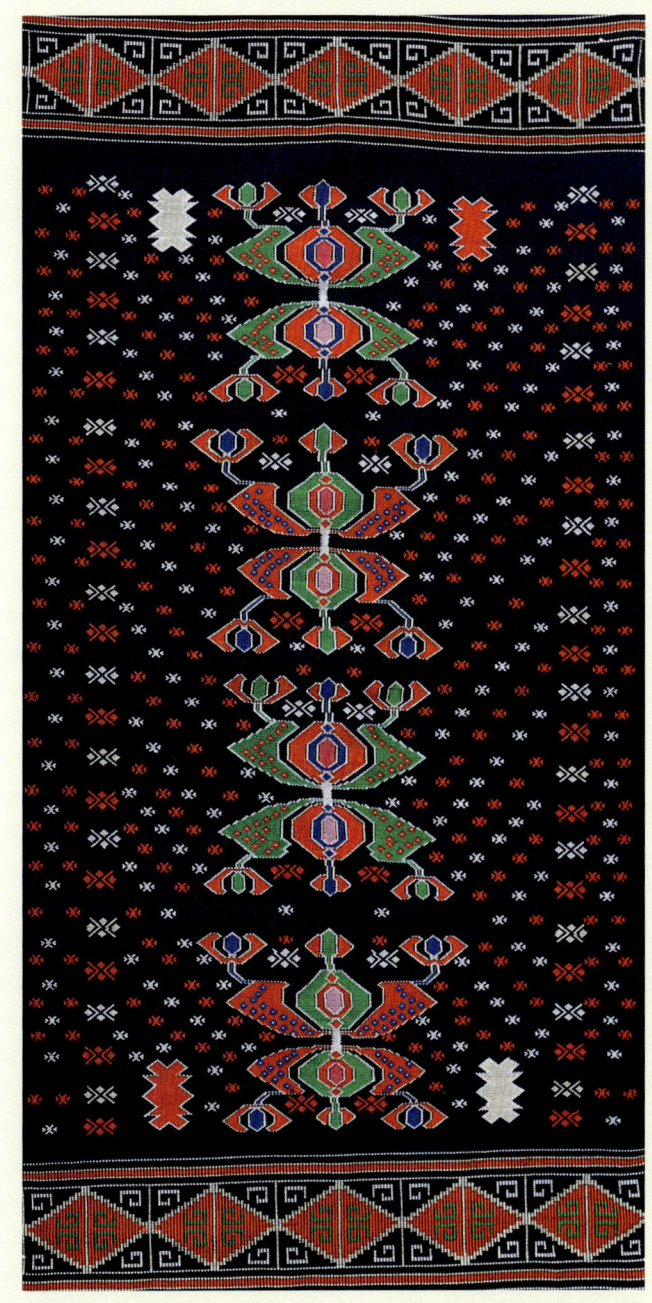

蜘蛛花（一）

蜘蛛花，土家语称"补齿"，图案是近似蜘蛛的几何抽象图形，生动灵活。这幅锦的整幅锦面由四只蜘蛛纵向排列而成，以蜘蛛的形态为主纹样，颜色各不相同，层次分明，深蓝色为背景，周围配以碎花点缀，给人一种稳重典雅的感觉。整个锦面颜色多变，色彩斑斓，形象生动，主纹样中的锯齿花纹展示了蜘蛛富有绒毛的体态，象征性符号非常具有代表性，体现了土家人的智慧。两档头是寿字纹。

蜘蛛花（二）

　　这幅锦的图案是几何形的抽象蜘蛛花，构图形式传统华丽，左右两边之字形走边，六边形织盘多层走边，织盘周围万字纹环绕，丰富和谐。两档头是寿字纹。

蝙蝠纹

　　蝙蝠纹图案是抽象的蝙蝠纹样，蝙蝠的形象自古以来就被当作幸福的象征，蝙蝠纹是我国传统的吉祥纹样之一，土家织锦对蝙蝠的描绘更加简练，用直线表示蝙蝠的两翼，直线末端一分为二，代表蝙蝠的爪子。这幅锦的蝙蝠纹样对称排列，每对蝙蝠中间用花纹装饰，整幅锦面典雅简洁，具有很强的韵律感，体现了土家族人对蝙蝠的独特理解，保持了土家织锦的民族特色。两档头是猴子手纹。

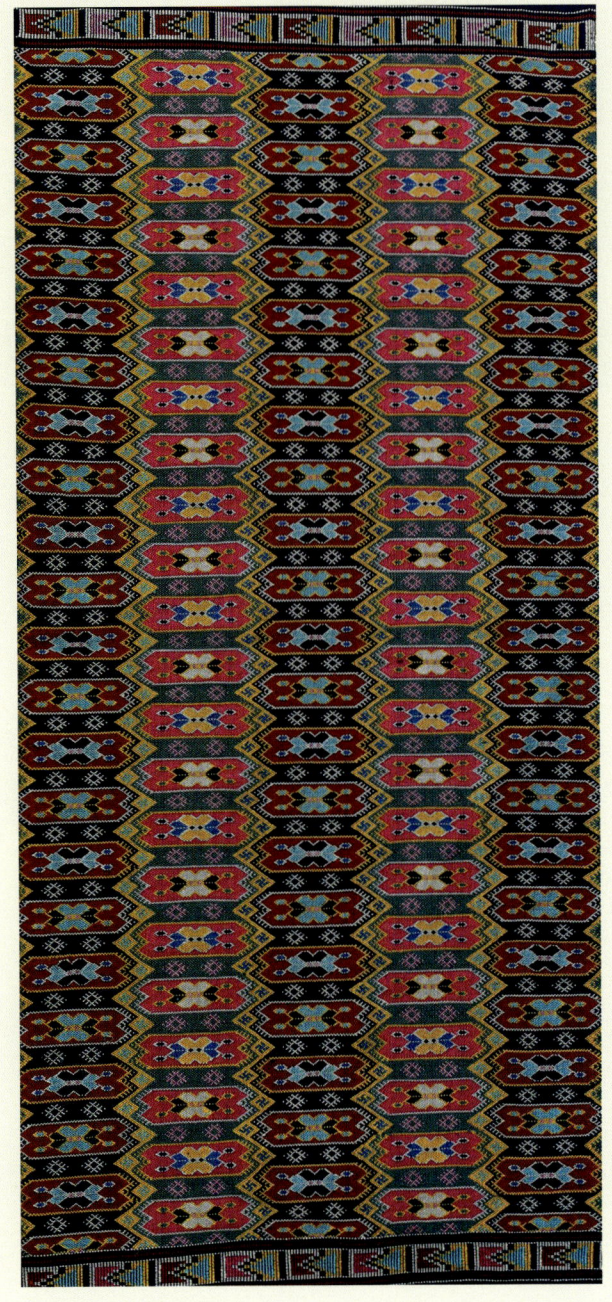

双蝴蝶

　　双蝴蝶的图案是一对蝴蝶几何纹样的变形,两只蝴蝶在横向上头首相连,蝴蝶的上对翅膀和下对翅膀颜色交替变化,既丰富又统一。这幅锦将传统的桶盖花中心纹样改为一对蝴蝶纹样,每纵之间用之字形万字花点缀,色彩丰富,对比鲜明,动感十足。纹样的变异在土家织女的织造中时常发生,这些创造体现了理解的差异和情趣,也是土家织锦沿袭丰富多彩的根本原因,但所有纹样万变不离其宗,保持了土家织锦的民族特色。两档头是猴子手纹。

蝴蝶牡丹（一）

　　蝴蝶牡丹，土家语称"他使块我"，图案核心纹样是单只蝴蝶和单朵牡丹，丰富多变的几何图案突出了蝴蝶的灵动感觉，牡丹花的造型别致细腻，端庄大方，象征和隐喻着爱情生活的幸福美满，寓意吉祥。这幅锦的图案是用两组蝴蝶牡丹组合纵向重复排列而成，大块深黑色的底面衬托出蝴蝶牡丹的艳丽清新，高雅别致，以藤藤花、韭菜花做点缀，对比得当，主次分明，多彩鲜亮。两档头是万字满天星纹。

蝴蝶牡丹（二）

　　这幅锦的主纹样是由一对蝴蝶与牡丹花组成，一对蝴蝶的造型别致，形态优美，与牡丹花组合相得益彰，构成了一幅极富生机的画面。空白处装饰着大小不一的纹样点缀，和谐统一，变化丰富。用深色作为底色，再用艳丽的颜色作为花色，突出了纹样的美丽。两档头是藤藤花纹。

蜂子牡丹

　　蜂子牡丹，这幅锦的图案是具象的场景描述，花的上方是中心生出枝丫的花蕾，两边长出含苞待放的小花，锦面黑底的空当随意安排了大大小小的梅花点缀，表示出花朵的繁茂，在树枝、枝叶和花朵中间，密布着蝴蝶和蜜蜂，蜂子仿佛在忙碌地采蜜，一派热闹的景象。两档头是菱形纹。

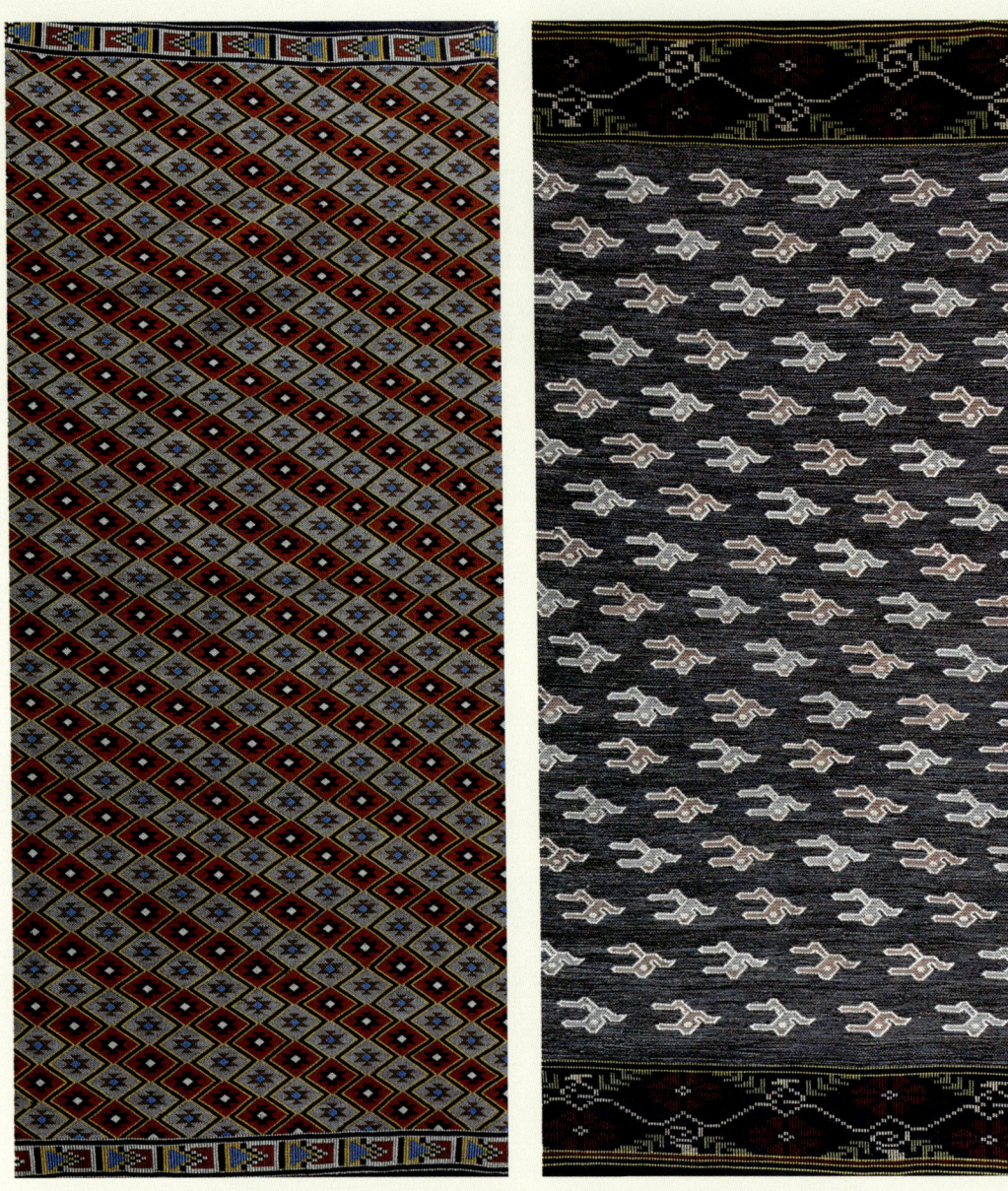

燕子花

　　燕子花，土家语称"墨差苦里"，图案是燕子纹样。这两幅锦的图案皆因主纹样像燕子而得名，是将整幅织锦主纹样重复，仅以颜色的变化区别开来，颜色质朴，色彩变化丰富，更形成了一种视觉上的动感，具有独特的艺术效果。左边两档头是猴子手纹，右边两档头是八瓣花纹。

鸾鸡花

鸾鸡花，土家语称"光朗台"，图案把鸾鸡的形态结构、造型色彩、运动规律等，转化成点、线、面的几何形式，使其抽象又极具艺术性，在黑色底布上挖织纹饰表现图案，主要流传在龙山县与永顺县对山交界的龙山县靛房、坡脚一带。这幅锦的主纹样错位排列，周围以韭菜花为副纹样做装饰，增添了锦面的精致，颜色丰富，主副纹样纵向直线排列整齐，富有美感，鲜艳明快，有着民间原始艺术的意趣。两档头是猴子手纹。

阳雀花

阳雀花,土家语称"恰亏寒卡普",图案是以阳雀花(即杜鹃鸟)的造型为主纹样。阳雀被土家人称为吉祥之鸟,每当春回大地,清晨时分,常能听到阳雀清脆悦耳的鸣叫,所以它又被称为"报春天使",阳雀纹是土家织锦中独特又具有代表性的造型。在织锦中,阳雀花的纹样稚拙可爱,既简练又形象,展翅欲飞,整个造型由一些分割的几何图形组成,再配以富有节奏变化的外框骨架构成生动的形象。这幅锦以阳雀与花组成横向二方连续纹样,造型古朴,色彩丰富,对比强烈,用深蓝做底色,用红、深绿、深蓝织花纹,华丽多彩,明艳悦目。两档头是藤藤花纹。

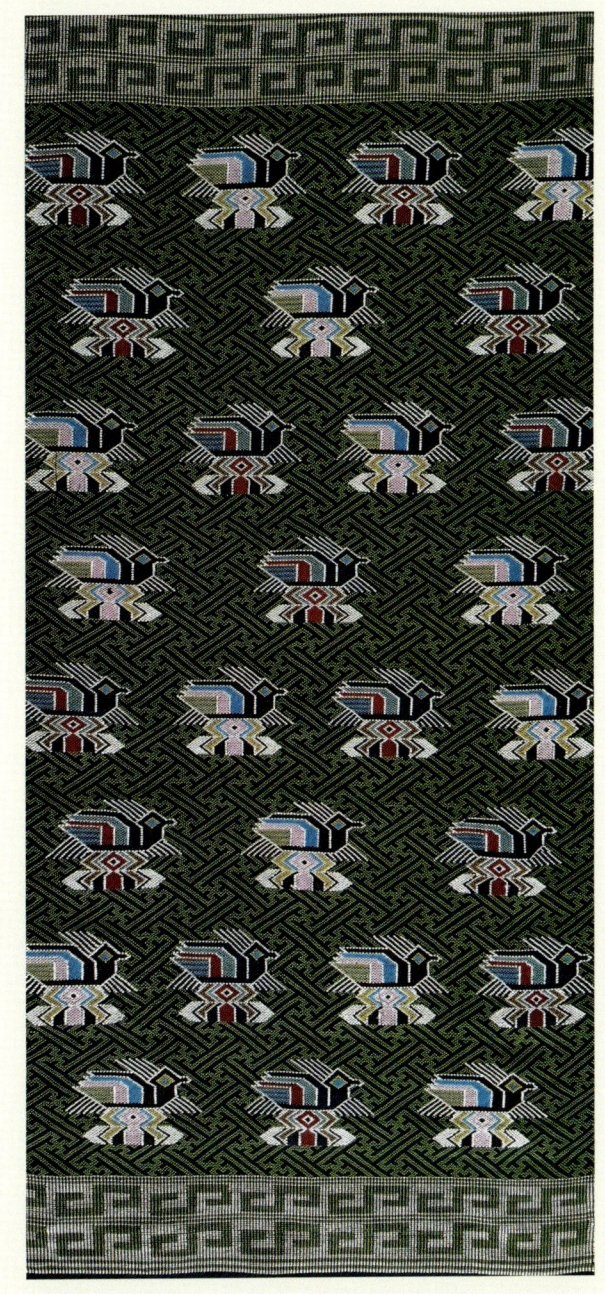

鸳鸯戏水

  这幅锦的图案是鸳鸯在水中嬉戏的画面，底纹是碧绿的溪流湖面，规整的几何纹样纵向交错排列，形成严密连接的图案，如水波纹一样，主纹样跟阳雀鸟造型相同，但配色不同，华丽多彩，在大块的万字流水底色的衬托下，花纹明艳悦目，此锦新品双面花纹。两档头是连续勾纹。

鸭子戏水

　　这幅锦的图案是以抽象的鸭子形态在水上嬉戏为主纹样,深褐色的织锦上面点缀着不同亮度的花纹,尤其是小面积的亮蓝色纹样格外夺目,整个锦面古香古色,表现了土家族人自古以来男耕女织的生活状态,以及安逸有限的生活节奏。两档头是连续勾纹。

鹭鸶戏水

　　这幅锦的图案是以一只鹭鸶在水面嬉戏为主纹样，是根据遗留下来的传统织锦碎片复原而成的，底纹典雅古朴，图纹反映的是勤劳的土家人对悠然自得的幸福生活的向往，画面红、蓝两色的鹭鸶脚踏金银两色的水波纹，色彩美观大方，两档头是连续勾纹。

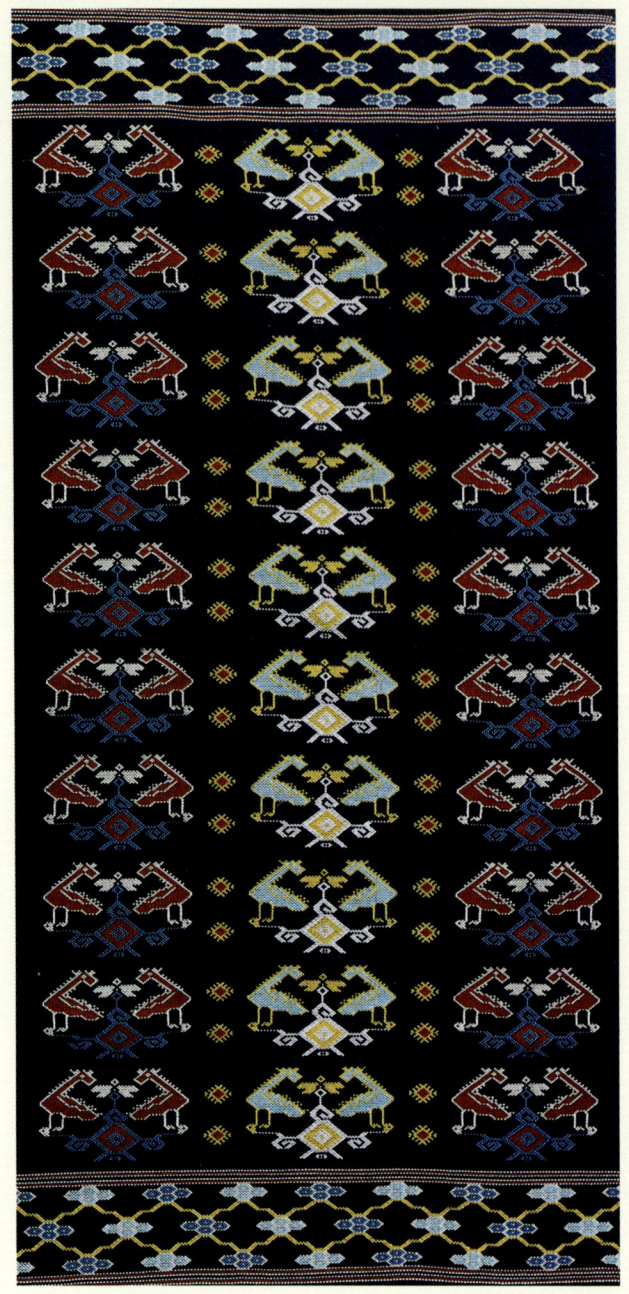

鹭鸶踩莲

　　这幅锦的图案取材于民间爱情故事，古代有"鹭鸶相逐成胎"的说法，所以主体纹样为两只鹭鸶相对，顾盼生情，与汉代几何对鸟纹的形态一致，表现对爱情的向往。整幅织锦构图饱满，配色浓郁优雅。鹭鸶踩莲与民间鱼戏莲、鱼串莲含义相近，都寓意爱情的美满。两档头是藤藤花纹。

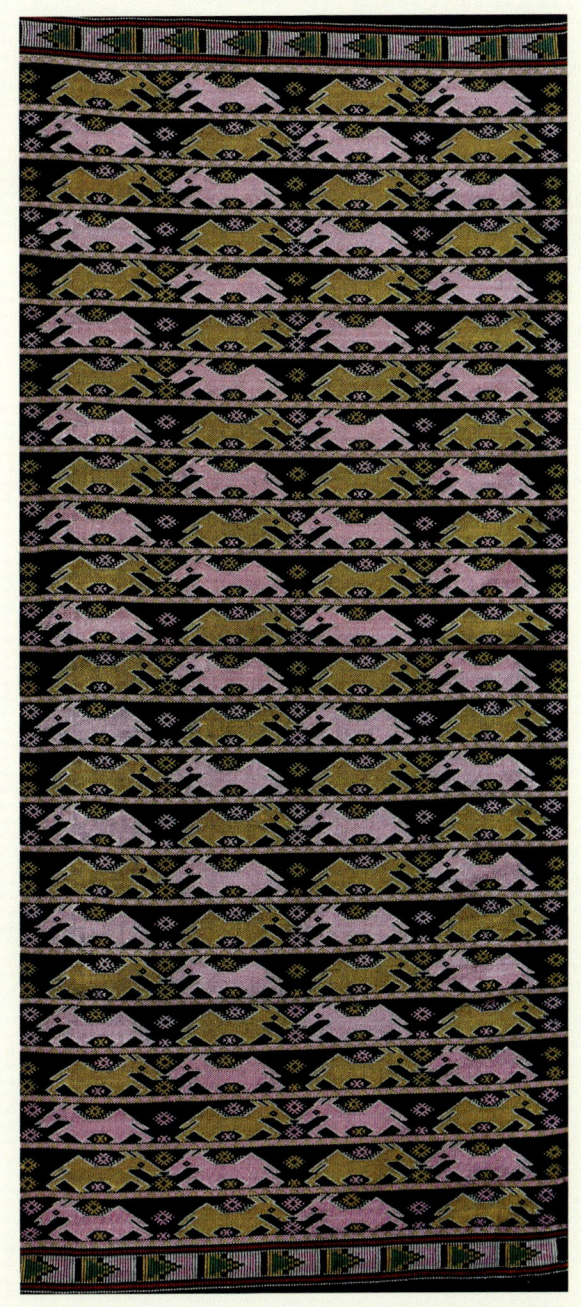

马毕花

马毕花，土家语称"格毕卡普"，以马的造型为主纹样。这幅锦的图案造型生动可爱，马背上的鬃毛迎风飘舞，整个纹样展示出骏马奔腾的生动景象，与小马花有异曲同工之妙，核心图案以马的形态进行几何抽象化描绘，配色和谐，层次丰富，构图工整，周围以韭菜花纹点缀，增加了完整性，看上去典雅活泼，寓意吉祥美好的生活。两档头是猴子手纹。

实毕花

实毕花,土家语称"小野兽",图案是小野兽纹,"实毕"是土家语,意思为"野动物"。这幅锦的主体纹样是一只几何化的动物雏形,前后两组四条腿,横直的躯干上一边竖着一个垂耳的头,好像是顾盼有神,另一边是臀部,有一条长而弯垂的尾巴,主体纹样斜向排列,在黑底衬托下,菱形的框子红黄两色交替排列,菱形周围用代表吉祥如意的"万"字纹装饰,整个锦面丰富多彩。两档头是锁花纹。

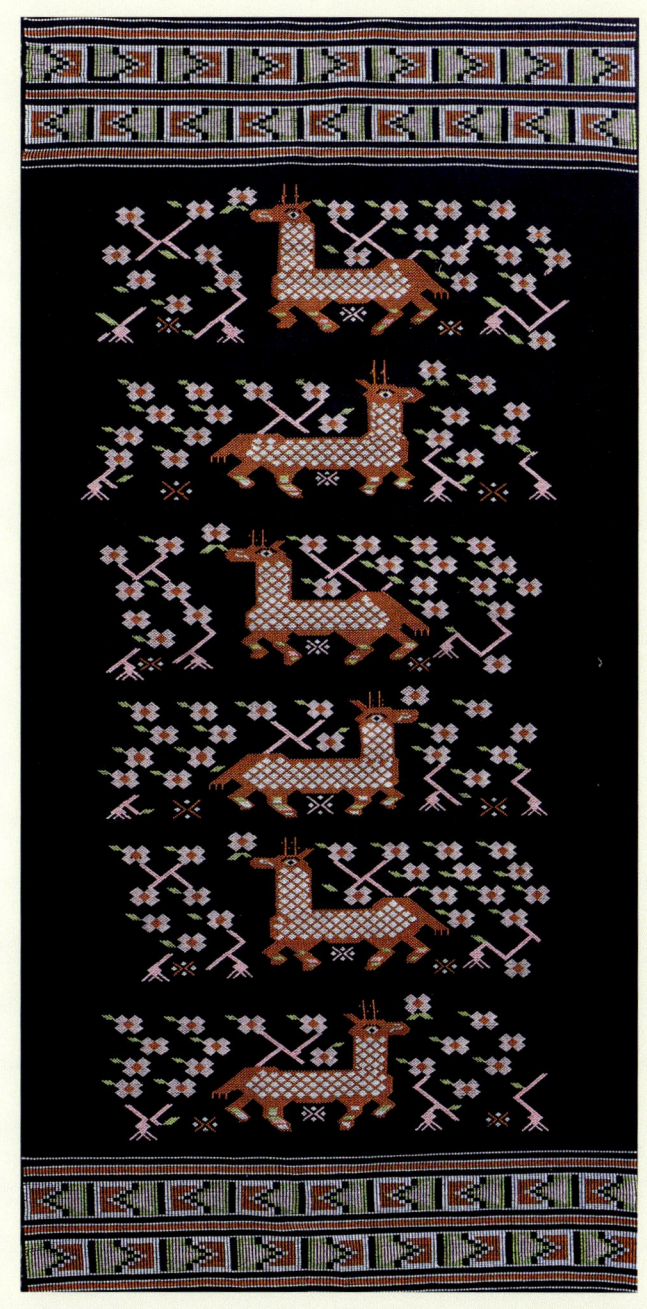

野鹿含花

　　这幅锦的图案是奔跑的野鹿和盛放的野花,它们都蕴含着春天生机勃勃、万物复苏的美好寓意。野鹿形态古朴生动,作常见的横向左右反向交替布置,斜向的枝干连接着散落的野花,整体造型抽象又生动,风格古随意自由。整幅织锦颜色简洁,沉稳朴素,富有变化。两档头是猴子手纹。

野猪花

　　野猪花图案与马毕纹造型一致,采用野猪的侧影特征作为形象,但侧面的头上织了两只眼睛,如同中国民间绘画和剪纸的艺术理解,不追求形似而追求视觉上的情理。这整幅织锦黑色底色,亮黄色和褐色的野猪纹在横向和纵向上整齐排列,律动感强,锦面华丽端庄。两档头是寿字纹。

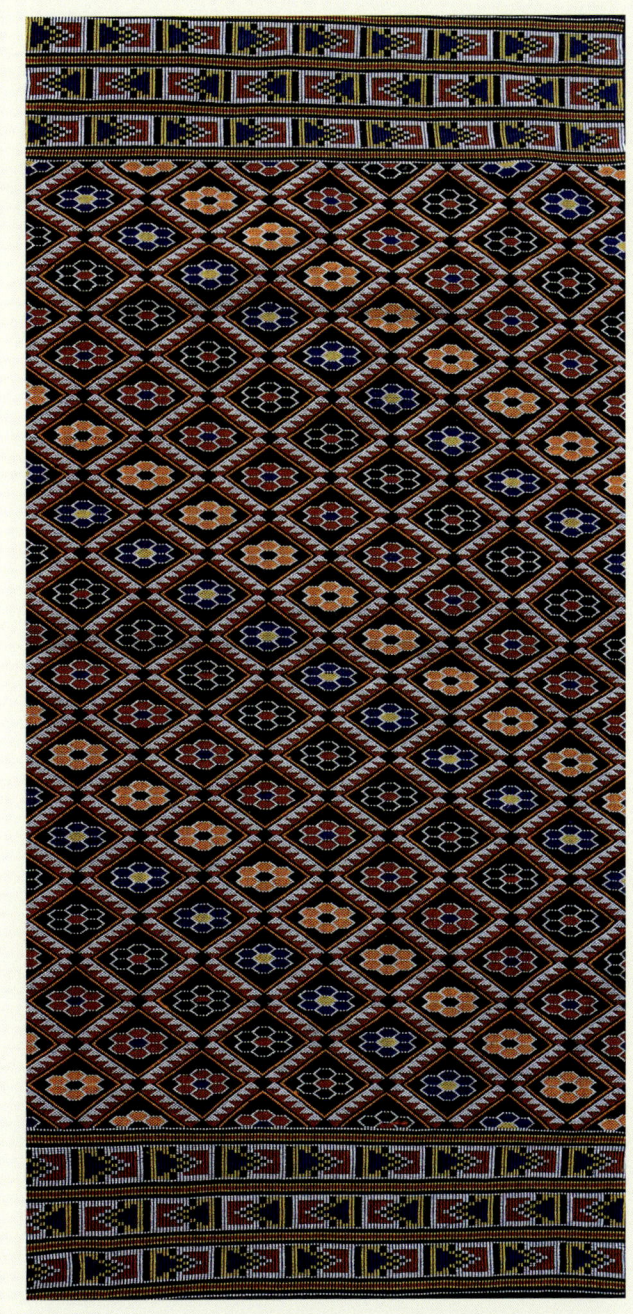

猫脚迹花

猫脚迹花,土家语称"莫及迷",图案是借用猫脚的一部分特征织造出来的纹样,具有童趣的味道。这幅锦的主纹样是把猫的脚印放置在菱形内,网格边纹走菱形框架的特点是区别于狗脚迹置于六边形和虎脚迹配有虎眼的特点,因为狗常常看家护院,一般都配有田字纹,猫虎属于同一类,均应配齿纹,以连续排列的组合形式,以及丰富的色彩变化,在黑底全为黑经布纹的背景上,构成了一幅别致的数纱花土家织锦,整个锦面配色沉稳质朴,具有鲜明的民族特色。两档头是猴子手纹。

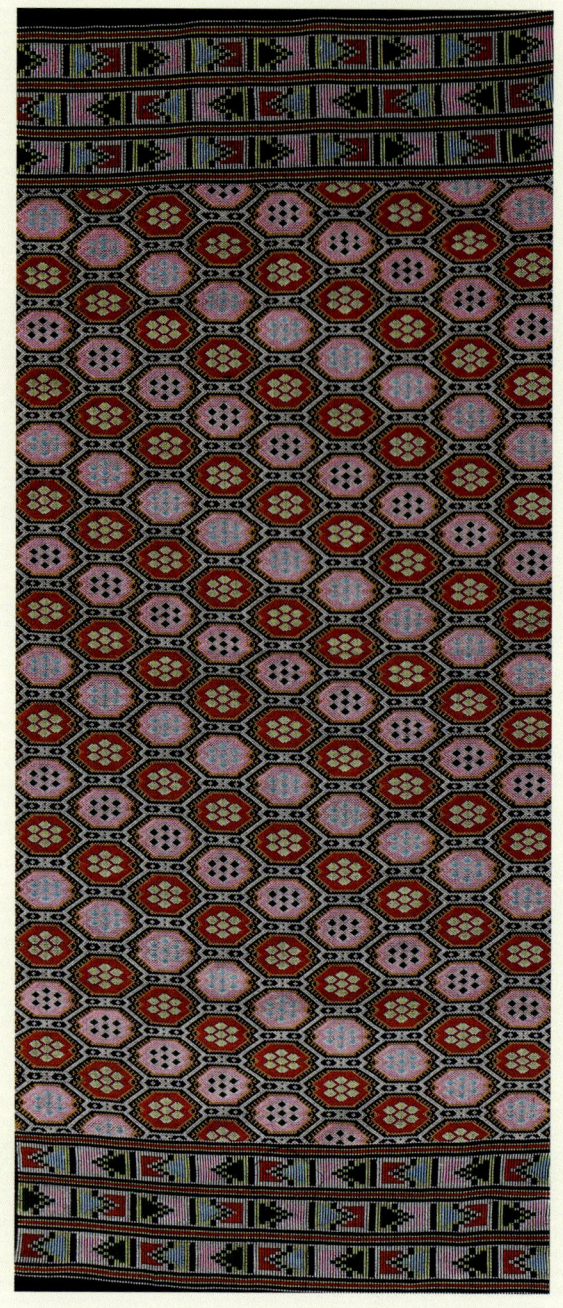

狗脚迹花

狗脚迹花，土家语称"哈列吉迷"，图案是以"狗脚迹"这一富有特征的形式创作出的纹样。这幅锦以之字形折直线构架的六边形框架为主体纹样，做纵向排列，主纹样内含有七个小六边形，形状像狗脚印，主纹样之间以田字纹作为装饰，构成富有象征意义的织锦，猫狗是山地民族最亲近的动物，狗的足迹是山民非常熟悉的图案，这幅锦以抽象的团表现了人们具象的四位，寓情于形色中，颜色绚丽，结构完整。两档头是猴子手纹。

虎脚迹

  虎脚迹图案是用老虎脚印的一部分特征创作出来的纹样，与猫脚迹、狗脚迹大同小异，这幅锦的主纹样是把老虎的脚印放置在六边形内，其六边形纵向错位排列，中间配有虎眼并有齿边的装饰（猫虎属于同一类，均应配齿纹），这是一种古老的传统纹样，体现的是山地生态环境中土家先民对凶猛老虎的特殊的敬畏心态。整个锦面配色沉稳质朴，做工工整繁密。两档头是猴子手纹。

万字虎脚

　　这幅锦的图案是在万字底纹背景上,有规律的上下排列老虎脚印构成的,整个锦面层次分明,色彩艳丽,虎脚印的七个六边形紧密地围在一起,深浅色间隔排列,它是土家人驱赶白虎的象征,可以辟邪除秽,保有小孩儿健康成长,长命富贵。两档头是连续勾纹。

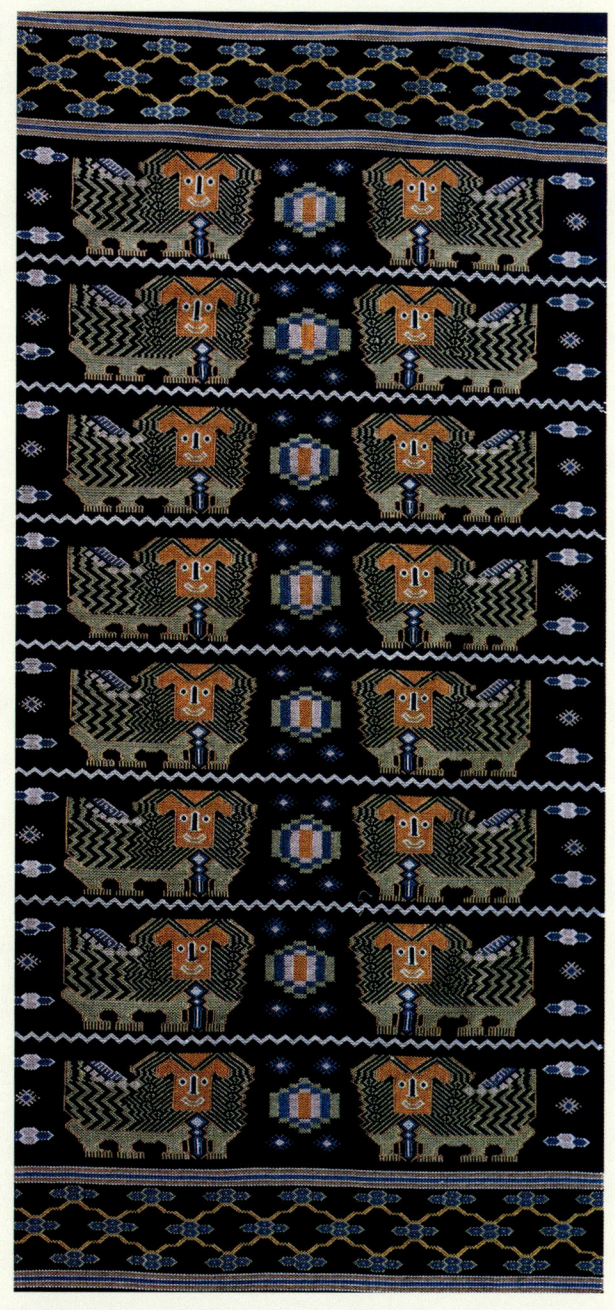

狮子绣球

　　这幅锦主纹样是两只狮子、一个绣球为一组的团，八组对称，外围用折枝花圆形环绕，韭菜花在空隙处加以点缀，以深蓝底色相衬，使橘黄色的主体纹样更加突出。整幅织锦规整又富有变化，典雅脱俗，厚重美艳，预示着喜事不断、喜庆连绵。锦纹中四周边饰与狮纹之间的条纹框运用了土家织锦除平纹、斜纹以外的另一种组织织法"抠斜"工艺。两档头是藤藤花纹。

凤鸟花

凤鸟花，土家语称"鹏涅俾"，图案纹样是一只回首飞翔着的凤凰，整个凤凰被条纹和菱格装饰得五彩缤纷，造型优美，看上去富贵吉祥，具有动感。这幅锦的主纹样繁复，其间点缀着"万"字纹、韭菜花等细小的纹样，整幅织锦绚丽多彩，变化丰富。据说这幅锦原是大户人家的遗物，是民间织锦高手织造，凤鸟的造型和湖南省博物馆早年收集到的凤鸟纹一样，只是配色略有不同，整幅锦纹饰细密，配色高贵，是难得的作品。两档头是寿字纹。

凤穿牡丹

这两幅锦源于近代民俗吉祥纹样，土家民间艺人在织造中根据自己的理解做了变形和重新组合。凤凰位于这个锦的中轴位置上，周围用牡丹作以装饰，凤凰的几何化造型简洁灵动，生动地呈现了凤凰翩翩飞舞的动态，周围牡丹相绕，形似凤凰穿越牡丹花丛的画面。黑色铺底，纹样选用缤纷的色彩红、黄、蓝、绿、粉等织成，整体色彩浓重丰富。两档头是八瓣花纹。

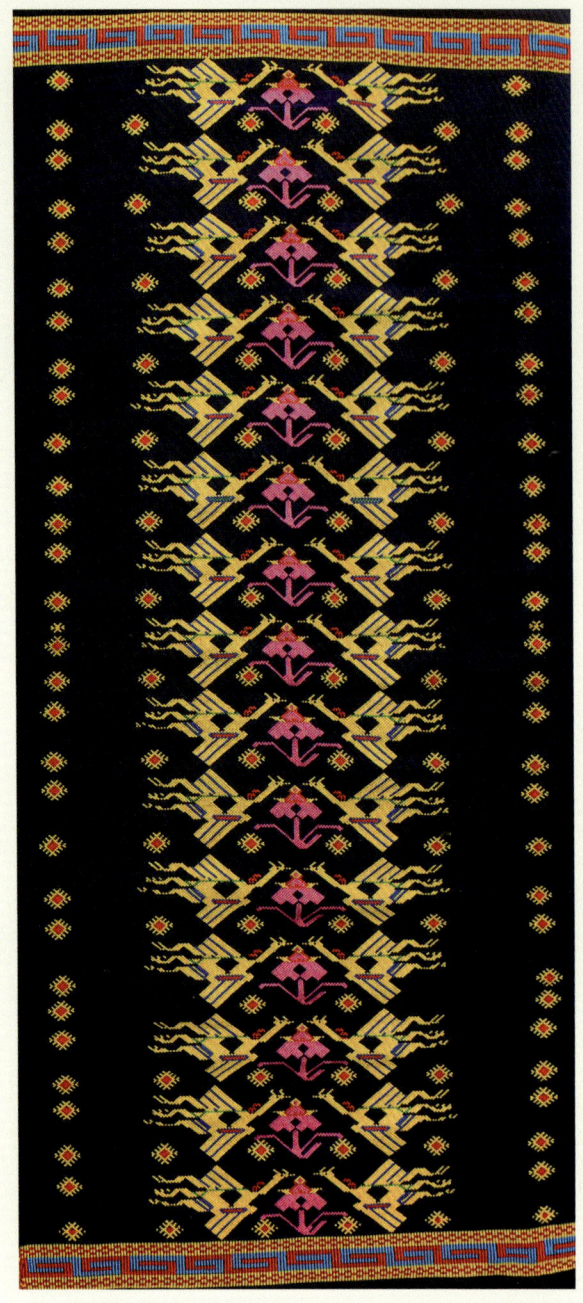

双凤牡丹

　　这幅锦的图案是双凤戏牡丹的变体纹样，凤凰的造型随受工艺限制但仍生动飘逸，两只凤凰之间点缀一支牡丹，主体纹样纵向排列，工整严密，空白处以红心韭菜花点缀，象征吉祥富贵，长长久久，寓意连绵不断，整幅锦面底色厚重，主纹样鲜明，充分表现了土家人对美好生活的憧憬。两档头是秤钩纹。

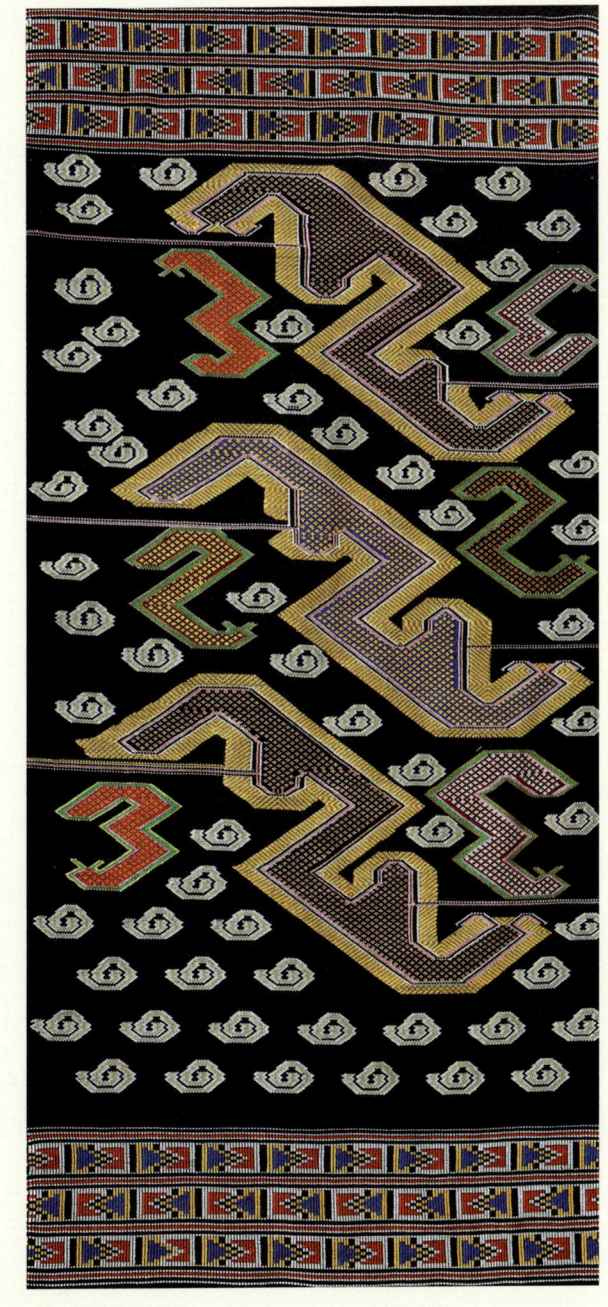

大龙花

　　大龙花，土家语称"铺此巴"，图案是两条酷似"蚕虫"的古龙，各自带引着两条小龙，腾空于祥云中，那扭动的身躯，首尾呼应的姿态，表现了遨游于云海的自由神态。这幅锦在土家锦构成形式上比较特别，是装饰艺术的构成，整体构图大气，色彩沉稳，花纹于粗犷中显得细腻。两档头是猴子手纹。

小龙花

小龙花,土家语称"朴毕",图案是小龙造型,像阿拉伯数字"3"的形体,在左右两侧加上了抽象的"龙爪",另外还有简洁的龙头及周边的齿纹代表龙鳞,外围的锯齿纹突出了龙的特点,是区别于蛇形态的特点,双龙爪与蛇的形态区别,增加了龙的动感。这幅锦的装饰纹样是写着"王"字的宝珠球纹,双龙戏珠,同时象征着龙的地位和尊严,在整幅织锦上起到联系主纹的作用。这个织锦颜色丰富,明快鲜艳,用小面积的亮色点缀其中。两档头是寿字纹。

九龙头

  这幅锦在土家织锦构成形式上比较独特,整条龙酷似"古怪"的草龙,各自带引数个怪头左右伸出,首尾呼应的姿态。据说土家族人长期遇到洪水旱涝,为了确保人民的生命财产不受到损失,人们自发用稻草编制成不同形态的草人、草龙,以此来祭拜"龙"王,因此得名为"九头治水"。两档头是连续勾纹。

龙凤呈祥

龙凤呈祥,土家语称"铺鹏",图案取材于龙与凤,龙凤形象象征永恒的生命力,也寓意着美好的爱情。此幅织锦龙在空中腾云,龙身用云勾纹断开,凤在牡丹花丛中穿越,凤头有吉祥的坠饰搭配,灵动鲜活,大红色的底色,配上黄、粉红、白等色点缀,绚丽夺目,寓意家庭和谐,爱情美满,幸福吉祥。两档头是寿字纹。

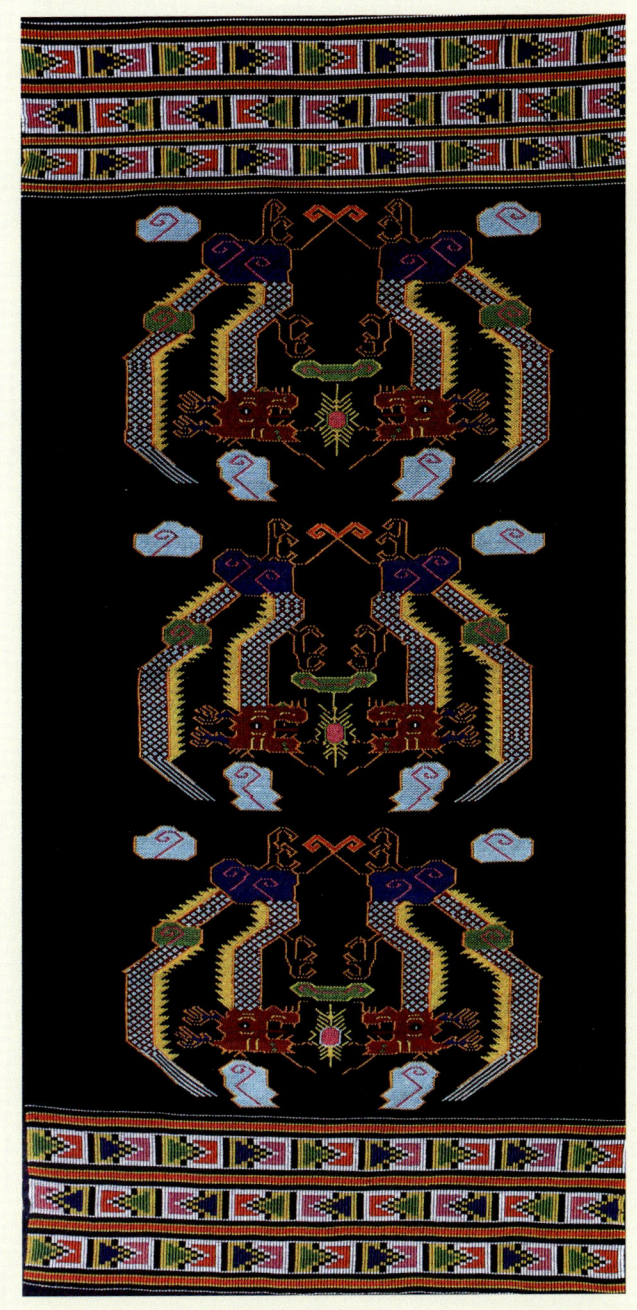

双龙抢宝

　　双龙抢宝图案是两条象征至高无上的龙，主体纹样为双龙腾云相对，两龙争抢火珠的锦面。这个图案的起源来自天文学中的星球运行图，火珠是由月球演化来的。这幅锦的龙的造型细腻，表情威严庄重，彰显了龙的器宇不凡，中间绘一宝珠，活灵活现，预示吉祥如意、锦上添花。深蓝底色配以颜色绚丽的龙，主体突出，整体协调，庄重威严。两档头是猴子手纹。

稻草人龙

  这幅锦的图案是两条弯曲龙形矗立中轴线上，龙头朝下，朝向左右两边，龙尾朝上，作交尾状。龙身以三角形横向排列表示龙鳞，使两条龙看上去更加生动，构思奇妙，空隙部分以稻草人、小鸟、田土的几何形态填充，众多的稻草人如担夫争道，意气昂扬，整幅锦面构图饱满，配色淡雅和谐，寓意土家人祈求硕果累累、五谷丰登的美好愿望。两档头是单向鹿纹。

草龙花

　　草龙花图案源于我们土家族人在重大民俗节日里,用稻草扎成草龙来庆祝丰收,取材于稻草龙,体现的是我们土家人的勤劳和质朴。这幅锦纹样传统特别,构图奇妙,运用传统植物染色的棉线织成,金色的草龙以毛蓝色为底,对比鲜明,主图案上点缀了无数满天星,表达了土家人对美好生活的无限向往。两档头是连续勾纹。

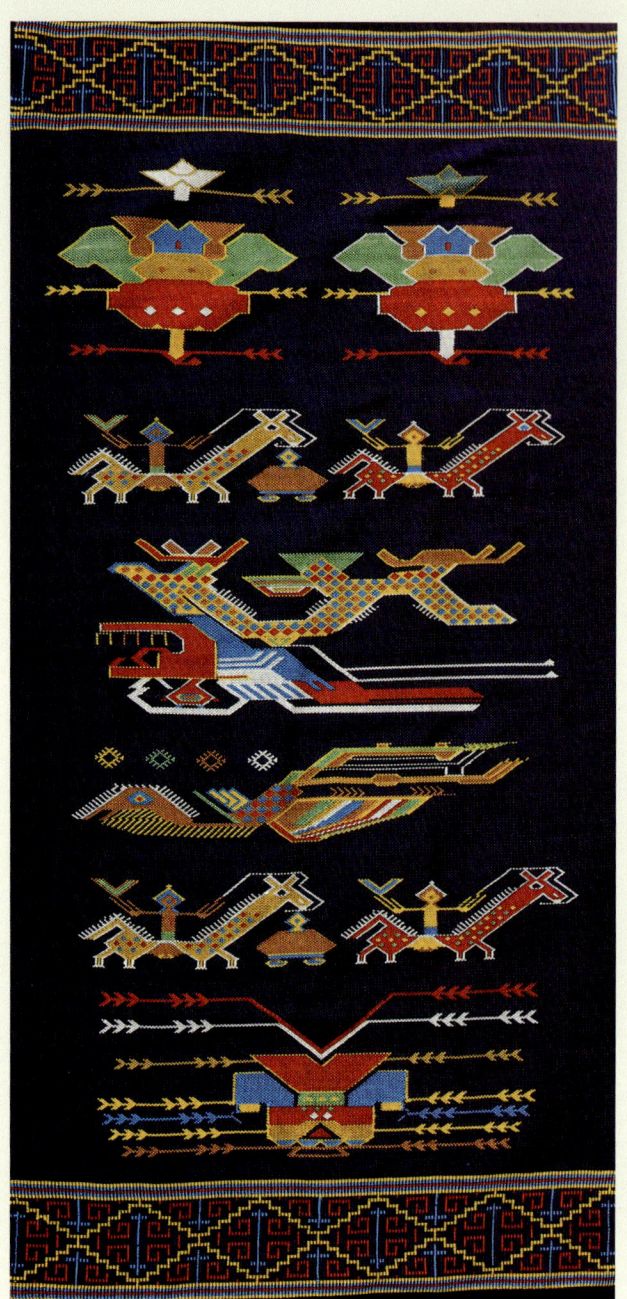

龙凤人马纹

　　龙凤人马纹图案是龙、凤、骑马扬鞭的人穿梭在花丛之中的图案,以祥龙和瑞凤构成上下相背的主题纹,这是根据被面两头观赏视角的需要而构成的。这幅锦的骑马人和龙凤来回穿绕,几何形态灵动,具有活跃的动感,龙凤之间配以韭菜花纹,深色的底纹上鲜亮的红色、黄色,营造出欢快热烈的色调。龙、凤在民间象征高贵,故此锦寓意天利人和、大富大贵的意思。左边两档头是寿格纹,右边两档头是猴子手纹。

老鼠嫁女

　　老鼠嫁女，土家语称"热比尤坡"，取材于广泛流传的民间故事，多见于各地的民间年画、剪纸和挑绣物。此锦以拟人化的侧影表现老鼠的形象，生动活泼，有开道的、打灯的、抬轿的、运礼的、打鼓的、奏乐的等，都表现得淋漓尽致，横列式的行进方向左右交替，突显了队伍的庞大，盛大的场面凸显了喜庆的动感。湖南滩头年画及挑花纹样中的老鼠嫁女图案中还有猫儿当道，非常具有戏剧性，用的是猫的正面形象，使故事表现得更加诙谐幽默。两档头是八瓣纹。

鲤鱼跳龙门

　　鲤鱼跳龙门寓意望子成龙、门第升腾，是土家族人最喜欢的传统纹样之一。这幅锦是土家织锦艺人移植挑花样的作品，两组主体纹样纵向排列，中间配以盆花纹点缀。主纹样左侧为弯曲的龙形，龙身用小花点缀，代表龙鳞；中间是龙门的形态；右侧是扭动的鱼形。主体纹样底部的白线表示水波，生动和谐，面织造工艺工整严密，饱满充实。两档头是八瓣纹。

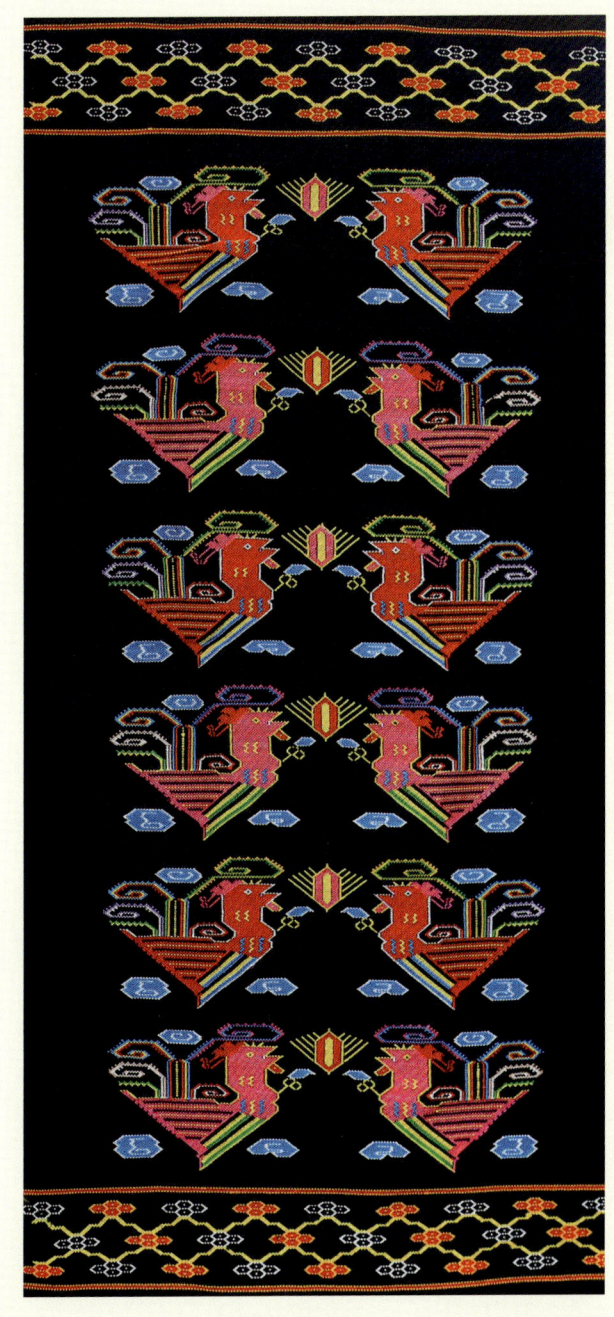

金鸡报喜

　　金鸡报喜的主纹样是一对金鸡造型，稚拙可爱，仿佛展翅欲飞，设色类似山溪中的鸳鸯，华丽多彩。土家人以其对自然的热爱和对动物的理解，创造出了几何化的金鸡纹样，形态栩栩如生，花纹明艳悦目。这幅锦主纹样周围饰以祥云，既突出了主纹样，亦丰富了锦面的完整性。整幅织锦底色深沉，主纹样色彩绚丽，对比强烈，体现出土家族人对美好事物的热爱之情。两档头是万字满天星纹。

第四节　器物纹样

过去，我们捞车的地主靠着山上大片大片的桐树、茶树，卖桐油和茶油发了财，很多大地主有了钱后，把屋里修得十分华丽，到处都是雕梁画栋。改革开放初期的那段时间，我为了恢复传统土家织锦图案，去过不少地方，认识了不少山里面收旧货的人，还在他们那里见到过很多曾经地主屋里的旧家具，那些家具真是精美漂亮，他们的滴水床、花柜、碗柜、梳妆柜、洗脸架、衣帽架、茶几、椅子和桌子，都雕刻着繁琐细腻的花纹，有的还是镂空的，非常讲究。而我们普通土家人的生活，可能就比较朴素简单，尤其是从土家织锦里表现器物的纹样就能看出，从古至今，与土家人日常生活形影不离的是最平凡的一些器物，如桌子、椅子、背篓、豆腐架、磨盘等，这些器物与我们每日的生活息息相关，反映着我们土家人最朴实的一面，下面我具体讲一下各种各样的器物纹样：

豆腐架

　　豆腐架，土家语称"爹黑坡池"，图案源自土家人用于磨豆腐的生活用具，形似一个架子，故称作"磨架子花"，主纹样是对豆腐架的抽象表示。豆腐是土家人非常喜爱的美食，做豆腐时用的石磨是土家人家家户户都有的日常生活用具。这幅织锦巧妙地把生活中常用的磨豆腐的架子做成了织锦纹样，核心图案纵向排列，在锅形的底架上用彩线织上磨芯和上下磨盘，磨盘周围点缀有小花纹样，看上去就像是磨豆腐时溅起的豆花，黑色做底，配以梭罗丫点缀，藤藤花分割，整体古朴素雅体现出土家人对生活的热爱。两档头是寿字纹。

粑粑架

粑粑架,土家语称"粑粑探钳",图案源于我们土家族人打制糯米粑粑所用的器具。打制糯米粑粑是我们土家族的民俗节庆中一个重要的活动,所以我们也会将粑粑架创作为织锦中的纹样。主纹样是两个梭子合成的几何图形,每个几何图形中有四个小梭形,无数菱形方眼组成。这幅锦的主体纹样纵向排为四列,每列之间形成的菱形与主体纹样小梭形中心的菱形交相呼应,使整幅锦面富于律动感,图形色调采用深红、深紫、浅蓝、浅黄,色彩丰富而明丽,整体看上去沉稳脱俗。两档头是猴子手纹。

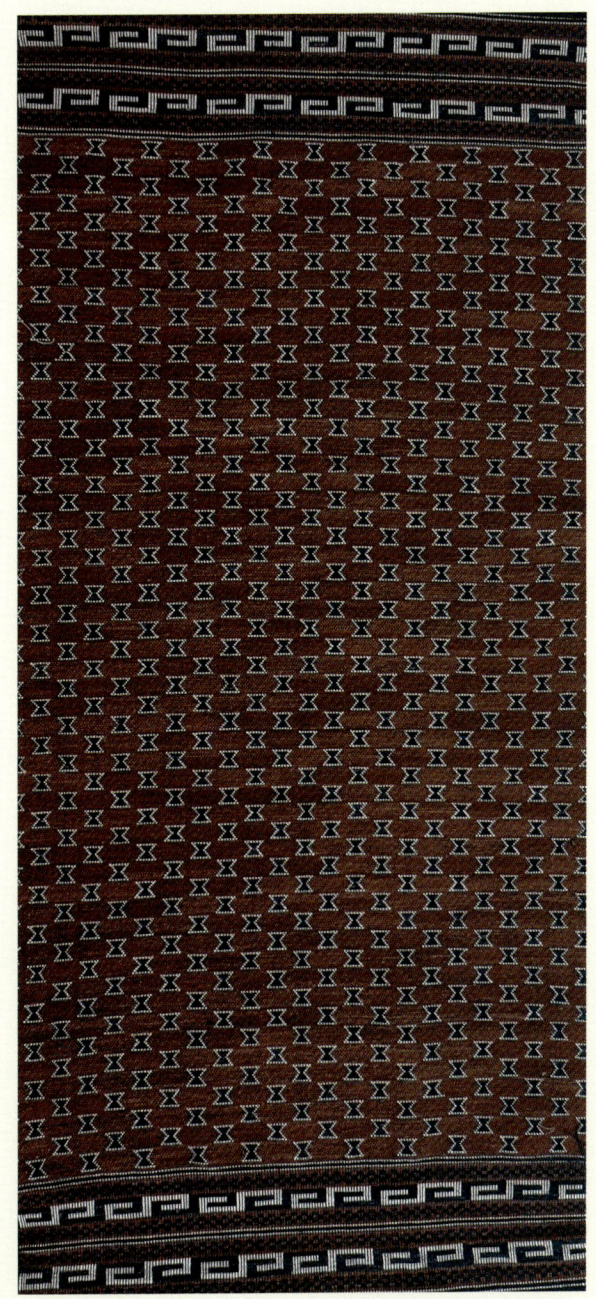

板凳花

　　板凳花，土家语称"搓克卡普"，图案据说是因为它的形态近似民间木雕镂空的凳子样式而来，是抽象的表现。这幅锦织纹紧密细腻，配色柔和，层次丰富，显示出搭配和编制的功力，使整幅锦面更显得古朴文雅。两档头是连续勾纹。

大椅子花

　　大椅子花，土家语称"块卡普"，图案是根据椅子背的形态命名的，它是土家织锦中最难织造的椅子花。民间有句谚语："四十八勾名堂大，最难岩墙椅子花"，说的就是这个图案，它的核心纹样形似民间木雕镂空的太师椅，以"井"字格形式排列，以每四个为一组的俯视角度观看。每四把椅子中间的图形形似一个火炉，火炉是土家人生活中的重要物品，整个气氛如同一家人围在一起烤火一样，温馨幸福，火炉与椅子依次排列，整体工整。这幅锦采用各色丝线，每列主纹之间以韭菜花点缀，淡雅脱俗，整幅锦面以深蓝色为底，主纹与副纹之间以小花填空，紧密细致，层次丰富。两档头是万字流水纹。

小椅子花

　　小椅子花,土家语称"块俾卡普",图案是根据椅子背的形态命名的,它是土家织锦中最难织造的椅子花,与大椅子花的整体架构类似,但在细节上又不相同。这幅织锦紧密细腻,配色柔和,层次丰富,织纹全部采用了各色丝线和绣花线,纵向两行排列着16个单元纹饰,各不同形态的小花嵌入填空,深蓝的底色统一了锦面的色调。两档头是猴子手纹。

桌子花

桌子花，土家语称"石贴卡普"，图案取材于土家人日常用品桌子，纹样主体纹"桌面"为六边形斜向、纵向连续排列，主纹样中心以菱形装饰，每个"桌面"上下以八个"万"字纹有序排列装饰。土家族人宴请时，以每桌八人为习俗，象征吉祥，以此表现喜庆的气氛。这幅锦的每个主体纹的上下左右以方形箱子纹装饰，锦面颜色光鲜，对比强烈，又不失庄重。两档头是寿字纹。

神龛花

神龛花,土家语称"神龛插毕",图案来源于土家的神龛文化,纹中可见神龛上摆着的形似香炉的扦香托器型。神龛,土家人称之为"家先",土家族堂屋多见"天地君(国)亲师"神龛,通常位于堂屋后墙壁正中的上方,面对大门,神龛在土家族人心目中占有重要的位置,是神圣、圣洁的地方。此锦中心纹样以表现神龛的位置为主,织盘宽大,民间俗称为构图上的"坝"形纹样,自中心向两侧构图,中心配以四瓣六边形组成的小花,两侧也以小花点缀,整幅织锦配色鲜明高雅,有浓厚的土家味道。两档头是锁花纹。

磨盘花

磨盘花，土家语称"波左盘子卡普"，构图与勾纹近似，内容却大不相同，中心纹直接采用了太阳纹，边上用八个菱形纹相连于一线，有推磨时的旋动感。这幅锦的外沿之字形骨架有四层勾齿纹，同样衬托出推磨的动感，各种明度亮度的蓝色与中心橘红主纹样相得益彰，整体典雅朴素。两档头是猴子手纹。

背篓花

背篓花,土家语称"禾乐毕",图案取材于土家人盛物的背篓,纹样与竹篾背篓的花纹相同,也有人把它叫做"牛眼睛花"。在土家人的世代生活中,一生离不开背篓,土家姑娘出嫁,有"洗衣背篓"做陪嫁;女儿生孩子,娘家要送一个"儿背篓",专门用来背孩子。这幅锦的主体纹样为六边形,以弯曲的结构有序排列,颜色从浅色至深,层次分明,中间掺以白色活跃锦面,整体和谐,中心锦面为斜织。两档头是猴子手纹。

桶桶花

桶桶花，土家语称"桐八卡普"，图案原型来自于土家族民间盛物用的扁形木桶，此纹选用扁形木桶的盖子为主要图形。这幅锦的四条桶桶盖纹上下连续纵向排列，每列桶桶盖花纹中间以菱形"田"字纹加以配饰，菱形内部对角梯形运用深浅相衬的色彩配置，营造出立体的视觉效果，纵向排列的梭形之间是连续嵌入的"万"字花，黑底蓝花和褐底黄花点缀得丰富多彩，锦面整体儒雅厚重，淳朴自然，以独到的创作手法展现了土家族人的艺术智慧。两档头是八瓣花。

秤钩花

秤钩花，土家语称"起次巴勾"，图案是模拟土家人生活中的秤钩形状。这幅锦的底色为红色，采用中轴对称的结构，稳定了锦面架构，使图案栩栩如生，纵向排列，间以连接的菱形纵向排列作为装饰，菱形内饰以韭菜花，主纹样间饰以彩色万字纹点缀，整幅锦面配色稳重，雅而不俗，层次分明，明快悦目。两档头是月亮纹。

小秤钩纹

小秤钩纹，土家语称"起毕勾"，是土家织锦较为典型的钩状类花纹。这幅锦的主体纹样双头为钩，斜向镶嵌于六边形内，六边形和菱形交替纵向排列，菱形内用韭菜花点缀，纹样周围用白色狗牙齿花围绕，显得丰富不空洞，配色明丽乖巧，繁而不乱，艳而不俗。两档头是猴子手纹。

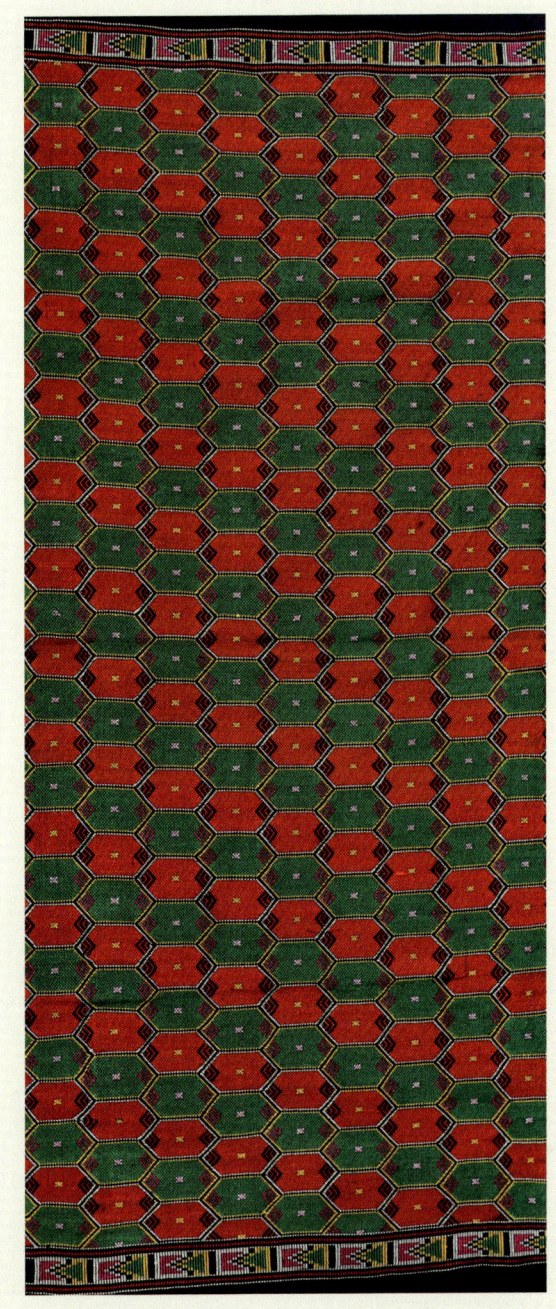

梭子花

梭子花，土家语称"梳橹卡普"，图案来源于织锦织造工艺中用的工具梭子，每次穿纬线过后，都要用梭子将线紧致，梭形纹在其他锦面中也常常出现，是一个非常有代表性的几何纹样。这幅织锦以梭形为架构，在内镶嵌小花形构成主体纹样，纵向连续错位排列，织盘大胆采用红绿对比色，整体和谐大方，艳而不俗，寄托了织女对织锦用具的特殊情感。两档头是猴子手纹。

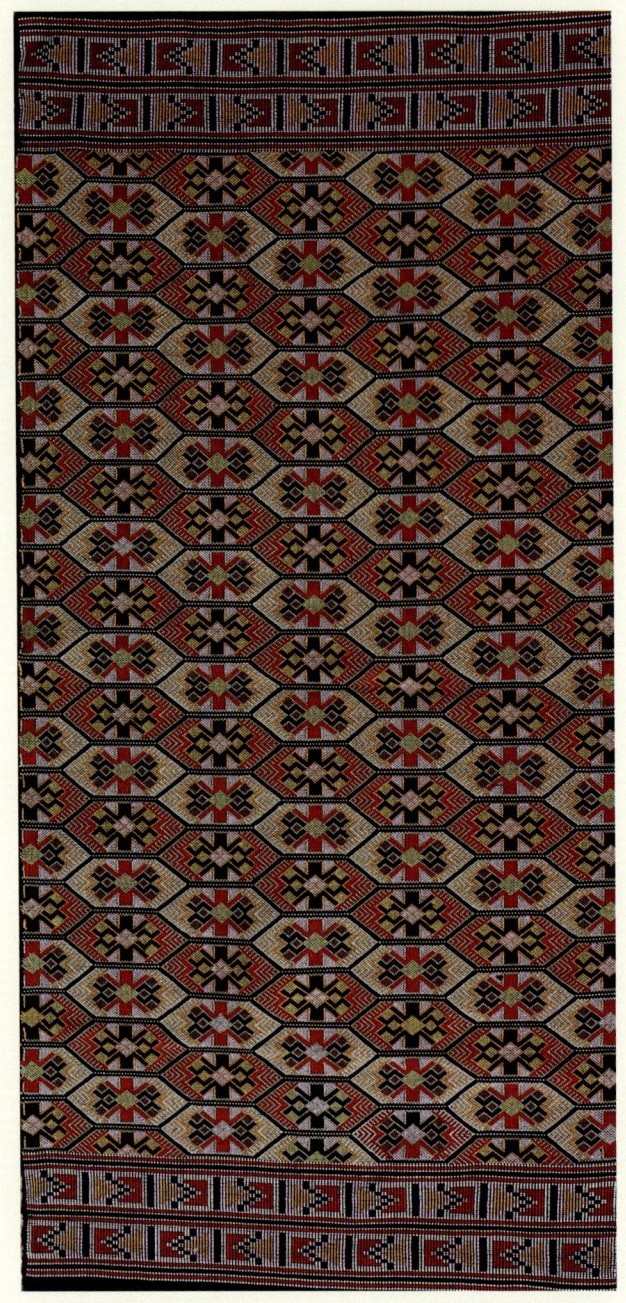

船船花

  船船花，土家语称"补毕卡普"，图案来源于水运行船。沅水支流的"五溪"地区，山水迂曲幽深，在交通闭塞的农耕时代，船是最重要的交通工具。主纹样为两只船左右相依在一起，意为"船船结合"，中心为菱形点缀，旁边的白色线表示水波。这幅锦的锦面颜色丰富典雅，生动活泼，具有简洁明快的几何纹风格。此锦面配上青布之后，可以用于小孩的摇窝盖被。两档头是猴子手纹。

龙船花

龙船花,土家语称"铺补毕卡普",图案是用立面抽象的龙船形象,而不是直接表现船形。有的说这是祭祀龙船下水前,德高望重的尊长到对河去持斋敬神时,香炉所飘出紫烟的效果,为的是祈求神灵护佑,家富民安,风调雨顺;还有的说这是龙船主体的剖面形描述,主体纹样两侧的花型是龙舟竞赛的划桨和水花表现,溅起的水花形态表现了竞技激烈的欢快气氛。这幅锦的龙船纹样纵向排列,外形呈现为几何图形,色彩配置鲜亮和谐,蓝绿点缀生动活泼。两档头是猴子手纹。

锯齿花

　　锯齿花,土家语称"尅司使",图案是源于锯齿形状。这幅锦是以曲形构成的锯条为主要构架,将小三角形互相连接,与曲形构架形成锯条的齿形,小三角形颜色深浅交错,富有变化,对比明显,层次分明,配色优雅淳朴,产生生动绚丽的艺术效果。两档头是猴子手纹。

大玉章盖

　　这幅锦是以玉质印章图案为创作源泉,规整的主体纹样以几何形花与双连万字纹构成,纵向交错排列,形成规矩的曲形结构,每个主体纹样连接组合,左斜双连万字为黄色,花纹亦黄亦白交错。此锦面以中性色调为主,色彩搭配和谐,相映生辉,突显了传统的艺术效果,并以此寓意吉祥安康。两档头是猴子手纹。

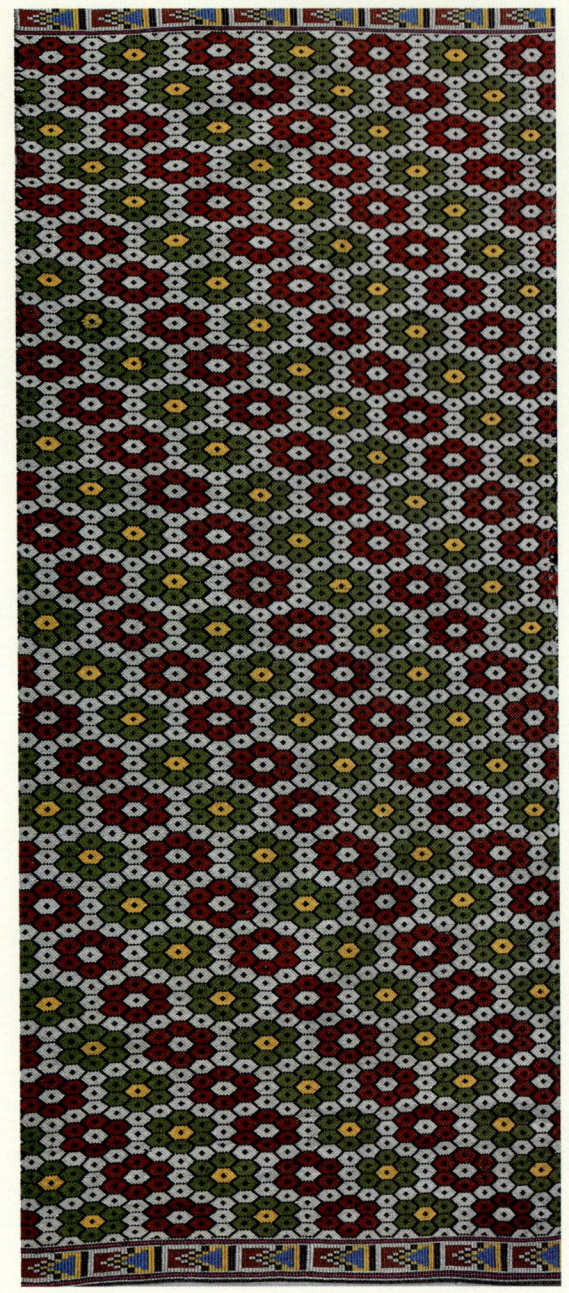

铜钱花

　　铜钱花是民间俗称"眼眼钱"（圆形方眼铜币）图案的联结和排列，构图采用"共用形"的手法，体现了民间艺人独具匠心的设计思路。这幅锦的色彩运用简洁不简单，特别是纹样底纹白色，用白色黑点作为主体纹样的骨架，并调和红色和绿色之间的色彩对比强度，整体锦面柔和协调，绿色铜钱中心点缀亮黄色的铜钱，构成别致的铜钱花纹样，铜钱纹样斜向错色连续，丰富耐看，体现了土家人对财富的热爱和渴望。两档头是猴子手纹。

楼桥花

　　楼桥花,土家语称"列吐尺",图案用色和构架表现了土家族转角楼的几何抽象纹样。这幅织锦是依照老织锦的残片复制而成,整幅锦面色彩明丽,给人一种绚丽夺目之感,将土家人生活的环境表现得绚烂斑斓,使得整幅织锦生动别致,沉稳得当富有变化。两档头是千丘田纹。

窗格子

　　窗格子图案沿用民间窗格纹,是土家人对自己居住环境中的窗格的细微观察的描绘。这幅织锦是依照土家族民间老锦残片复制而成的,整幅锦面图案单纯古朴,配色典雅沉稳,用黑、白、红、黄、土、绿六种颜色,勾勒出窗格子的明暗光影,中间配有犬牙齿纹作为间隔。两档头是双万字纹。

第五节　其他纹样

我们土家织锦的传统图纹样大约有 150 多种，涉及几何勾纹、植物动物、生活用具、天象地舆、文字及其他综合类等，被人们称为"高度浓缩了的土家族文化"。土家织锦纹样中，用土家语命名的纹样一般都是比较古老的纹样，如表现天象的"太阳花""月亮花"，表现植物的"大白梅""小白梅""藤藤花"和"牡丹花"，表现动物的"小龙花""马毕花（小马）""实毕花（小动物）""虎皮花""猫脚迹""狗脚迹"等，这些五彩斑斓的各种"花"，争相绽放在西兰卡普上。随着历史的发展，汉文化不断与土家文化融合，形成了一批批具有汉文化特色的织锦纹样，书写着那段特殊的历史。

除了我讲过的勾纹、植物、动物和器物为主的纹样之外，还有一类特别的纹样，这些纹样有以天象地舆为题材的，如太阳花、满天星等；有表人事的，如迎亲图、县官过桥等；有寓意吉祥的，如喜字花纹、年年有余等；还有受到汉文化影响而形成的字画类，如福禄寿喜、一品当朝等。下面我具体讲一下这些各种各样的纹样：

福禄寿喜

　　福禄寿喜是清雍正改土归流后出现的织品图案,因为土家族没有自己的文字,所以这幅织锦图案体现的是民族文化的交流与融合。这幅锦的锦面上主要以汉字为主体纹样,突显了民族之间文化艺术的交流与互通。"福""禄""寿""喜"四字纵横交错,以吉祥的万字边和"王"字相连做为周围的点缀,整幅锦面配色厚重儒雅,构图与设色都与传统土家织锦格式一致,严谨规范,寓意吉祥。两档头是寿字纹。

一品当朝

　　一品当朝图案是借鉴中原地区汉文化的挑花纹样而来，描绘了对生活美满的祈求。"一品当朝""松柏同年""长生不老""寿比南山""福如东海""金玉满堂""富贵双全"等的汉字纹样，直接出现在这幅锦的锦面中，并以碎花、花灯点缀，整幅锦面配色厚重，层次分明，喜气洋洋，寓意升官发财、福禄永驻。两档头是八瓣花。

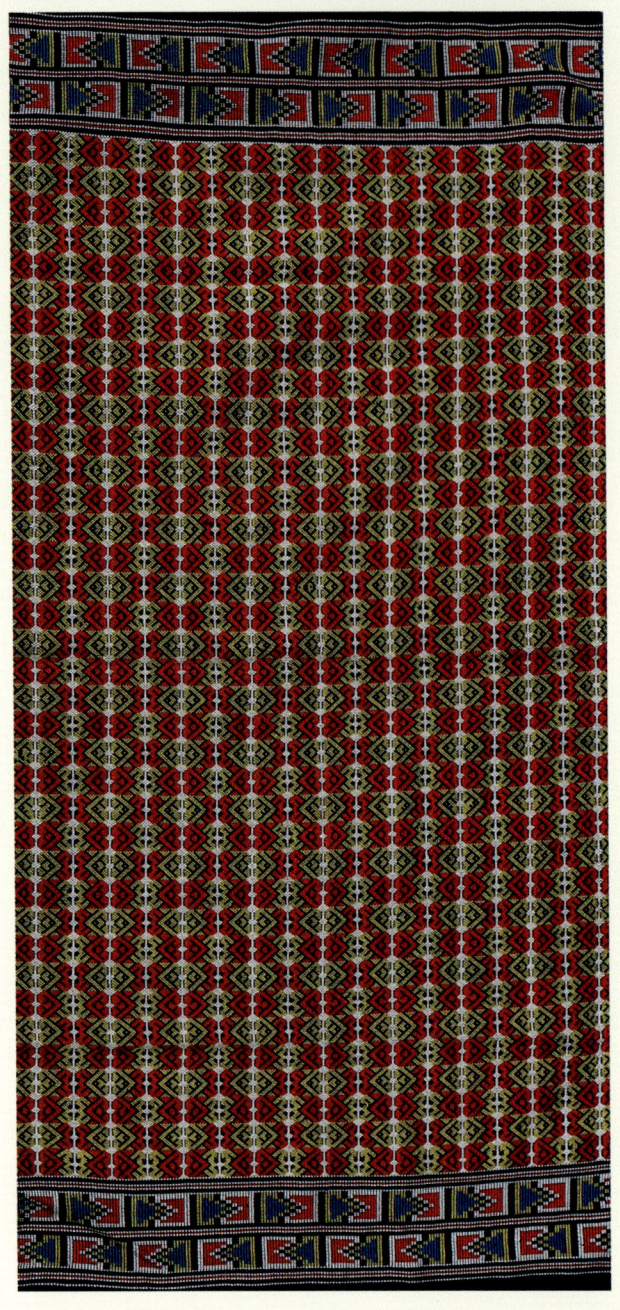

年年有余

　　年年有余的图案是几何抽象纹样，主纹样是红黄相间的梭子形和铜钱状图案，犹如金钱串一样，锦面华丽丰富，看上去就像是一串钱币穿起来的钱串，寓意年年有钱，生活富足有余。两档头是猴子手纹。

台台花

　　台台花图案的中心纹样形似老虎虎头的正面造型,形态端正,颇具威严之感。这幅锦的主纹样为二方连续的重复图案,辅以副纹样,搭配得当,色彩明快,造型稚拙。这个纹样专用于小孩的窝窝被上,这与土家人的白虎图腾崇拜有关,如果小孩被白虎惊吓了,白虎已"缠"着小孩了,伤害了小孩,就要请做仪式的人泼水赶白虎,生小孩时做了赶白虎的仪式,小孩以后就不会被白虎伤害了。台台花的寓意是保佑孩子健康成长,一生平安。两档头是寿字纹。

喜字花纹

　　喜字花纹是表现婚嫁的喜庆场面的图案。"双喜"字配色为红色,放在中间的位置,并以四只蝴蝶纹样填在喜字四周,寓意成双成对。外围方框包围,小花装饰,颜色丰富多样,构图规整,淳厚朴实,增添了整个锦面的喜庆氛围。两档头是连续勾纹。

万字流水

　　万字流水,土家语称"扎土盖",图案以万字为中心所联结的编织结构,象征紧密无间,底板红色是不夹织花纹纬线的布板,是土家织锦独特的表现手法,使纹样有浮雕感。这幅锦整体上高雅古典,朴素大方。两档头是藤藤花。

庆丰收

　　庆丰收的图案是手舞足蹈的白色和棕色的几何人物纹样，表现的是山地农耕的土家人在传统耕作方式中集体劳动的场面。土家人在劳动中创造了一种鸣锣击鼓，同时伴随着歌唱的形式，每到薅草季节，数十乃至数百人在进行集体劳动时，会请两名艺人一个击鼓、一个敲锣，面对薅草的众人，随着锣鼓声的起起落落唱土家族民歌，有薅秧锣鼓、薅草歌、打闹歌等，劳动者"闻歌雀跃，劳而忘疲，其功较倍"，称这些为庆丰收，表达的是土家族人勤劳乐观的生活智慧。两档头是连续勾纹。

迎亲图

  迎亲图的图案表现的是土家人迎亲出嫁的情形，它是最早传统的对斜平纹图。这幅锦中，骑马者是新郎，左边双喜花轿中是新娘，还有桌子、椅子、凳子、柜子、香案等嫁妆，盛大的场面，庞大的队伍，人物、花轿、马、嫁妆等都描绘得生动形象，在用色上以红色做底，突显了喜气洋洋的氛围，配以黄、蓝、白等色点缀，颜色丰富艳丽，更增添了喜庆活跃的氛围。两档头是八瓣花。

鸡盒子花

  鸡盒子花，土家语称"色拍卡普"，图案取材于鸡内脏中装食的食袋内壁纹理。这幅锦的整个图案做中轴对称的构图手法进行几何处理，平衡了锦面的架构，写意仿真并重，做工精细，体现了土家人对生活的细微观察力和独特的创意。这个锦类似岩墙花，但却比岩墙花更繁复，是一种形态传统古朴、织造难度比较高的抽象纹样。两档头是寿字纹。

岩墙花

岩墙花,土家语称"阿八此巴",图案是五盘岩墙花,由单边勾、万字流水、连心万字、狗牙齿边连续组合而成。土家族民间有"花美不过岩墙花"的说法。这幅织锦主体纹样形态抽象,很像土家地区用大小不等的粗石砌成的岩墙。配合主体的装饰称为狗牙齿花,旁边配以菱形副纹样,内织韭菜花纹样,前后层次不断变化而产生一种炫目的动感。中心组合纹样由黑底衬托,显得突出而明快,颜色层次分明,核心图案形态抽象生动,造型上点线面结合,整体看上去和谐统一,美观大方。两档头是猴子手纹。

千丘田纹

千丘田纹，土家语称"色克坡拉"，图案是大田字纹中嵌入四个小田字纹，田田相连，故命名为"千丘田纹"，也称为"田字花"。这幅锦的菱形形状区别于横平竖直的造型，打破了田字的呆板，无数田字连接起来，形成具有动态的千丘田的视觉效果，纵向白色之字形线和类似颜色的运用丰富了锦面的内容和层次，不仅运用了大地的土黄本色，又镶嵌着代表植物的绿色和果实的红色，极为生动自然。两档头是锁花纹。

太阳花

太阳花,土家语称"劳尺(cèi)",意为"向日葵",图案用菱纹网格状花,形制古朴,中心太阳花纹与战国时期的几何花纹如出一辙,运用渐变色减弱对比,层层推进,仿佛让人感受到太阳的炙热。这幅锦的整体颜色对比强烈,热烈奔放,整幅织锦体现了土家人对太阳的崇拜,对大自然的热爱。两档头是万字菱形纹。

焦山梅

焦山梅，土家语称"阿梅"，图案形似十二勾的纹样，据说是用勾心花纹与合成的圆形组合而得名。这幅锦的主体纹样斜向排列，大块黑底相衬的圆花均用白线勾边，色彩相同，织在花蕊部分用不同色彩交错变化，使整个锦面看上去明丽而富有变化。两档头以猴子手纹装饰。

第八章 西兰卡普的艺术精神

引 言

土家织锦是土家族历史文化、地理环境、宗教信仰、审美情趣的物质载体，是实用性与装饰性的结合体，其图案题材的选用、纹样的风格、色彩的运用、工艺的演进，都具有鲜明的民族特色。土家织锦作为酉水流域土家族普及面最广、影响最深的一种民族民间工艺文化形式，彰显着土家族深刻的文化内涵和鲜明的民族意识。

西兰卡普最独特的艺术特征是丰富饱满的纹样和鲜明热烈的色彩，构图中采用概况、变形、夸张等手法，巧妙地将各种自然形体和几何纹样有机地结合，纹样构成以菱形、横式长方形、斜式交叉形为主，抽象而显其神韵，整个图案极富生活情趣。色彩上，既有五彩缤纷的强烈对比，又有素雅大方的色调调和，土家人尚红、尚黑，红色代表光明，黑色象征庄重，所以土家织锦多以红、黑为主，以黄、绿、蓝、紫、白等为辅，设色古艳厚重，斑斓多彩，对比中又有调和，素雅中见多彩，强调一种艳而不俗，清新明快的效果，给人以明丽、活泼的生机勃勃之感，体现出土家人的粗犷大气的审美习惯和艺术取向。

当你第一眼看到沿袭于汉代腰式织布机的土家斜织腰机上的织物时，一定会惊讶不已，原来织女们是从线束如麻的织锦背面进行挑织的，而正面朝下，正对地面。如果再蹲下去仔细品味，织锦正面的图案规整美观，对比背面则是杂乱无章的纬线和五色杂间的线头，难以想象土家织锦百余种图案，竟全凭心记，全靠手工挑织，织前没有蓝本和草稿，颜色搭配信手拈来，自由洒脱。聪明的土家织女用赤、靛、黑、白、黄、紫等色对比强烈的丝线作纬线，织出来的图案朴素明丽，写实与抽象结合，极具生活智慧。比如有的图案是以土家族历史题材为主如"四凤抬印""土王五颗印"等；有以生活风俗为题材的，如"鹭鸶踩莲""老鼠迎亲"等；有以自然风光为题材的，如"岩墙花""楼桥花"等；还有以动植物为题材的，如"猫脚迹""韭菜花"等。对织锦纹饰的表现有几何抽象化的、有具象化的，多为平行线、垂直线和斜线的三线构成图形，条块分明、色彩明快，颇具阳刚之美。

几百种传统土家织锦纹样，五颜六色的图纹配色效果，经纬间暗含着土家族民族渊源的轨迹，从隐喻民族文化的意义上看，土家织锦形成了独特的艺术符号，构成了族群文化心理结构的象征，反映着土家人的人文精神。土家织锦的图案纹样是土家族的文化符号，包含着丰富的文化内涵，在漫长的历史发展过程中，土家织锦的纹样逐渐形成了固定的一些寓意，正如土家族民歌唱道："四十八勾勾小姑，土家被盖巧工夫，郎若看得新式样，陪装嫁奁中意不？"

土家织锦以独特的艺术符号显露出土家人的物质文化属性，对土家族的认同性和凝聚力起着特殊的作用和价值。过去的几十年间，刘代娥始终在收集土家织锦老货，它曾为带有某种传统纹样的一块织锦走上几十里山路，执着于复原更多传统的织锦纹样，因为直觉告诉她，土家织锦的图案里，包含着土家族先人对自然和民族奥义的理解，蕴含了超越艺术和文化层面的深层信息。离开了传统的织锦原物，就难以织造真正的土家织锦，更谈不上技艺传承。正如刘代娥常说的那句话："织锦就是我生命的一部分，当然不会让她失传，我在有生之年要把自己会的图案全部织出来。"她凭着自身天赋以及独树一帜的色彩搭配能力，靠后天的勤奋钻研和琢磨，重新把传统土家织锦的光彩展现给世人。这一章，跟随刘代娥的讲述，一起了解西兰卡普的艺术与精神。

第一节　西兰卡普的艺术特色

土家织锦对我们土家人的审美有很大的影响，甚至影响了我们土家文化的传承。丰富的图案、漂亮的颜色、精美的工艺，每一样都是土家味道，都透露出土家文化的艺术魅力，因此流传至今，千年不衰。土家织锦的艺术特色十分鲜明，从图案主题上讲，它朴实无华；从色彩搭配上讲，它典雅自然；从形式组织上讲，它规律统一；从材料质地上讲，它柔和舒适。可以说它是我们土家族一本精美的历史书，代表了深厚的土家文化，具有典型的土家特色。

土家织锦丰富的图案纹样往往与我们土家人的日常生活息息相关，反映着土家人对大自然的认识和感悟。在我们土家人的眼里，生在武陵山和酉水河畔的万事万物都是美的，都是漂亮的，所以我们传统的土家织锦总是用"某某花"来命名，因为花就是美好的。土家织锦里面的大部分图案主题都围绕大自然的景象而产生的，有时候它的纹样是用抽象的图案表达的，有时候是用具象的图案表达的，所以西兰卡普的图案纹样有很多是一眼认不出来的，仅凭我们直观去看，是很难辨认出它所描绘的物体原形是什么，比如说土家织锦中最常用作档头的装饰纹样——猴子手纹，又叫"山包包花"，土家语称作"尔吉卡它"。如果不告诉你它是描绘的猴子手，是不是很难和"猴子手"联系到一起，但这个传统纹样的土家语名字就从老人们的口里叫出来的，所以我们跟着也都这么叫，有的地方把这种纹样叫做"锦鸡拖尾"，这也有几分近似，都是几何方块的堆叠。为什么土家织锦图案中会有这么多抽象的纹样呢？主要还是因为一方面受土家织锦工艺的限制，直线造型是土家织锦的主要表现形式，因此织出来的纹样很多是靠想象力构思出来的；另一方面我们土家人的审美取向比较朴素，在造型上不追求复杂的纹样，而是用简单的形态直观地表示，根据具体的人、事、物的形态特点进行简洁的描绘。

不过也有很多具象易辨识的图案和纹样，比如"阳雀花""牡丹花""马毕花"等，其中"马毕花"是早期的土家织锦纹样，在我们土家语里"毕"是"小"的意思，"马毕"的意思就是小马。我们这里没有草原，为什么会有关于马的传统图案呢？这是因为在我们土家族的历史文化里，马扮演着非常重要的角色，比如梯玛作法时用象征"乌龙宝马"的长凳请神搬兵，而他的法器"八宝铜铃"就是一头是马头，一头是马鞍，上面还系着五彩布巾。除此之外，保靖县的土家村寨有"只许买马，不准盖瓦"的规定，古丈县的

"猴子手"档头

"马毕花"纹样

土家族梯玛——彭继龙

土家人每年都要举行"跳马"活动,祭祀先祖,祈求风调雨顺,所以在土家族文化里马的意义非常特殊,现在我们土家织锦的"马毕花",也包含着马到成功的吉祥寓意。

在土家织锦里面,一般平纹素色类的织锦图案比较具象,纹样的名称和图案容易联系起来,容易分辨;而在后来斜纹彩色类的织锦中,纹样的名称和图案就比较难联系在一起,有些抽象。很多人看了抽象的纹样之后不知道它表示的是什么东西,蕴含着什么意思,比如土家织锦的经典纹样"岩墙花",它描绘的是条石上生长的花,条石是我们日常很常见的东西,是用来做围田坎或屋基的石头,条石在墙边放得时间长了,上面就会长满青苔、杂草和野花,看上去非常有味道,于是我们土家织女就把它织进了西兰卡普里,并把这种图案叫作"岩墙花"。

如果你是第一次看到这个纹样,给你讲了它的名字,估计你还是会看不懂它到底表现的是什么,怎么会和岩墙有关系呢?可能你会认为它就是一些纵横交错、大大小小的几何图形的组合,但是如果你知道了它真正表达的意思,就会发现这些斑斑点点、五颜六色的锦面更加生动,更具有生气。所以,在土家人的眼里,大自然中随随便便的一个角落都是非常美丽的,只有我们土家织锦中有岩墙花,也只有我们土家人会织岩墙花,

梯玛法器八宝铜铃

"岩墙花"纹样

虽然不同织女织出来的"岩墙花"可能有不同的色彩搭配和组合，但它生机勃勃的形态是固定不变的，它是土家织锦里面比较难织的一个代表性纹样。

土家织锦的锦面颜色五彩缤纷、艳而不俗，总给人一种大气典雅、绚丽悦目的感觉，这就是它在色彩上的艺术特点，让人一看就知道它就是土家织锦，土家织锦就是这个风格。但土家织锦的颜色又是"色无定色"的，它强调个人对色彩的领悟，你可以随心所欲地搭配颜色，按照自己的理解和设计创造配色。如果找十个织女去织同一个图案，她们就能织出十种不同的色彩效果，可以说色彩是我们土家人对大自然认识的反映，是长期生活在山里的土家人日积月累的颜色偏好。

最简单的例子就是我们土家人都喜欢用深色（黑色、深青），不喜欢用白色。在土家语里，黑色叫"烂嘎"，有正直、稳重、神秘、权威的意思；白色叫"阿丝"，有不吉祥的寓意。你看我们这里上了年纪的老土家平时穿的衣服，用的用品，不是黑色就是青色，在日常生活中他们都很少会用白色，尤其是不带白色的头巾，因为只有家里面老人去世

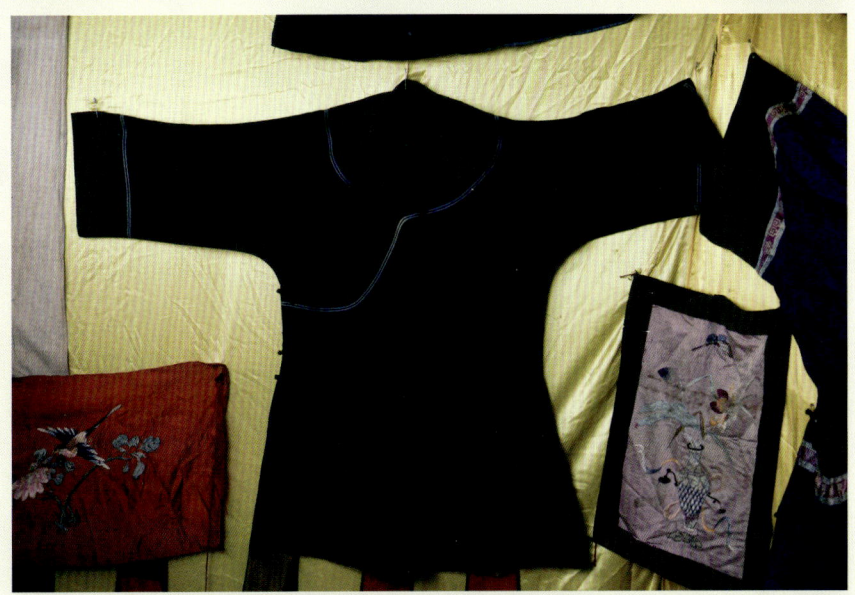

土家族服饰尚黑忌白

（被叫做"白喜"），才会带白头巾。而且土家族的一些老人，在生前会给自己准备"老屋"（棺材），"老屋"必须要漆成黑色的，因为这是去阴间的渡船，没有涂成黑色的棺木叫做"白木"，它被认为是无法把死去的人带去见祖先的。除此之外，在巫师做法时候，梯玛们手里拿的法器不是漆成黑色的，就是漆成红色的；跳神还愿时的"乌龙宝马"，也是一条黑色的板凳，梯玛骑着黑马才能上天请来神仙帮忙。还有就是在我们织完一幅土家织锦之后，只能算完成了一半的工作量，要做西兰卡普还需要用三块窄幅土家织锦平行缝合，并在它的四周缝30～40厘米宽的黑布作边，这是因为在所有的染色中，只有黑色和靛蓝不容易掉色，而且经久耐污，不容易脏，以前在我们武陵山区生活比较艰苦，在这样的情况下，当然会优先考虑实用的问题，所以土家人习惯上更喜欢用深色，这都是我们对深色的偏好。

　　我见过的几百种斜纹彩色土家织锦，基本上都没有用白色或浅色做底色的情况，也没有哪个织锦上会出现大面积的白色，即便是在早期的数纱花平纹素色织锦里面，有用白色作底色的织锦，但数量非常少，不多见。斜纹彩色织锦一般是用黑色和深蓝色作为底色，虽然主纹样有很多种不同颜色搭配，但总的来看并不杂乱，因为用深色作底色，

黑色做底色可以调和其他色彩

容易调和各种不同的颜色，从而使锦面效果看上去更和谐统一。我们土家织锦里面有叫"大白梅"和"小白梅"的图案，按理说梅花很多都是白色的，应该是以白色为主，但土家织锦中的"大白梅"和"小白梅"图案中的花头，并不是用纯白的色块表示的，而是用浅蓝色、浅黄色等浅色表现，有的是用颜色比较重的靛蓝色当作花蕊的，看不到有白色的花。

土家织锦在早期的平纹织锦中，基本都是素色，后来在斜纹织锦中才发展成彩色。大山里的土家人每天看到的都是五颜六色的花朵、天边的晚霞、锦鸡的羽毛、雨后的彩虹，看得多了自然会非常熟悉，潜移默化就印在了脑子里，织花的时候就可以用大自然的色彩来灵活搭配颜色。传统的土家织锦往往会用"五色线"，那么什么是五色线呢？其实，五色是指赤、黑、黄、青、白这五种颜色，它们在我们土家语里被叫作"面姐""烂嘎""王嘎啦""陆迪给"和"阿丝"，其中赤色是土家织锦的主要色调，因为传统的土家织锦是姑娘们陪嫁的西兰卡普，所以颜色一定要鲜亮喜庆。而土家织锦色彩搭配要对比强烈、鲜艳夺目，但不能俗气，这就要调整不同色彩的面积和大小了，整体效果一定要统一协调。

土家织锦"鸡盒子花"纹样

315

主纹样对称

"野鹿含花"纹样

主纹样重复

316

土家婆婆集市上卖的金勾莲

土家织锦《金勾莲》

比如"椅子花""桌子花""鸡盒子花"这一类的图案，色块很多，而且都用了非常鲜艳明亮的颜色，对比十分强烈，赤与绿、黄与紫、橙与青，为了缓和这些颜色间的冲突，就把它们放在深色的背景上，在每个色块的周围用灰色或白色包边儿调和，形成线中有面、面中夹线的过渡效果，这样不仅使锦面五彩缤纷、鲜艳夺目，而且在一个主色调的前提下保整体持艳而不俗、统一协调，这些配色的经验是需要织女在织的时候用心体会和总结的。在民间，还流传着一些基础的配色口诀："红配绿，显得足；黑配黄，跳得出；黑配白，哪里得；蓝配黄，放光芒。""绘画无巧，热闹为先，用色无巧，斑斓为佳"。

传统土家织锦的配色非常精炼，因为天然染料染出的色种不多，但色调稳重沉着，织出来的锦面有一种浑厚古朴的土家族风格，而且土家织锦纹样在形式排列上非常简洁，规律连续，就像散布在武陵山的一个个土家村寨，分散又统合，具有很强的韵律感。这种排列组织的特点其实是因为传承的需要，我们土家织锦纹样数百种，织女们在织花的时候往往不用看图样就能织出来，这是因为土家织锦的纹样基本都是采用对称、重复、连续的布局形式，这样更便于记忆，有利于传承。所以从整体上看，土家织锦的构图很多都是对称均衡的，只有少数是不对称的，因此土家织锦在风格上看着就会显得端庄大气。传统土家织锦用的线材一般是以麻、棉、丝线为原料，结实的质地配合色彩、布局，显出土家织锦独特的艺术魅力。

土家织锦是土家织女的创造和发明，是我们土家族女性的艺术，也是土家人珍贵的文化遗产。在千变万化的织锦图案、五颜六色的锦面纹样、对称连续的布局形式和质地细腻的铺盖材质里，可以看到我们土家人对大自然、对历史、对土家文化的理解；从别具一格的土家织锦的艺术特色里，还可以看到生活在武陵山区的土家人世世代代的生活情况、民俗风情和精神世界。大山里多姿多彩的自然风光和得天独厚的自然条件，为我们织花提供了先天的优势，身处于这样的环境，使人时时刻刻都有美的体验和享受，因此更容易创造出精致漂亮的土家织锦，这也是我愿意一直住在捞车村的缘故。

第二节 土家人的人文精神与西兰卡普

  土家人世代生活在武陵山地区，这里山高林密，树木茂盛，但土地贫瘠，耕地稀少，为了生存，我们土家族的妇女承担着和男人们一样的重担，要在山里劳作，还要操心家务活。特别是我们酉水流域的土家族妇女，有"男挑女背"的习俗，你看山路上、河岸边，哪都是背着背篓的土家女人。每到赶集的时候，你能在卖背篓的摊子上看到各式各样的背篓，有细长的小背篓，有高大的扎篓，有背柴用的柴背篓，有背小孩儿用的"站站背篓"，有日常家用的细背篓，有生产劳作用的粗背篓，还有姑娘出嫁时要用的"洗衣背篓"。背篓可以说是我们土家族妇女最常用的工具，也是生活中必不可少的东西。在土家织锦里面，有一个纹样就是描绘背篓的，叫"背篓花"，土家语把它叫作"禾乐卡普"，这个纹样不是具象的背篓形态，而是用从上往下看时背篓的一个俯视形状表示的，是一个六边形。我织的"背篓花"是排列组合成"之"字形，像水波纹一样一层层推开的构图，颜色从浅至深，层次分明，这样看上去十分有动感，也是我对背篓的一个理解。

  土家织锦的很多传统图案，都是以农耕为主题的，有着浓厚的乡土味道。比如禾蔸子（利布替迷），它是一种非常普通常见的东西，就是稻田里收割稻谷之后，被丢弃的稻禾的根，我们一般会把它翻压在泥土里做肥料，但细心的土家织女就把这个东西搬到了土家织锦的纹样里面，织成了一种很漂亮的花。土家人重视耕织，知道在山地上耕种的不易，如果没有禾蔸子，就没有禾苗，没有禾苗就没有粮食，没有食物，就没办法生存。禾蔸作为肥料可以滋养田土，增加收成，它寓意着丰收，所以织女们才把它织进锦里，体现我们土家人不忘根的厚道思想。土家织锦里的图纹，都是源自生活的感悟，尤其是斜纹彩色织锦，图纹相对来说比较多，也比较成熟，土家织女就像传说故事中的西兰姑娘一样，心灵手巧，看什么都是花，都能把它织到锦里面：动物是花，于是就有了蛇花、龙花、锦鸡花、猴头花；植物是花，于是就有了麻叶花、梭罗花；天上有花，于是就有了太阳花、月亮花、星星花；地上有花，于是就有了韭菜花、岩墙花、牡丹花；就连日常生活中的器物都是花，豆腐架花、磨盘花、椅子花、背篓花、船船花、桶桶盖花，全部都是土家织女心中美丽漂亮的"花"，这些花包含了对生活的美好期盼和祝福，把一天天平淡的日子过出了味道。

  我们土家织锦的所有图案和纹样，不管是西兰卡普还是土家花带，看上去都十分大气，没有柔美的曲线，都是简洁干练的直线，这跟我们土家族妇女的生活环境和性格习

传习所的墙壁上挂着土家织锦纹样供初学者观摩　　龙纹图案

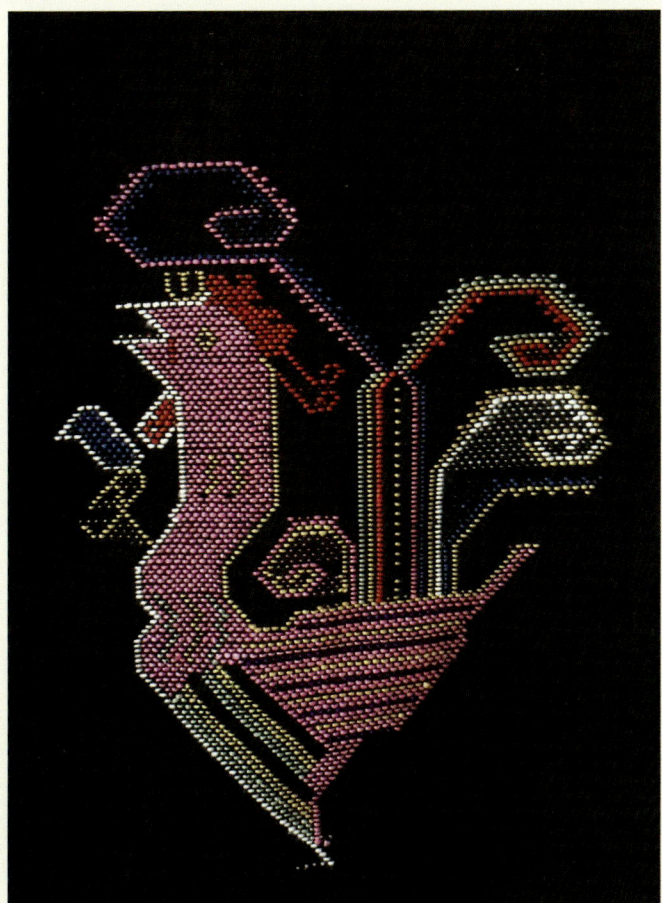

蝴蝶纹图案

凤纹图案　　　　　　　　　　　　　马毕纹图案

321

刘代娥正在给作者李芳讲西兰卡普的文化内涵

惯有很大关系。土家织锦浓缩着不同时期土家人的民族文化，表达着土家织女的喜怒哀乐，织女们是土家织锦的创造者，也是土家织锦的使用者。但是过去的生活要求土家族妇女除了担负着干农活和家务活之外，还要带孩子、照料老人，平日里比土家男子干得还多，在这样的情况下，织女们还创造出了一幅幅漂亮的土家织锦，可见是十分不易的，所以土家织锦寄托着她们辛劳艰苦生活中的一些精神希望。

同时，土家织锦还传递着我们土家族的历史，包含了土家人的精神，织锦中的纹样涉及很多方面，体现着土家族的文化和传统。比如传统纹样"窝毕""窝此巴"和"实毕"，"窝毕"是土家语小蛇的意思，"窝此巴"是大蛇，这两种蛇的图案很常见，就像远古传说中，制造出人类的女娲是人首蛇身一样，蛇是龙的异形，是龙的代表，我们土家人对蛇有不一样的情感。在织锦图案中，小蛇的纹样通常是以一个环形的小蛇图案为单位，在横向上连续重复，首尾相接；大蛇的纹样是在纵向上曲曲折折，连贯粗壮，但不管大蛇还是小蛇，都是人们一开始最崇拜的吉祥的代表，所以才把它们织成土花铺盖来盖。而"实毕"是土家语"小野兽"的意思，它描绘的是原始时期，我们土家先祖狩猎时的猎物，抒发的是收获的喜悦，它的纹样是在四方连续的菱形中间，织一个小野兽的造型，意思是讲我们土家族的祖先是以捕鱼打猎为生的，也是表达对祖先们的怀念赞美之情。除此之外，跟土家族远祖和信仰有关的图案还有"大龙花（铺此巴）""小龙花（仆毕）""龙凤花（铺鹏）""凤凰花（鹏卡普）""凤鸟花（鹏涅俾）""虎头花（利可巴）""四十八勾"和"台台花"等。"台台花"是最实用的一个图案，是外婆看月时必不可少的盖裙纹

土家织锦"大龙花"纹样

样，在我们这里，它的作用和木雕"吞口"，以及红纸剪成的手拿雨伞的护婴婆婆阿米麻妈一样，具有驱鬼辟邪，保佑孩子的功效，只不过"吞口"和阿米麻妈是悬挂在门楣和桥梁上的，台台花是包裹小孩子的盖裙。

还有一个体现土家人对远祖缅怀情感的纹样，叫"鹭鸶踩莲"，这个图案以前在民间很少见到，我是在一幅比较老旧的清代织锦上看到的。"鹭鸶踩莲"的主纹样是两只面对面的凤鸟，对于我们土家族来说，鸟是保护我们的神物，有着非常重要的意义。在我们土家族的传说中，土家族远祖八部大王是由凤和鸟哺育成人，在每年庄重的舍巴日摆手活动中，都会高举龙凤大旗，纪念龙凤的养育之恩，"鹭鸶踩莲"是"对凤""对鸟"图案的变形，所以我们土家人信凤鸟，为了纪念就把他们，就把他们都织到锦面上了。

如果你留心观察就会发现，在我们土家人的屋子里，堂屋正中的墙上都会摆一个神龛，这个神龛是供奉神和祖宗牌位的地方，中间写着"天地君亲师"六个大字和本家历代祖先，有的还有"九天司命"和"太乙府君"，我们把这个叫做"家先"。神龛在我们土家人的心目中，有着十分重要的地位，装神龛的位置很讲究，一定要高于堂屋大门，俗话说："神龛高过堂屋门，子孙发在自家门。神龛低于屋门口，荣华富贵往外走。"神龛是由香案和牌位组成，案上放着香炉、香灯、香碗、香柱、烛台、祭祀用品和灵牌，

刘代娥做的土家盖裙（"台台花"纹样）

因为它是圣洁的地方，上面不能摆放杂物，一般我们都会把神龛布置得很庄重，每逢过年过节的时候，要上香叩拜，祭奠祖先，缅怀先人。据说这个习俗是从我们土家族在这里定居之后，就延续至今的，所以在土家织锦里面就有"神龛花"的传统纹样，它是一个抽象的纹样，中间是一个神龛的形状，中心是两朵四个六边形组成的小花，两侧也配有这样的小花，但是颜色不同，整体看上去端庄肃穆，有祭祀的意味，需要你联想神龛的形态特征才能有所体会。

在漫长的历史发展过程中，不同的纹样代表了不同的寓意和作用，土家织锦的图案和纹样是我们土家人情感的反映，比如"四十八勾"是对远祖的崇拜；"台台花"是守护小娃娃免受白虎之害的盖裙；"扎土盖"代表着太阳与火，有辟邪镇妖的作用；"凤凰花"和"大蛇花"是关于土家族起源故事的。在"四十八勾"的图案中，除了有象征祖先的意思之外，还有其他的寓意，纹样里面有四组对称勾形图，每组的两个钩都相互照应，分别代表天地、神灵、家人和新郎新娘，意思是祝福新郎新娘白头到老，这是把土家姑娘对结婚的美好愿望都织进了花里。我们土家人脑子里的观念就是这样的，你帮我、我帮你，成双成对，相互照顾。

我们酉水流域的土家人在土司统治的几百年间，用勤劳的双手织造出了很多经典的织锦，其中最有代表性的就是"土王一颗印"和"土王五颗印"。"土王"叫彭士愁，就是土司王，他是我们湘西土家族的头领，死后受到人们的敬奉。"土王五颗印"是用十字挑花的形式的斜纹彩色织锦，中间一颗大印，周围连着五个小印，寓意权力的核心是土王，土王管辖着四方小土司，周围配上了帷幔花纹做装饰，整个图面匀称，底色是深色，

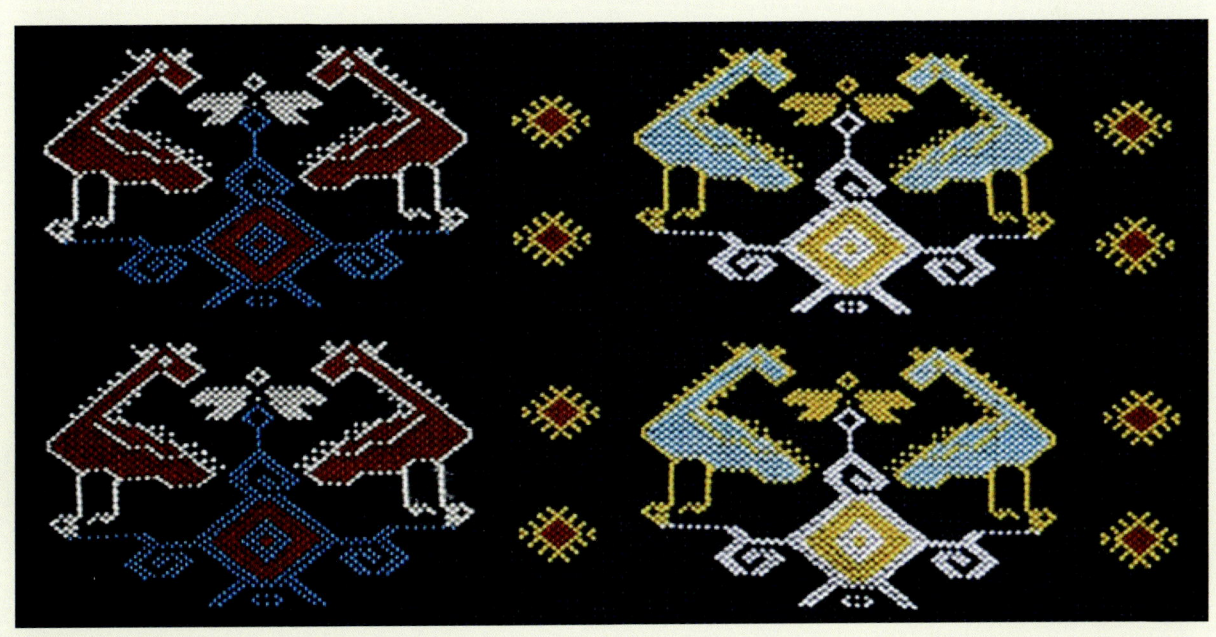

土家织锦《鹭鸶踩莲》包含着土家人的凤鸟观

刘代娥传习所屋里敬奉的神龛

图案是鲜艳的亮色,"土王五颗印"的整体效果表现出了大印的威严庄重,而且色彩鲜明,主题突出,表达了我们土家人对土王的崇敬。改土归流以后,武陵山地区的土家人跟外界的交流开始增多,不仅有很多外面的汉人进来,还有很多寨子里的土家人走出去,受到外面的文化影响,各个方面都得到很大程度的发展。我们土家织锦在这个时候,出现了一些常见的汉字吉祥用语的纹样,比如"福禄寿喜""长命富贵"和"寿字花"等,"福禄寿喜"的织锦就是用汉字的"福""禄""寿""喜"四个字交错排列,每一纵列都是相同的字,每一行都是一句"福禄寿喜",配色喜庆,寓意吉祥,反映出当时人们的精神文化。

土家织锦的图案和我们土家人的生活息息相关,有的比如牡丹花因为牡丹寓意富贵,就表示吉祥富贵的意思;阳雀花(恰亏寒)因阳雀鸟(杜鹃)寓意春天的来临,寓意生机和幸福;花瓶八勾的"瓶"谐音"平",以"平"代"瓶",象征平安吉祥;还有一个是"焦山梅","焦"谐音"交",有交出去送给别人的意思,所以这种图纹的织锦不能在结婚的时候用,也不便于送人。寓意在我们土家织锦中比较普遍,就是用某些具体的物象来表示抽象的美好。这些图案已经深入到每一个土家人的心里面,一说起这个图案,就知道代表这什么,意味着什么,什么时候可以用,什么时候不能用。

神龛花纹样

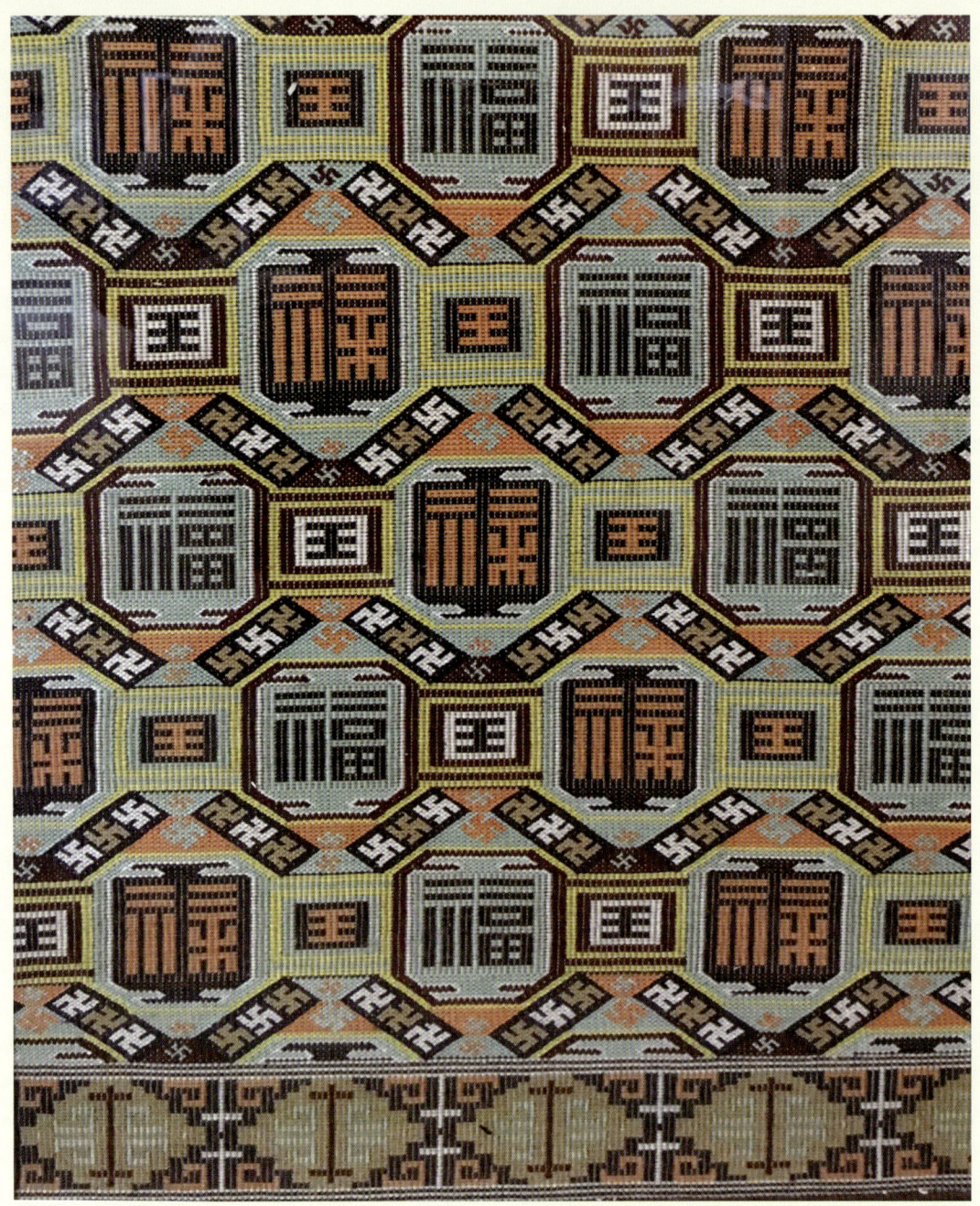

"福禄寿喜"纹样

寓意特殊的土家织锦"焦山梅"

第三节　西兰卡普的工艺成就

西兰卡普最典型的工艺特点是通经断纬、断纬挖花、反面挑织，是用反面朝上的方式进行打花挑织。如果把它的织造工艺进行分类的话，大体上可以分成三个不同的种类，第一个是"对斜"平纹工艺，第二个是"上下斜"斜纹工艺，第三个是"抠斜"工艺。这三个类型我在前面也讲过，"对斜"平纹工艺就是在普通平纹布面上，根据图案的需要，以纬线挖花织成的，只在需要显花的地方露出，在不需要显花的地方把纬线压入布底。色纬和所织的面料融为一体，色彩不多，主要是黑色、白色、靛蓝色和红色这四种颜色中的任意两种颜色搭配，整体上以深底色浅花色的样式比较常见，图案纹样方面受到"十字挑花"工艺的影响，起花部分凸出，图案明暗对比强烈，是现代斜纹彩色织锦的早期形式，也被称为"数纱花平纹素色织锦"。现在大部分彩色斜纹织锦的档头都是用"对斜"平纹工艺做的，"对斜"在具体织造的时候，需要把经线平分为上下两层，再把上一层经线按规律平分，它最关键的是要会合理操作织机的各个部件进行投纬挖花，织造平纹主要运用"中斜"和"下斜"织法。这种类型的西兰卡普的原产地主要在永顺，不过它的分布流域很广，很多地方都有这种工艺的织锦。

织西兰卡普的时候，彩色斜纹是最难织的。"上下斜"斜纹工艺是经线与纬线的交织点按斜线规律排列在织物表面，形成明显斜向的纹路的工艺，它在织的时候要不断调整织机，必须把上、中、下斜全部用上，并且让机子的上、中、下三组经线放在合适的位置上，有时候稍有不慎，就可能织错，再拆下来十分麻烦，所以斜纹彩色织锦虽然看着更漂亮，但织的时候更麻烦一些。"抠斜"工艺一般是要和"上下斜"一起进行配合使用的，这个工艺主要用在一些织造难度比较大的彩色斜纹图案里面，虽然把它说成是一种工艺，其实就是一个手法，它是各种组织间相互转变而形成的，是一种综合的组织结构。它的织造工艺能让纬向上的平纹或斜纹组织相互转变，这个工艺的好处也很明显，就是可以摆脱组织结构的局限，能在平纹组织和斜纹组织之间自由转换，形成理想的花纹效果。

土家族织锦技艺的工艺发展，包含着很多土家族的历史文化信息，它是我们湘西北的土家族地区社会发展的一个缩影。织西兰卡普用的工具还是两千多年前汉代流传下来的腰式斜织机，用的是通经断纬的手法，土著先民从最简答的原始织造到后来能织出賨布、兰干细布，再发展到斑布、溪洞布，最后定型为现在的土家织锦，这个过程正好对应了我们土家族制造工艺的进化过程，对应了如何从原始的布走向现代的锦的整个历程。

对斜土家织锦"双凤牡丹"纹样

平纹素色土家织锦产品

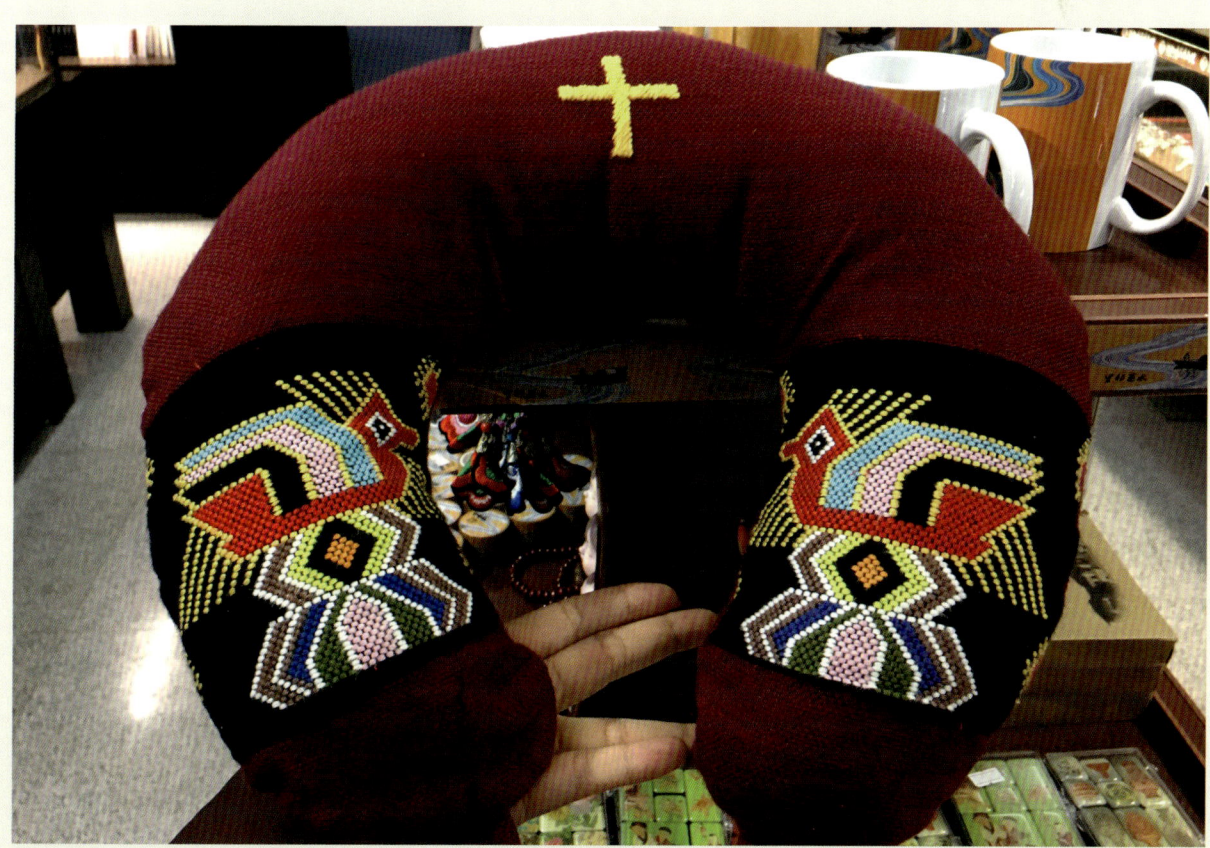

斜纹彩色土家织锦产品

我前面讲过，平纹素色织锦是土家织锦组织的原始织物形式，它是斜纹彩色织锦的初级阶段，借鉴的是民间挑花的风格工艺。但它跟挑花又有很大的不同，它没有挑花图案那么自由随意，相对来说更规整一些，因为平纹在经纬线密度相同的时候，纬花必须配合平纹结构，花纹的边缘线只能在纬线凸起的地方起花，不然花纹就会变形。所以，它的组织点的走向只有垂直、水平和在45度角的方向上这三种结构走向，最容易表现的形体就是方形、矩形、三角形、之字形、菱形等带有角的几何形体，而且图纹大部分都是用连续重复的样式排列，因此，直线和斜线就成了土家织锦唯一的、独特的、鲜明的表现形式。

斜纹彩色土家织锦《莲蓬花》

直线在人的视觉感官里面是最直观、最原始、最简单的形态，它给人的感觉就是庄重挺拔、有力度，虽然它没有曲线那种活泼、柔美的感受，也不能构成十分复杂的图案，但是它构成的几何形连续重复的图纹，体现在西兰卡普上，就会让人看了觉得庄重大方、简练朴实。这个其实和我们民族的这种性格也有一些关系，我们土家族本就是一个英勇善战、刚直倔强、粗犷干练的民族，这种性格直接影响了我们生活习俗的方方面面，当然也会体现在土家族的织锦上面。

话又说回来，土家织锦的织造工艺并不是织不出曲线，我们如果运用现代织锦的工艺方法，也是可以织出有曲线的图案纹样的，比如织一个圆月亮，虽然用曲线表现的话可能看上去会更真实，更容易辨认出织的是什么图案，但那样的织出来的西兰卡普总感觉缺少了些什么味道，没有了土家织锦的民族气质和特色。所以，我们传统的土家织锦，就是只能用平纹对斜和斜纹上下斜作为基本织物的组织，平纹对斜的经纬组织点都一样多，斜纹上下斜依靠浮起的组织点构成斜向的纹路，土家织锦就用这两种工艺交替、结合，加上经纬线的粗细等的变化，才形成了今天丰富多彩的土家织锦的样貌。

如果只从工艺上讲，可能有些不懂织锦的人就不容易理解，就从西兰卡普丰富多样的图纹来讲，更显而易见，你看那一幅幅五彩缤纷的锦面图案，无一不是在讲土家族古老文明的历史进程。比如"窝毕"（蛇花）和"实毕"（小动物）这样类型的纹样，是原始猎渔时期的代表；比如"六乔花"，它是刀耕火种时代的痕迹；再比如非常有特色的

现代直线图案的土家织锦

现代曲线图案的土家织锦

"土王一颗印",就是土司统治时期的历史见证;还比如"福禄寿喜"和"一品当朝"等纹样,都是改土归流以后,与汉文化融合的创新表现。这些锦面图案就像历史书上一页页文字一样,记载着土家族人的历史、文化和社会的变迁和特点,想了解我们土家族,还是要通过土家织锦才能有更好的认识。

在湖南,除了我们土家织锦之外,还有一些其他少数民族的织锦,比如苗锦、侗锦和瑶锦,它们都是非常有名的民族织锦,跟我们土家织锦一起被人们称为"四大织锦"。过去,这些织锦大部分都是用来当被面的,是我们少数民族姑娘们出嫁时最珍贵的嫁妆。尤其是在武陵山区,虽然四个不同民族有不同的织锦,但从表面上看,这些织锦做的被面却是非常相似的,有很多共同点,但是如果仔细分辨,又会发现它们各有特色,各不相同。不仅是织造方法经纬结构不同(有经锦和纬锦之分),而且在图案纹样和色彩上也不相同。比如苗锦,它主要流传在湘西州泸溪县,泸溪苗锦又被称为"牛肚被面",它特

土家织锦《实毕花》

点是更古朴、更粗犷，但现在苗锦的传承情况也不乐观，基本上已经处于人亡艺绝的状态了，老织锦艺人都去世了，后面又没有能接上的，如果想看苗锦，现在可能只有去看苗族花带了。再比如侗锦，它主要在怀化市通道县一带流传，那儿的侗锦被称为"最秀丽"的作品，假如要想织一个背小孩子的"背带心"，别看它是一个很小的东西，至少也要花上一天功夫才能织出来半寸那么长，而且它是单丝纬花挑织物，需要花费好大功夫才能做出来，非常繁琐。除此之外，我们这儿还有一种叫"纶织侗被"的织物，主要是用在被面、床单和衣服上的，这个织起来相对快一些。最后还有一种分布在永州市江华县的瑶锦也很有名，最有特色的就是"八宝被"，它是瑶锦工艺的一个分支，是单独的一个部分。它是典型的经花织物，经点凸显在锦面上，由"双经起凸"彩经色点排列成图案或文字，织出来的被面看上去古朴端庄，条块分明，很有特点。我有时候也会想，可能是因为我们这些不同的民族，共同居住在武陵山区这个相同的大环境下，有着相似的生存环境和自然地理条件，所以我们这些民族织出来的锦，才会看着比较相似，虽然细节上各具特色，但整体上会有一些共同的特点。

还说我们土家织锦，西兰卡普的主要品种，还是"上下斜"工艺织出来的斜纹彩色织锦，它是在"对斜"平纹素色织锦的基础上发展起来的，除了上下两个档头之外的中心主体结构，是采用斜纹挖花工艺。传统的斜纹上下斜结构的织锦的特点非常明显，在形成纬花的时候，凸起点自然形成倾斜夹角小于45度，构成横向大于纵向的菱形和近似菱形的纹样，它不仅继承了平纹织物的各种特点，还大大丰富了土家织锦的图纹表现力。而且"上

旧西兰卡普《实毕》纹样

下斜"工艺织出来的斜纹彩色织锦质地粗厚，十分结实，有的一床西兰卡普用几代人都没有破损，很耐用。此外，斜纹彩色织锦的图纹和色彩看上去更丰富成熟一些，给人一种华丽大气的感觉，单个纹样复杂多变，看上去丰满、有层次。这类作品的纹样为了便于带状的纹样二方连续展开，或者以棋格状、散点状做四方连续，所以往往有很强的节奏感。

"上下斜"的色彩十分浓艳，以黑色或其他深颜色为底色，以鲜艳的补色为辅色，虽然面积小，但层次渐变推移，不仅色彩上很和谐，而且远看还具有很强的对比效果，更突显出华丽大气。还有一种"上下斜"斜纹彩色织锦，它是在图纹构成上大胆借鉴民间挑花的表现方式，用斜纹表现挑花，这类织锦的花样内容十分丰富，随意性大，兼容性强，是"上下斜"斜纹彩色织锦成熟之后，回过来模仿数纱花图案的织锦种类，被称为"斜纹数纱花彩色织锦"，比如我织的那幅"老鼠嫁女"就是这种类型。总之，"上下斜"斜纹彩色织锦工艺相对复杂，它的原产地主要分布在我们龙山，保靖和永顺一带也有，因为它的这些特点使它更受人们的喜爱，所以也更常见。

土家织锦的这些工艺，其实都是非常公开的。我在教授徒弟和学员的时候，从来没有什么保密的地方，因为这个不存在"教会徒弟，饿死师傅"的情况，从最开始我们土家族的织锦技艺，就不是拿到社会上谋生的手段和方法，它只是我们土家族妇女必备的一项手工技艺，是一个基本的生活技能，一开始也没有人拿它去赚钱。土家织锦各种工艺的传播和传承，是靠着各自家族内部的亲戚朋友间的相互交流学习延续的，织造的工艺方法都没有什么秘密，别人织的时候，你可以站在旁边看，看几遍慢慢也就学会了。而且我们土家族没有自己的文字，以前织花的土家族妇女也都没有什么文化，包括织花的工艺、图案、配色，都是靠口传身授的，有时候织同一个图案，不同的人会有不同的配色，但是主体纹样都是一样的，织得好与不好，就全靠各自对工艺的熟练程度，对图案的领悟和对色彩的理解，所以造成同一个名字的土家织锦会有各种各样、大同小异的最后效果。当然相对于平纹素色织锦而言，斜纹彩色织锦更复杂一些，所以织造时它的工艺有很多限制，有时候织的人为便于记忆，就常用对称和重复的方法织。不管是平纹还是斜纹，它们都是逐步在工艺技术的历史发展中，形成了我们土家织锦独特的艺术语言特色，提升了土家织锦的内涵，让土家织锦成为我们土家族"没有文字的民族史诗"，一代代土家织女在不同的时期，用不同的审美去织同一个名字图案，这样才塑造了现在绚丽多彩的土家织锦。

以"兰干细布"为例，其实它是我们酉水流域土家族方言的音译，"兰干"意思是交错的"条状结构的图案"。以前我们土家先民把一种麻制织物叫作兰干，有的地方，把织出来的网状图案叫"兰干"，而把这种带有条状或网状纹饰的布叫做"兰杆布"，传统土家织锦两端的"档头"，也被叫作"兰干"，它基本上都是简单普通的平纹图案。而且我们土家族地区，现在还有一种土布，跟古时候的兰干细布很像，叫作"格皂布"或"干干布"。从我们土家族目前保存的几百种图案来看，基本上都没有曲线的纹样，都是直线的纹样，这就是延续了兰干细布的特点。

土家织锦《老鼠嫁女》

土家织锦"船船花"纹样的三个不同配色

船船花

第九章
我的人生感悟

引 言

千百年来，土家织锦一直是酉水流域土家族普及面最广、影响最深、工艺最完善、作品最丰富的民族民间工艺文化形式。土家族是一个古老的民族，有自己民族的语言，没有自己的文字。在没有文字的漫长岁月里，土家族的织女们用自己敏锐的观察力品味着大自然，用丰富的想象力创造出各种各样的织锦纹样，用勤劳的双手把自然织进锦里，纪录着自己民族的历史和文化。大山里的土家族女性，除了同男人们一样艰苦劳作外，还承担着生儿育女、照顾老幼，以及繁琐家务的重担，她们勤劳而坚韧、奔放而又温柔的母性和聪慧，全都融入了土家织锦中，土家族妇女把民族的历史和自己的心声化为图纹符号，代代相传。

数百种传统纹样，不仅潜藏着民族渊源的轨迹，在隐喻民族文化的意义上，它形成了特殊的艺术语言，构成了深层民族文化心理结构。就是这样，土家织锦用丰富的图纹形式，讲述古老文明的历史进程，并且以独特的静态形式、民俗活动和精神寄托，展现土家族人的信仰和崇拜，蕴含着土家族族源的隐喻。敬重先祖英雄，崇拜天地自然，以独特的方式显露出土家人的文化精神，强化了民族意识和相互之间的认同感。那充满着原始味道的艺术语言，表达出一种民族力量，展示了土家族丰富的文化内涵，折射出丰富的文化积淀。

和刘代娥老师交谈，常常被她的善良、勤劳、聪慧、仁厚的品质感染，每每谈到她的婆婆、父母、老师和朋友，她的心中总会涌出无限的感激和眷恋，她认为如果没有这些人的支持和帮助，就没有她今天的幸福和成就。她还常常提到自己年轻时曾见到的珍贵的传统土家织锦，感叹传统织锦的精美绝伦，赞叹以前的织女们高超的织锦技术。土家织锦的制作以追求华丽、精美、圆满为目的，对于织女而言便是对自己精神表达的过程，包含着诸多文化内涵。土家织锦体现了结构饱满，色彩艳丽，图案奇特的艺术风格，其图案多用直线造型，以二方连续或四方连续排列，呈单一型的演进变化。其图案设计独特、造型奇异、生动逼真，真实地反映出土家族的生活、历史和风俗习惯，表现了土家人对自然和生活的热爱。

土家织锦的织造工艺看似简单，可概括为十二个字：通经暗纬、断纬挖花、反面挑织，但实际上想织出精品，必须认真对待每一个环节，精益求精。刘代娥老师对土家织锦工艺和质量的要求极为严格，正是这样的态度，才将土家织锦从衰败的市场中挽救出来，使一幅幅精美华丽的传统土家织锦重放光彩。

土家织锦是土家文化的重要载体，土家族文化内涵赋予了其独特的艺术风格和形式，也折射出土家族的思想模式和审美情趣。土家织锦注重色彩的对比与反衬，强调一种艳而不俗、清新明快和和谐统一的艺术效果，展现出土家族豪放粗犷、大方奔放的民族性格。数百种织锦图纹，涉及到土家人生产、生活、生态环境，甚至思想意识的各个领域，土家织女们是朴实无华的，她们把这些织锦纹样取名为各种"花"，名字虽土里土气，但却是土家族人日常所见之物，显露着土家人朴素的生活态度。当你手捧着精美的土家织锦，会忍不住赞美织女们的心灵手巧，以及高超的织锦技艺，一幅幅锦蕴含着土家族人的生活智慧。

这一章，是刘代娥老师对她五十多年从艺经历的人生感悟，她对师长同辈的感恩，对传统的敬畏，对追求精湛工艺的要求，对完美艺术的执着，跟随刘代娥老师的讲述，一起体味她的人生感悟。

第一节　对师长同辈的感恩

　　回忆我走过的人生历程，我内心充满了感激。感激父母的养育之恩，感激老师的教导，感激朋友的关怀，感激家人的支持和陪伴，感激今天来之不易的幸福生活。我总觉得一个人之所以能成功，不是因为这个人有多么厉害，有多少本事，而是因为这个时代，这个环境和周围的人成就了他。在我的前半生，我遇到了勤劳能干的婆婆，遇到了吃苦耐劳的母亲，从她们身上，树立了我自己的人生观、价值观。后来我的大姐边上学，边织花卖钱，给我们赚钱交学费，让我完成学业，她还教会了我如何织花，带我走上了土家织锦这条路，从她的身上，让我学会了自强自立，掌握了一门自食其力的手艺。还有我的三妹，她虽然比我小，是我教会了她织花，但在我高中毕业之后，回来想干织锦的时候，是她站出来支持我的，她的信任让我从那个时候就坚定决心，一直走到今天。现在我年纪大了，传习所很多事情我都忙不过来，我三妹有时候就帮我上课，跟我一起完成传承工作。我今天取得的成就，离不开她们对我的帮助和支持，可以说某种意义上她们都是我的老师。

刘氏三姐妹等人合影（前排左一：刘代娥，前排右一：刘代英，后排左一：刘代玉）

向光武帮刘代娥装机

　　我对我的爱人也是非常感激的，从事业的发展到琐碎的日常生活，我爱人把什么担子和包袱都替我挑了，这样我的肩上才没有压力，才敢放手去做事。早些年我们两个在家开织锦厂的时候，我管屋里的生产，他管外面的销售，天南地北，跑了很多地方。同时，他还负责我们家的后勤保障工作，平时买菜、做饭、带孙子孙女，他都没问题。有时候我装机牵线滚板时的一些累活，也都是他干的。我们家以前还种了两亩百合，平时都是他来弄，我什么都不管。所以，可以说我今天的成功离不开他几十年来默默无闻的付出，如果没有他的支持，我也不可能安下心来，坚持做土家织锦五十多年。我经常跟村里的邻居们开玩笑地说，如果真要给我发个"军功章"，这个奖里有一半都是我爱人的功劳。

　　除了我自己屋里人之外，还有很多帮助过我的人，都可以被称作是我的老师。他们有的年龄比我大，有的年龄比我小；有的是著名的专家学者，有的是默默无闻的织女；有的是跟我一起长大的，有的是我后来参加展会认识的。这些人都给了我很大的帮助和启发，让我明确了自己的位置，提升了自己的能力，有力量继续走下去，走得更长远、更稳健。

　　我小的时候，除了跟着我婆婆和大姐学织花之外，我还跟着我们村生产队的一个大娘学织过一些比较复杂的图案，那时候大人们都是很忙的，白天要挣工分，下了工之后，

土家织锦《椅子花》

还要忙杂活,最后抽空才能织会儿花。我那时候为了学织椅子花,就在她家里等着她,等她干完活之后,抽空坐织机上教我。她那时候也不嫌我麻烦,虽然忙了一天很累了,但给我讲解椅子花怎么织的时候,非常耐心。椅子花是我们土家织锦里面比较难的一个图案,从工艺技巧上讲,它不仅造型复杂,制造难度大,而且配色繁多,需要斜纹平纹相互转化才能完成。我刚开始学的时候也弄不明白,她先是给我示范,让我看她是怎么一步步织的,再让我试着织,她在旁边看,直到我真的会织了才行。我其实是很爱学的,回家之后,我自己也不停地想她织的时候的步骤,琢磨了几天之后,我自己再上机练了几次,一下就会织了。我从她那儿学会了几个比较复杂的图案,也领悟到学东西的一些要领,需要自己动脑子不停地思考和琢磨,想明白、记清楚了之后,才能动手去干。如果只是死记硬背的话,就很容易忘记怎么织,最后织错了,还要一点点地拆,那就更麻烦了。

我这个人织东西很灵活,我自己也总结了一下,可能就是因为我有个习惯,经常织一会儿,站起来到外面走动走动,一方面是活动一下手脚,放松一下紧绷的肌肉;另一方面,我会到其他织女家串门,看看别人在织什么图案,她们是怎么织的,配色是什么样子的。我会吸取不同人织花的优点,然后记在脑子里,再融合自己的经验,这样织出来的东西才会更精美、更漂亮一些。我们村上,以及其他村里的很多织女,其实都是我的老师,我从她们身上学到很多织花的技巧,还有我们土家织锦的老前辈叶玉翠老师,她恢复了她记忆中的很多传统土家织锦纹样,比如"福禄寿喜""双凤朝阳""凤穿牡

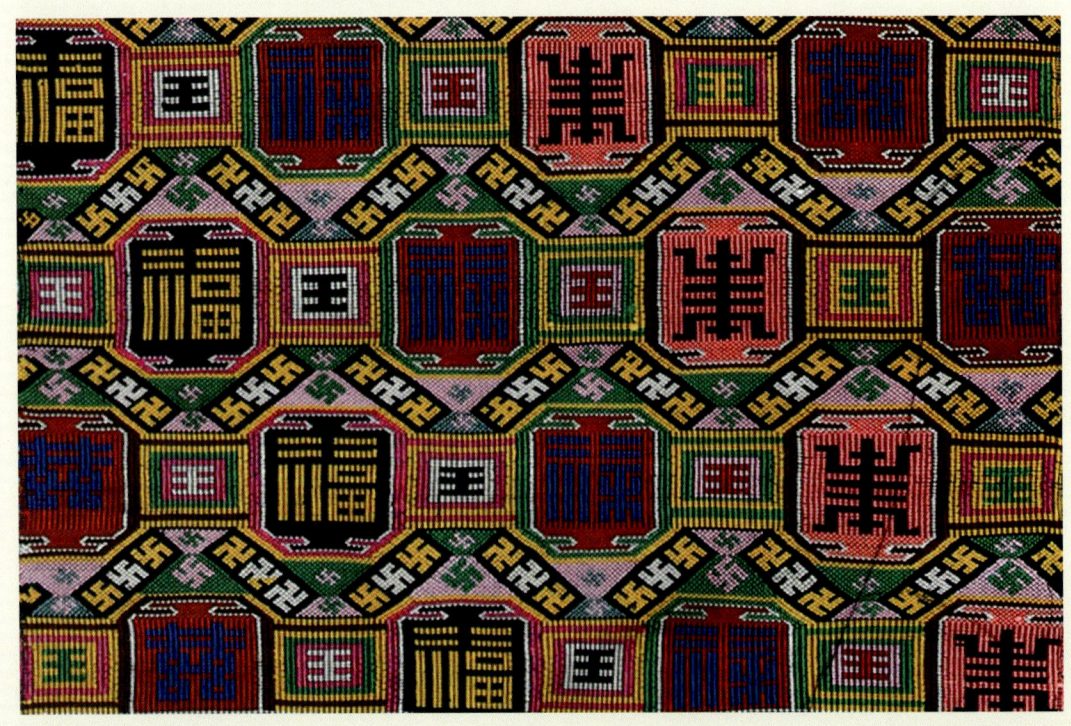

土家织锦《福禄寿喜》

土家织锦《凤穿牡丹》

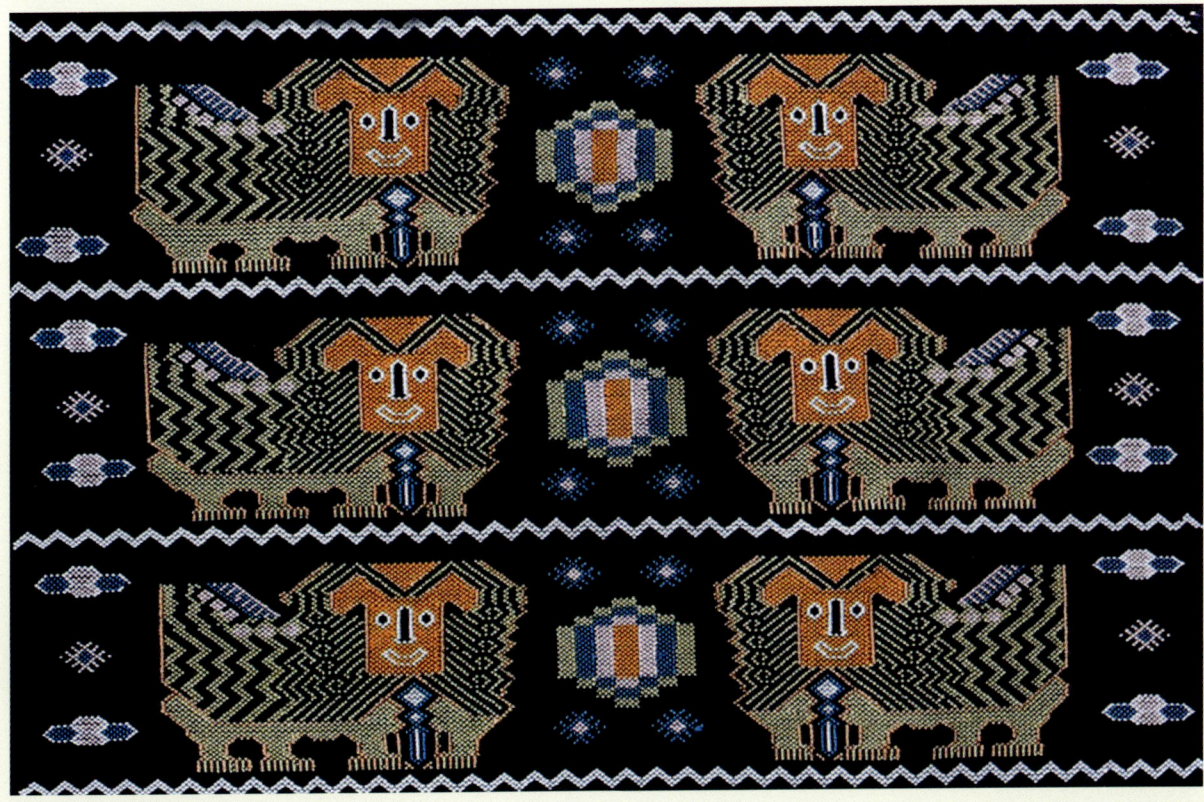

土家织锦《狮子绣球》

土家织锦《鲤鱼跳龙门》

丹""狮子绣球""老鼠迎亲""县官过桥""一品当朝""四凤抬印""鲤鱼跳龙门""鹭鸶采莲""野鹿含花"等,让我们有机会感受到更多传统土家织锦的精髓,丰富了土家织锦的内涵,我从中也吸取了不少营养。从她身上我看到作为一名织锦艺人,应该具备的一种重要精神,就是要织就要做到最好,可以说在很大程度上,是她坚定了我恢复传统土家织锦百余种纹样的决心和信心。我看到土家织锦传统图案的珍贵,明白传统需要一代代人的不断传承,她为传统土家织锦的延续贡献出了全部的努力,我们这一代织女应该在这个基础上接过接力棒,再往前面走一步,然后传给下代人,同时,还要做好创新工作,这样才能使土家织锦得到更好的传承。

我从事土家织锦的整个生涯,有一个非常重要的转折点,就是在 20 世纪 90 年代中期,我亲眼看着我们县里、镇里、村里的织锦厂全部垮掉了,我自己的生意也不好做,不停地往下跌,但当时我只是大山里一个没什么文化的农村妇女,也搞不清外面市场到底是哪里出问题了。直到后来,遇到中南民族大学罗彬教授来我们这里考察,他跟我聊天的时候,帮我分析了我们土家织锦的现状和问题,让我一下子就明白到底出现了什么问题,该怎么做才能挽回土家织锦的市场。之后,我按照他给我的建议,回归传统土家织锦,只做传统图案的土家织锦,用棉线和丝线替换了膨体纱,慢慢地我的生意又逐渐好转,是恢复比较迅速的织锦艺人了。所以,从那个时候我就明白一个道理,织锦艺人要吃饭、要养家,通过织造土家织锦挣钱是最基本的诉求,这没有什么问题,但是在追求经济效益的同时,是不是应该把保证土家织锦的质量看做是最关键的核心!

作为织锦艺人,应该通过提高土家织锦的质量来提升价格,这是真正手艺人应该具有的工匠精神,而不是以降低制作成本,选用劣质线材,牺牲质量,丧失传统文化价值,去换取利润,最后把品牌做滥,把市场做垮了。从那个时候我就意识到,我们土家织锦要想传承好,必须要有质量的保证,没有质量的土家织锦,就会重蹈以前的覆辙,难以传承下去,而且还要敏锐地观察市场,把握住市场的方向,生产适应时代社会变化的产品,这样才能继续下去。我和罗教授从那次之后也成了非常好的朋友,我们现在经常交流,他一到暑假就带他的学生来我们村做田野考察,写一些跟土家织锦相关的论文,有时候他还请我到他们学校,去讲跟非物质文化遗产保护有关的讲座,可以说我们相互之间是亦师亦友。

我还要感谢跟我一起织花的朋友们和徒弟们,2017 年是我们州成立 60 周年,土家族献的礼是 60 米长的《甲子顺锦》土家织锦长卷。这个长锦的设计者是李开奇老师,他真是一个非常聪明的人,是他最先有了这个设想,然后找到我跟我商量具体该怎么织。除了这个长锦之外,我们两个还合作了几幅人像织锦,都很成功。可以说有了他的构思设计,才有了土家织锦的这些一系列创新和突破。织《甲子顺锦》的那九个月,我们是人机不停地织,我的妹妹刘代英和一些好友、徒弟们都过来帮我的忙,像叶菊秀、刘艳、谭凤香、程远英、向作莲、余清娥、向光菊、梁润花等,都参与到长锦的创作中,她们那一年跨年的年夜饭都是在我家里吃的，我们日夜不停，加班加点，才能如期完成这么宏大的工程，我现在想起来就觉得非常不容易。所以，人想干成一件大事，光靠个人的能力是远不能实现的，必须要靠大伙的力量，发挥集体的作用，众志成城，团队协作，才能干好，这些都是我人生中宝贵的回忆。

最后，说说我这个国家级非物质文化遗产传承人的称号，每次想到这个称号，我就想感谢一下我们州、县、镇的各级领导和相关的工作人员，作为捞车村一个普普通通的农家妇女，我只有高中学历，说实话国家让申报传承人的时候，我都不知道这要干什么，该怎么写，甚至我的材料、履历、作品等资料和文件，都是那些负责文化工作的政府人员给我搞的。我自己一不会宣传，二不会送礼，三不会写材料，除了擅长织花，让我干别的都不在行，虽然最后是说我的作品优秀，技艺扎实，被评上了国家级的传承人，但是如果没有国家好的政策，没有政府财力、物力的支持，没有各级文化工作人员的努力，我们土家织锦也不会被列入国家级非物质文化遗产保护项目，土家织锦也不会发展起来，织锦艺人也不会受到重视，那样的话，我可能还是农村一个默默无闻织花的妇女。现在国家给了我名誉，让我做土家族织锦技艺的传承人，我至少要对得起这些帮助过我的人，做好文化传承工作。我深深地感谢我的这些师友亲朋，感谢你们对我的帮助，感谢你们为土家织锦的发展做出的贡献。

织女们在刘代娥家吃年夜饭

第二节　对传统的敬畏

　　我们土家族是一个古老的民族，有自己民族的语言，没有自己的文字。在没有文字的漫长岁月里，土家族的织女们用自己敏锐的眼睛观察着大自然，用丰富的想象力创造出各种各样的织锦纹样，用勤劳的双手把自然织进锦里，纪录我们民族的历史和文化。那一幅幅古老的土家织锦，诉说着土家族的故事，自古至今发挥着重要的作用。我从二三十岁，就开始收集各种传统土家织锦的图案和纹样，这几十年我也见过不少传统土家织锦的珍品，我见的越多，心里面越感到敬畏，感叹传统织锦的精美绝伦，赞叹以前的织女们高超的织锦技术。

　　我记得那是 1978 年，我到乡里面去收旧的土花铺盖，看到了一个从来没有见过的纹样，十分精致漂亮，但是一直不知道它的名字和出处。后来，我在一间老房子的堂屋神龛上看到雕刻着这种花，我一下就看出那是传统土家织锦里非常漂亮的纹样，这个纹样原来是来源于这种花，这种花纹非常少见，很可惜那个老房子后来也被拆掉了，我也就见过那么一次，后来在其他地方再也没有见过。所以，过去的土家人真是非常聪明，我觉得比我们现在好多人都聪明，她们能把生活中所看到的东西都织成花，我当时真是发自内心地感叹，那些旧的西兰卡普，不知道历经了多长时间，经过多少人的手，但是锦

传习所展柜里收藏的"千丘田"纹样旧西兰卡普

传习所展柜里收藏的"千丘田"纹样旧西兰卡普

面上的颜色还是那么鲜亮，配色明丽，做工精细，质地细腻，这些都让我感叹不已，有时候自己捧着看到晚上，一边看一边想，佩服古人精湛的织锦技艺。可以试想一下，早些时候的土家族妇女长年生活在大山沟里，普遍都没有什么文化，既不会写、也不会画，她们是怎么把生活中的事物织到锦里的，又是怎么把这么多漂亮的图案记在脑子里，然后织出来的呢？她们可是全凭自己的记忆和手头织花的功夫，即便是我们现在这些专业从事织锦很多年的艺人，都不一定能达到那个时候的织造水平。

有时候我自己坐那儿也会想，我们人类进化了这么长时间，难道现代人真的就比古代人变聪明了吗？当然不是！现在的土家织锦，不管织造的是现代图案还是传统图案，并不是所有产品的工艺水平都是理想的，也没有几个人能达到那时候土家织锦的艺术水平。而且，我们现在的织锦市场很浮躁，把土家织锦都做滥了，看不到土家织锦的根和魂。所以，我也想不清楚，明明我们现在的织锦艺人和过去的织女相比，有更多的时间去专门织花，都是专业从事织锦行业的，为什么做不出更多的精品呢？

从事织锦行业时间长的人都知道，20世纪九十年代那样普遍的简化工艺，织造劣质产品的方法，已经被历史证明是行不通的，是没办法长久的，甚至是非常危险的，有可能毁了土家织锦的前途和市场。但是另一方面，我们也可以多思考思考，为土家织锦的发展找些出路，比如采取对产品划分不同档次的方法，相对应地要求织造工艺的质量，以满足不同消费群体的需求。在我的传习所生产出来的产品，品种是比较固定的，主要

各式各样的土家织锦产品（土家织锦围巾）

就是针对传统纹样的土家织锦，以织造精品土家织锦产品为主。目前，我还有十多个徒弟在帮我织花，她们基本上都有二三十年的工龄，织出来的产品质是很不错的，生产精品、珍品土家织锦就是我们现在的主要定位。除此之外，我的传习所也生产各个档次的壁挂、拖鞋、围巾等产品，目的是为了扩大市场面，一定程度上满足各个需求的消费群体。相对来说，我们一直讲究质量，现在我们织造用的线材基本上都是丝线，除非是有特别的要求才用棉线，因为丝线织出来的锦面更明丽鲜亮，整体效果更好，质量也更理想，我想从方方面面每一个细节都做得更好一些。当然，不同的传习所之间，生产的产品在质量上也存在着差别，这和不同传承人在织造工艺上的把关也有关系。

我们龙山苗儿滩的好多织锦老艺人，以前织的产品都是用膨体纱织的。膨体纱属于化纤材料，那段时间的确很流行，它相对于棉线和丝线来说，容易出工。如果用丝线织的话，不仅成本高，而且费工耗时，织半天织不出一寸长。但是膨体纱的缺点也很明显，色彩大红大绿，过于俗艳，织出来的锦缺少味道。我觉得用膨体纱织，是我们土家织锦历史发展中的一次倒退。这些年，棉线和丝线的织锦又回归主流，特别是丝线做的产品，非常受欢迎，所以从这一点看，旧时候织女们植桑缫丝，用丝线织土家织锦，所以传统的线材是货真价实地好，这样很多精品土家织锦才能保留到现在，即便是今天拿出来和现在的织锦比，各方面也都毫不逊色，这是让我十分震撼的。

别看棉花在我们武陵山区种植的历史不长，但是我们土家族人很喜欢用这种传统线材，因为棉纤维它是天然纤维，用棉线织的锦与人的皮肤接触之后让人感觉非常舒适，

各色丝线

膨体纱材质织出的土家织锦寿星图

各式各样的土家织锦产品（拖鞋、手提包）

养蚕的工具

回归丝线的传统制作

柔软而不僵硬，没有刺激感，即便是做成服饰，也对人体有益无害。而且棉线织成的土家织锦耐碱性比较好，如果是用脏要洗了，就可以直接拿出来洗晒。正是因为这些原因，棉线做的土花铺盖在普通老百姓家里很常见，这也是为什么我淘到的老旧西兰卡普，好多都是用棉线做的原因。再看我们现代人，绕了一大圈，最后又回到棉线和丝线的起点，我认为以前的精品才会成为今天的传统，今天的精品也必将是未来的传统，不管是棉线、丝线还是化纤，只有先成为精品，才有可能成为传统。

另一个能突显出传统所具有的优势的例证是植物染色，植物染色是利用大自然中自然生长的各种含有色素的植物，对线材进行染色的一种方法。我们传统土家织锦里面的植物染色，使用的大部分是武陵山区天然生长的植物，在染色过程中不使用化学物质，对环境没有任何污染，有的植物还有杀菌防虫的作用。我们大山里面可用的染色材料种类很丰富，所以很容易就能得到各种颜色以及中间色。我看过很多漂亮的织锦，最优雅的颜色还是从大自然中提取的天然的颜色，用植物染色织出来的锦层次丰富，耐人寻味，尤其是每次通过不同次数与不同色相的复染，又可以染出很丰富的色彩倾向，所以说植物染色是累积了许多前人的经验与智慧的宝贵遗产，对于那些优良的色彩，我觉得也应该重新赋予它时代的意义，不然植物染色也会很快消失的。值得庆幸地是随着人们观念意识的提升，日益重视环保，植物染色的土家织锦的市场需求已经越来越迫切，特别是高端市场的需求已经显现出来了，是我们可以重点发展的一个方向，这是老祖宗留给我们的宝贵财富，我们要利用好、发展好。

我年轻的时候，不知道累，一天到晚地织。除了农忙季节之外，基本每天都织，一般一天要织8到10个小时，早上起床之后就坐机子上织，织到上午10点吃完饭继续织，我那时候一天只吃两顿饭，到下午4点吃一顿饭再继续织，一直织到晚上6点左右，太阳落山看不清线才停手。有时候忙的话要赶订单，可能还要加夜班赶工。即便有时候遇到织锦市场萎靡的时候，我也没有停过，坚持织花。我织花织了几十年，手上算是有些功夫，眼里也见过很多传统土家织锦的珍品，自然而然就知道怎么织才能织好。后来我自己总

刘代娥种植的染色植物

结，感觉织花就是个手艺活，你急也急不得，硬是要一点点地织才能织出来，以前的土家织女，谁不是这样一丝一线地织出来的。现代社会生活节奏快，年轻人不想干这个又累赚钱又慢的活，年龄大的有的观念比较保守，也不愿意改进，就想随便织一些东西拿出去卖钱，这种情况下，好的织锦精品就很难出现。我觉得织花一定要耐心、细心、专心，屁股要能坐得住，手、眼、心要配合，这样才能在织的时候体悟到美，才能织出好的东西。

土家织锦与我们土家族人生活的方方面面息息相关，代表着我们土家族人传统文化的基本精神。以前我们土家族姑娘出嫁，肯定少不了土家织锦的，现在时代变了，有的姑娘不会织西兰卡普，有的是参加了工作太忙没有时间织，还有的是要她的姐妹们帮着织的。但以前要是结婚的话，姑娘没有织锦是绝对不行的，没有织锦陪嫁说明这个女孩子特别笨，很难嫁出去的。那时候小姑娘八九岁就开始学织了，你要是不会，别人就会想那你去干啥了？人家就会取笑你，认为你不够心灵手巧，不能干，对老人也不尊敬。

土家人评判一个女孩子能不能干，贤惠不贤惠，就是看她织的花怎么样。俗话讲："养儿不读书，不如养头猪；养女不织花，等于没养她。"可以看出，土家织锦在我们土家人心目中所具有的地位。我觉得以前织花也是对自己婚姻的一个美好祝福，姑娘在出嫁前的一两年，每天要抽空坐在机子上织花，一点点织出来的是自己对结婚以后生活的向往，有西兰卡普作为陪嫁，不管是男方还是女方，都会从内心重视这个东西，重视这个家庭，重视这份感情。

现代人的观念不一样了，有时候结婚、离婚都很随便，结婚缺少了那种隆重慎重的态度，日后还可能因为有一点儿矛盾，不愿意相互退让，闹着要离婚。所以，婚姻的神圣性和重要地位在年轻人的心里面也丧失了，用西兰卡普做陪嫁的意义也突显不出来了。我们那个时候，西兰卡普就意味一个女子的精神，如果嫁出去的姑娘在婆家死了，娘家人就要到婆家把陪嫁的西兰卡普要回来，有的甚至因为争夺西兰卡普还发生了矛盾。老人如果去世的时候，她生前用的西兰卡普要随着她烧掉，可以说西兰卡普在旧时候土家人的日常生活中，具有非常重要的价值，可惜这些传统精神离我们越来越远了。

刘代英在织机上织花

织花要全身贯注

刘代娥的丈夫向光武喜欢看她织花

第三节　追求精湛的工艺

土家织锦的织造工艺看上去很简单,通经暗纬、断纬挖花、反面挑织,但实际上想织出精品,就要认真对待每一个环节,不能有一丝一毫的随意敷衍,要在方方面面严把关,每一个步骤都要精益求精。织花是一个慢工出细活的事儿,要想织得好,就要多练习、多反思,除此之外,没有什么别的捷径和方法。我刚开始学织花的时候,也是一点一点学的,先学的是如何织下斜、中斜、上斜。最初我也总是记不住上斜和下斜的踩法,后来经过多次练习,才熟练掌握了方法。再一个织的时候要动脑子,怎样在锦面中间部位定花,如何从中间定位后,再往两边平均分配,一开始我也是只顾着织,完全不考虑全盘,织一会儿就织不下去了,然后就要去反思检查,哪些织对了,哪些织错了,错了的要拆下来重新织,按正确的方法再来。等掌握了织造的基本工艺之后,要是想织一个比较复杂的图案,就要用细密的坐标纸格辅助完成,把图案按1∶1的比例描好,严格按照格子,一格一格地配色挑织。早些年没有坐标纸,我都是用旧织锦一根线一根线模仿着来的,去年我

刘代娥织造的土家织锦《凌宇先生像》

织的《凌宇先生像》和《藏女娜么塔》这两幅作品，都是用坐标格子的方法弄的。

土家织锦的织造工艺我前面也具体讲过了，传统土家织锦就是在古老的纯木质腰式斜织机上完成的，它的织机构造比较简单，操作也很方便，是我们民间常用的一种普通小型织机。而现代土家织锦的工艺变化最大的地方，可能就是对织机的改进了，土家织女和木匠共同在"阔不逾尺"的斜式腰机上改进，设计出了大机。所以，我们现在织造土家织锦的时候，可以根据产品的需要，使用大、小两种不同规格的织机，来织造不同大小尺寸的织锦。

传统小式斜织腰机在 20 世纪 70 年代在宽度上也经历了一些改进，常见的传统织机基本上都是 70 厘米宽的"窄机"。80 年代以后，为了适应土家织锦新产品的织造，这种窄机逐渐被改成 90～100 厘米宽的机子，不过机子的高度和长度都没有变，这就是我们现在普遍用的机子的尺寸，一般用来织幅宽 40～60 厘米的织锦。后来在 80 年代，花垣民族工艺厂在民间传统斜织腰机的基础上进行了改造，发明了大型平式织锦，能织造出幅宽 1.4 米的大幅织锦，之后在这个基础上又经过多次改进，改造出了能织造幅宽 2 米

传习所里的大织机

的大型平式织机。后来，又经过技术上的改进，这种宽幅大型平式织机不仅可以织平纹，也可以织出和传统工艺一样精美的斜纹结构的织锦，推动了土家织锦工艺的发展。

大机长约 2.2 米，宽 2 米，高 1.8 米。构架与小机相似，没有梭罗、竹撑子、综杆、布鸽，相应地由小梭子、铁箱、拉钩、综丝所取代其功能，能织出幅宽 1.5 米、1.8 米甚至 2 米的作品。由于织机加宽加长，相应地牵线、滚线的场地也增大了，于是就又发明了滚线机，其构件由分线架、花茬架、支架、铁箱、大滚筒等组成，整个滚线过程可以在 15 平方米的房间里面完成。我们为湘西州成立 60 周年州庆做的长锦就是用这种大型宽幅织机做的，长锦经向长 60 米，纬向宽 1.6 米，大机子因为规格大，站线（经线）与地面平行，织的时候人要站着操作，而且还可以几个人同时操作。以前旧的西兰卡普是两三幅小织锦拼接而成一个被面的，现在用大机子一下就能织出来一个完整的被面，可以说这是土家织锦工艺历史上的创举，是我们在古人的基础上，不断追求工艺上的突破，把土家织锦的工艺技术往上提升了一大截。

除了织机的改革，织造技艺方面也一直在进步。都知道我们土家织锦是以反面朝上

刘代娥熟练地操作着

的方式进行打花挑织的，织机上三层经面，循环三次，才织出一个单位的花纹，织上下斜斜纹比织对斜平纹要复杂，对斜花纹织的时候每次都只踩下斜，对斜花纹有扯斜和不扯斜之分，扯斜只用了一次梭子线，不扯斜用了两次梭子线。而织上下斜斜纹的时候，主要是靠篙筒所放的位置来决定的。篙筒放在两根竹竿并排的中间，然后踩下踩棍，开篙后穿梭，再把篙筒放下来，接着打紧挑花，这是织上斜。织下斜的时候，把篙筒放在中斜竹竿的下面，踩下踩棍，开篙后，穿梭罗，打紧挑花，这样循环进行，就织成了上下斜花纹。所以，土家织锦的织造工艺不是一成不变和停滞的，是一直在演变的，从平纹到斜纹，从低级到高级，从简单到复杂，是在不断发展和进步的。

一般我们要评判一个织锦艺人织花水平的高低，就要看她织上下斜斜纹织锦水平的高低。我们都知道传统西兰卡普通常是由两部分组成的，一个是上下两端的档头，另一个是中间部分的主体图案，整幅织锦是以主体图案的花纹命名的。两档头部分一般采用的是对斜平纹织造工艺，中间主体图案多是用上下斜斜纹织造工艺。土家织锦最先使用的就是对斜平纹织造工艺，随着时代的发展以及织女工艺水平的提高，后来逐渐才出现了上下斜斜纹织造工艺。因为对斜平纹是上下斜斜纹的基础，所以从工艺传承角度来讲，织锦艺人不能一直把水平停留在平纹工艺上，要追求更高、更精的上下斜纹工艺，这样才算是在工艺上有了传承，才能进步。

每一幅土家织锦都要花费一两个月的时间

在这里，我还是想说一下市场上出现的一些情况，商业化的土家织锦越来越倾向于时间短、做工简单的对斜平纹织锦，对斜平纹主要是构图简单的人物风景，一个熟练工人大概一天就能完成，因为它工艺不复杂，价格也比较便宜，好销一些。上下斜斜纹以传统的图样为主，色彩丰富，做工精细，工艺复杂，要耗上至少半个月时间才能完成一小幅，价格会比较高，不是那么好销。所以有的织了十几年的老织工，还是只会织对斜，不会织上下斜，这是比较普遍的一个问题。我织花一直坚持一个原则，就是在我这里织花，织得质量一定要达到我的标准，不管是对斜还是上下斜，如果质量不过关，我就要和她讲重新织，织出来的这一截我可以给你付工资，但就是要重新做，质量必须过关。如果连质量都不顾，那我们还会退回到20世纪90年代中期土家织锦无人问津的时代。

我之前也讲过抠斜，抠斜这种织法就是土家织锦技艺进化的一个过程，它是在织上下斜花纹时才会用到，因为上下斜花纹的构成都是斜向，有的在织岩墙花、椅子花这些比较复杂的图案的时候，就要用到抠斜的织法。抠斜有挑三压一的，也有挑一压一的。挑三压一就是把开篙的上层站线三根为一组，而不得用一根站线隔开喂进花线，使其与上一次喂进的花线在需要的地方对齐。因为土家织锦是靠五根站线为一个喂花线组，抠斜喂花线后两边还各剩一根站线，这两根站线可以一起跳，也可以挑一根压一根，这就是挑一压一，这样织出来的效果要更好一些。这些工艺技巧看上去非常复杂，很琐碎，

化纤线材

棉线

丝线

刘代娥传习所里摆放的部分获奖证书

但是如果能静下心来细细体味，就会明白它其中的道理，理解手头上的一点点的差距，在效果上总会呈现出明显的差别。因此，要想把土家织锦织得细腻漂亮，织出精品的东西，就要深入细致地掌握这些工艺细节，只有熟练地掌握住这些工艺技巧，才能越织越精，越织越好。

传统织锦的织造材料一般是用丝线和棉线，后来也用过纤维毛线、膨体纱和腈纶线，现在人们又追求原生态的东西，因此又回归到丝线和棉线这些纯天然的线材上。还记得20世纪80年达初，土家织锦刚进入市场的时候，主要销的是传统图案的织锦，用的都是传统的线材，基本上都是用上下斜斜纹织造工艺织的，那时候织女们是以织出结实好看的织锦为目的的。后来，民族传统图案的织锦不被外面的市场接受，逐渐出现了现代装饰图案的织锦，主要是用对斜平纹织造工艺，因为平纹的织造原理比较符合现代装饰图案的造型特征，而且对斜的工艺比上下斜的工艺简单，织造出来的产品价格也更低一些，到景区旅游的游客们因为看现代装饰图案的织锦价格便宜，花样更易于接受，所以对斜织锦很快就充斥了的市场。于是整个织锦市场开始了激烈的竞争，很多人为了追求利润相互压价，产品开始出现偷工减料的现象。当时不管是大的织锦厂还是小的织锦作坊，都是计件工资制度，所以织工们为了挣更多的工钱，在织造时就简化工艺，提高速度，只求"量"不顾"质"。

渐渐地即便是非常不错的一些现代图案，用这种粗陋的工艺织出来就变了味道，颜色也不是那个颜色，图案也不是那个形状，比如一个人物的脖子上本来应该有20桠（绷），但织出来就只剩15桠（绷）；有的是一个面块里要有一二十种相近的颜色，织出来可能就只有一个颜色代替了，层次减少了，效果变差了，而且在线材上也偷工减料，用膨体纱这种能粗能细的化纤材料，做出来的东西质量低下，土家织锦的技艺美感一点儿都没有了。还有的人在竹筘的使用上也偷懒，比如说织一个传统织锦可能需要32号以上的竹筘（一寸有32个筘眼），为了减少工作量，就替换成密度小的22号的筘，这样织出来的产品紧实度就要差很多。另外，喂（纬）线也变得很粗，本来应该是三根线为一股，为了增加效率，就把六根线拼为一股，这样织出来传统图案的花盘就会变高，传统织锦图案中的立体感也没有了，形也变了，谁还会花钱买这样的产品呢？

如果没有追求精湛工艺的工匠精神，是做不好土家织锦的。我们土家织锦的织造工艺包括十几道繁琐的工序，每一个步骤都凝聚了智慧和经验，都需要织锦艺人用心细细体味和总结，融入自己对土家织锦的理解和感情。一个人用心做的东西和不用心做的东西，做出来的最后效果很明显是不一样的，比如我自己花时间染色做的一些丝线、棉线织出来的锦，到现在也很少有掉色、褪色的情况，锦面颜色雅致，织的时候心情也是好的。所以，我们要在工艺上精益求精，要么不做，要做就要做出精品和珍品。

第四节　追求完美的艺术

总有来传习所参观的游客问我:"刘老师,你给我们讲讲,土家织锦到底好在哪里?"我每次听到他们这么讲,就会反问:"你觉得哪里好?"他们讲:"看着漂亮,图案精美。"我说:"那就是了。"其实我们土家织锦就是一种原生态的民族艺术,它在题材的选用、图案的样式、色彩的搭配、整体的布局、构成的方式等方面,都有鲜明的民族风格和艺术特点,你别看有的图案造型很抽象,一眼看不懂,有的造型很具体,一下子就能明白,但不管它是什么造型、哪种纹样、怎么布局、如何搭配色彩,总之,它就是能让人感受到一种审美的愉悦,是发自内心的舒服和视觉的享受。我有的时候心情不好,就把我织的西兰卡普拿出来,搭在转角楼上晾晒晾晒,每次摆弄欣赏的时候,心里面就感觉非常轻松愉快,不高兴的事情马上就忘了。

当然,我们土家织锦由于受制于传统织造工艺的局限,不可能织出来平滑的曲线,也没有特别柔和的线条,所以在表达力上会受到一些局限,但这也是我们土家织锦的一种个性,锦面的效果因此就呈现出更大气质朴的感觉,与我们土家族朴实憨厚的个性很契合。而我织的西兰卡普,拿出去跟其他织锦艺人的作品相比的话,特点也很明显,就是我织的西兰卡普工艺更细致、色彩更突出、图案更传统一些,这是我所追求和提倡的土家织锦的美的标准,也是现代土家织锦从业人员急需提升的一个问题。

因为我发现当下为了追求产量和效益,很多织锦坊的织锦艺人只会织简单的平纹素色织锦,不会织斜纹彩色织锦,有的是织了好多年了,只会织几种图案,别的复杂的织不出来,这就没办法继续提高和传承织锦技艺了,如果每个人都停留在简单表现的层面,表达不出来土家织锦漂亮的本色,逐渐地土家织锦的发展就会停滞不前,甚至织造技艺的能力也会退化。我觉得织锦艺人首先要学会分辨什么是好的织锦,好的织锦和差的织锦区别在哪,了解土家织锦美的本质在哪,只有意识到这些问题,才可能发现差距,提高自己的织造水平。

想要理解土家织锦的美,首先用我们现代人的观点,从形式美上可能比较容易理解一些,具体来讲,土家织锦的整体布局是控制锦面效果的关键,织锦里面的每个单元的图案,所形成的布局样式,是跟工艺技术有关系的,有的是二方连续、有的是四方连续,这种布局反映了我们土家族人的审美习惯,符合我们的心理以及传承的需要。之前我也

土家织锦《七十二勾》

八勾

讲过，土家族是没有自己民族文字的，旧时候掌握织锦技艺的大部分是没有接受过文化教育的土家族女性，那么土家织锦技艺在一代代往下传的时候，需要人与人的口传身授，需要织女去模仿记忆，这样才能传承下去。如果土家织锦的图案布局非常繁琐丰富，很有可能增加记忆的难度，也就不容易传承下来；如果是用简单的横向、纵向、斜向的重复，就比较容易记忆，也容易传承下去。这样就造成了土家织锦图案常常出现一种独特的韵律感，织女们能熟悉地记忆住一个单元的图案之后，通过随意排列布局，织造出各式各样、各种颜色的锦面效果，看上去不仅淳朴亲切，而且一目了然。同时，既体现出传承，又有个人的创造，所以，即便是同一个纹样图案的锦面，不同织锦艺人织出来的效果是不一样的，可以是布局各异的，也可以是形式多变的，总之，这样就形成了土家织锦的美感，这种美是需要织锦艺人自己理解、体会和运用的。

除了布局方式之外，在土家织锦里面，点、线、面是非常基础的表达形式，通过不同纹样具体形象的大小、形状、色彩、方向、位置等，可以塑造出不同的艺术效果，所以，点、线、面是土家织锦表达美的基本语言。点，一般是代表了一颗、一粒的意思，但有时候也意味着相比之下的一小点，一般说起点，我们都会想起圆圆的一个点，那是理想状态的点，在我们土家织锦里面，没有绝对的圆形的点，土家织锦里面的一个点有

土家织锦草龙纹样（植物染色）

可能是三角形的，有可能是正方形的，还有可能是多边形的。这些点的运用很灵活，也很重要，因为它可以来装饰锦面，形成丰富的艺术效果。

线，一般就是指一条水平线，土家织锦里面线的运用非常普遍，各种各样的线条也很丰富，有垂直线、有水平线、有斜线、有交叉线，还有折线，形状上可以很粗，也可以很细。一般规则的线条，给人一种简洁有力、排列有序的感觉。而不规则的线条，给人一种起伏比较大，变化丰富的感觉，有很强的视觉效果。拿线跟点比的话，线具有一种张力，点给人的感觉是静止不动的。

面，是一个平面的形象，在土家织锦里面，面的造型和运用也非常灵活，尤其是有的时候，点扩大可以形成面，线条加宽也可以形成面，有的面非常规则，比如常见的正方形、长方形、三角形和菱形等，它们都是土家织锦里面最基本、最主要的面的形象。土家织锦里面每一个单元的图案，大部分都是概括的抽象图案，它是把对动物、植物、生产工具、神话故事等内容进行几何化的图案，把想表达的对象的形态、结构和色彩，全部抽象成点、线、面的几何形式进行表达，这是土家织锦艺术形式的第二个特点。

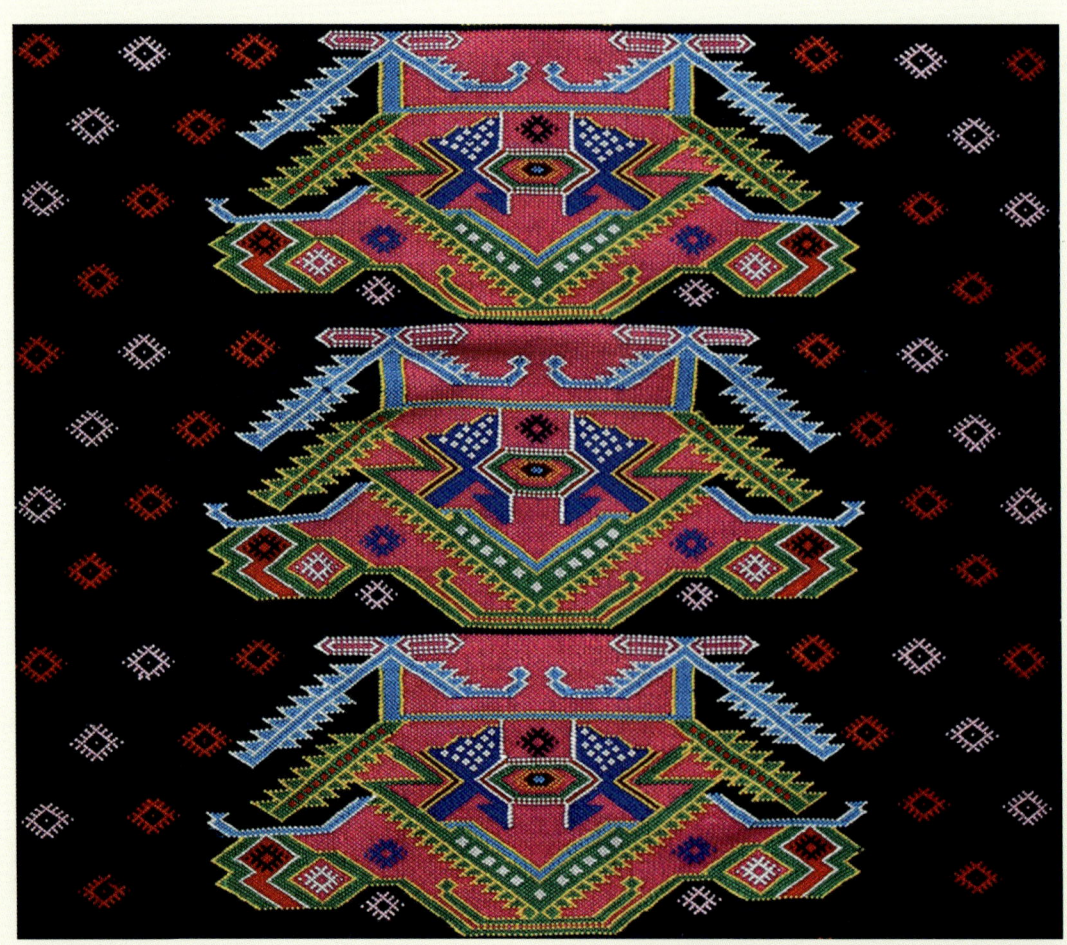

朵——"龙船花"纹样

盘——"蜘蛛花"纹样

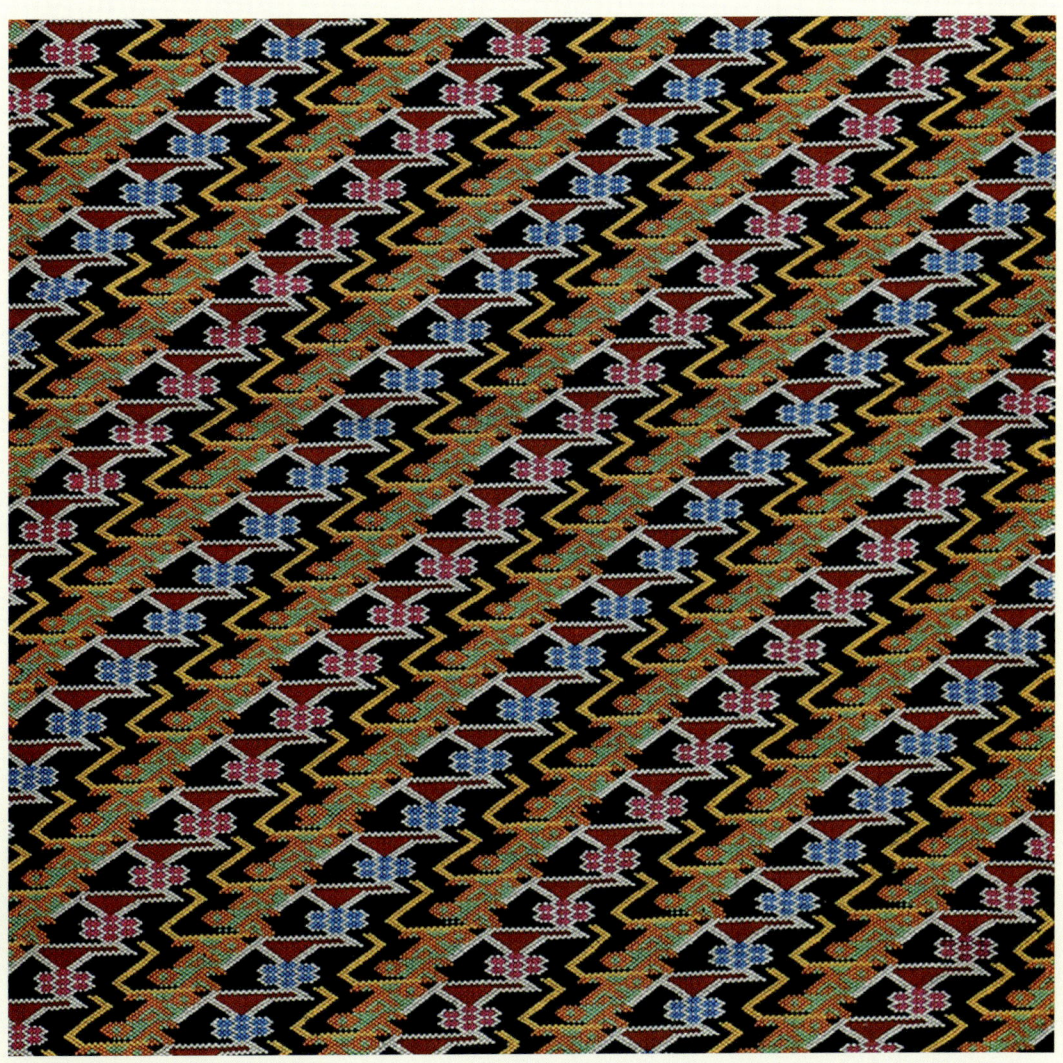

台——"南瓜把"纹样

373

不过要想完成一幅布局漂亮的织锦，还要考虑一些细微的布置，比如说要在变化的颜色里面找统一的色调，既要有对比鲜明的地方，又要有协调融合的地方，有的时候还要考虑对称和均衡，如果中间"盘"里面比较丰富，就要在两边点缀一些"韭菜花""万字花"等纹样，这样整体看上去才不显得头重脚轻，形成丰富的视觉效果。我们平时在表述这些抽象图案的时候，会用比较口语化的一些说法，比如"朵""盘""台"等，它们都是点线面复合在一起的单位。

"朵"就是指单独的一朵花；"盘"是指菱形、六边形、八边形等里面的一些纹样；"台"是指一个台阶或者一个梯级；"坝"是指单幅织锦纹样里面比较明显的横向的分隔。我织花的一些经验，有的是在我收老旧的土花铺盖的时候，见的多了，记得多了，慢慢地才总结出来的经验。土家织锦最显著的特点就是纹样层次丰富多变，它可以根据一个单元的图案，衍生出许多变化丰富的效果，但是也不能乱变，有时候搞不好就会弄得很俗艳，没有重点，看上去哪里都很突出。

我们土家织锦从来都是以色彩斑斓闻名的，土家织锦的色彩表达着织锦艺人的情感、情绪，是土家族人对美的追求的直观体现。据说明清时候，我们土家族的男男女女不分装，大家都是上衣下裙，颜色五色斑斓。以前的土家人在织造土家织锦时，会利用大山里天然生产的各种原料对丝线进行加工染色，五倍子染黑色、板蓝根染蓝色、黄珠子染黄色，正因为有了这些颜色，土家织女们才能灵活运用各种颜色，搭配出她们心中的土家织锦。久而久之，这样就形成了一些固定的用色习惯和审美趋势，比如土家织锦里面常用深黑、深红、深蓝作底色，崇黑忌白，一般不用大块面积的白色；有时候还会用红绿、黄紫、橙靛这三组颜色搭配，突出锦面的效果，但它们之间必须要有过渡的颜色缓和一下才漂亮。

坝——"粑粑架"纹样

我们织花的时候，配色是不固定的、随意的，我的徒弟有时候问我配色的口诀，我也只能说个大概的，或者常用的一些搭配，没有具体的哪个图案必须用什么颜色配什么颜色，一般都是根据底色，或者先用上的固定的颜色，再去选其他颜色来配。有时候同一个颜色，不同批次的线，还会存在一定的色差，没有死板的配色要求，只要搭配出来的色彩和谐统一，不俗气就可以了。而且不一定非要按照大自然的原色来表现，比如你可以用红色、紫色来表示牡丹的叶子，可以用绿色、蓝色来表示牡丹花，你怎么理解就可以怎么搭配，只要最后的艺术效果让人看上去非常舒服就行。当然，在搭配颜色的时候，要考虑好用色面积大小的对比，以及摆放的位置是不是恰当，如果感觉两个颜色放在一起太刺眼、不协调、不舒服，就要想办法加一些点缀和装饰，比如在两种不同的颜色中间，运用一些白色和灰色的线条或者面交错其间，起到调合弱化冲突的作用，突出和谐统一的主体效果。

土家织锦虽然是我们土家族人对大自然的描绘，但却是加入了自己理解的描绘，它是通过织锦这个形式，来表达大自然的美的过程。土家织锦里面，表现生产生活、器物用品的题材图案最具特色，这一类的品种、数量也非常多，我觉得这在中华织锦大家族中，也算是独树一帜了，比如说日常生活中的桌椅板凳，随手被拿来就能化为一个精致的纹样，被提炼成具有艺术特色和文化内涵的珍品，"椅子花"就是最典型的范例。土家织锦的图案纹样、色彩明度、布局排列和构图方式等，都是我们朴素的审美观的表现，不管是动物、植物、器物的纹样，还是点、线、面的构成方式，不管是赤、橙、黄、绿、青、蓝、紫的颜色，还是变化统一的布置和安排，都是具有独特艺术特色和文化内涵的。土家织锦的美，最终还是体现在土家族织女对万物的热爱、对生命的热爱上，是我们土家人内心世界的表达。

刘代娥院子里晾晒的苞谷

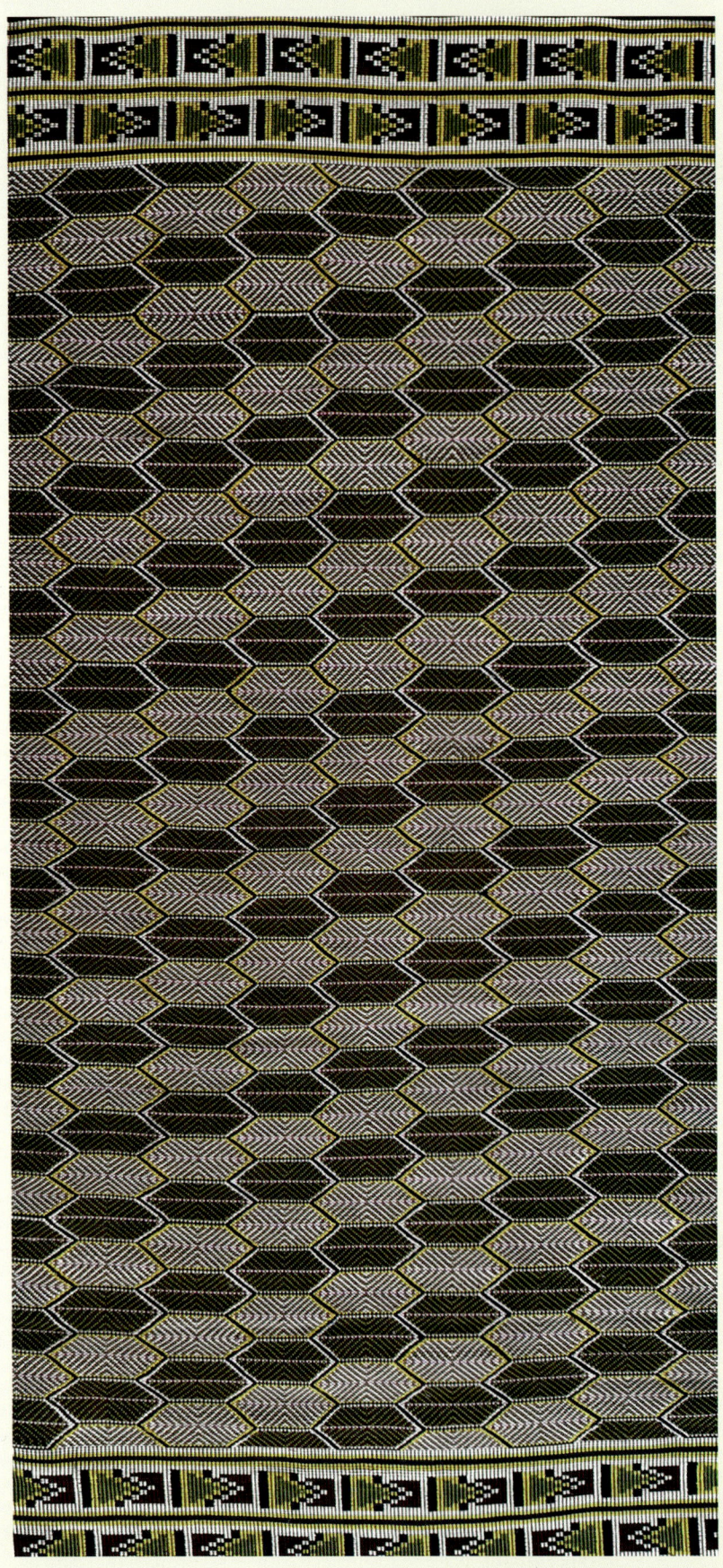

土家织锦《苞谷纹花》

第十章
我的家

引 言

家是刘代娥心中永远的牵挂，对于一年到头忙忙碌碌的织锦艺人而言，家就是遮风避雨的港湾，意为着温暖踏实，虽然外面的世界有更多的选择，但她始终没有离开捞车河的家。那清一色的土家民居、蜿蜒的鹅卵石道、绿波荡漾的河流，沿河次第排开的码头，以及户户陈设的木质织锦机，依山傍水的捞车河村犹如世外桃源。在刘代娥心里，家乡有她对父亲母亲的记忆，有她和大姐、三妹嬉戏的河流，有她和爱人共同奋斗的织锦坊，有她陪孩子们欢快成长的回忆，家乡是她最不能放下的。

她小的时候，父亲母亲就是她的家。那时候虽然生活艰苦，但她的父母坚持让她们姐妹三人上学读书，父母的爱教会了她回报、感恩，得到的爱越多，内心的感动越深，每每和刘代娥聊起她的父母，她总是抑制不住的思念。她告诉我现在日子越来越好，但对父母的思念之情却越来越强烈，如果能和父母分享现在的幸福生活，那该有多好啊！

刘代娥的大姐刘代玉，从小织花赚钱，一方面补贴家用，另一方面替自己和妹妹交学费，供她们读书。后来刘代玉教会了刘代娥织花，并鼓励她多搜集传统西兰卡普纹样，引导她走上了土家织锦的传承之路。土家织锦的工艺难度大，工艺传承和传统图案的保存难度大，在其他土家族地区差不多已失传的情况下，刘代娥在大姐的鼓励下，收集和保存了两百多种传统纹样，其中120多种图案已被她恢复，并被许多研究土家织锦的专家、学者收藏。

刘代娥的三妹刘代英从小喜爱织锦，在耳濡目染的家庭环境中，很快便跟她学会了织花的技艺。高中毕业后，三妹跟着刘代娥从事土家织锦，并到研究所和织锦厂历练多年，后因故几经波折，最终还是回到了捞车河继续从事织锦事业。除了土家织锦技艺，刘代英还擅长制作土家族服饰，并且对土家族植物染色技术颇有研究。现在，她平日里除了织花和研究染色、固色技术之外，还帮助刘代娥做一些传承和宣传工作，她希望未来能有更多的人了解土家织锦、热爱土家织锦。

向光武是刘代娥的爱人。他从部队复原之后便回到捞车河，与刘代娥结婚之后，便一起组织土家织锦的生产，从一个几人规模的小作坊一直干到三百余人的织锦厂。向光武负责在外跑市场、搞销售，刘代娥在家组织生产，监管质量。在变幻莫测的市场变化中，他是刘代娥的精神支柱，也是刘代娥的坚强后盾，经历了无数次的风风雨雨。现在，他依然担任着家里"后勤部长"的职务，把里里外外安排得有条不紊，为刘代娥安心做土家织锦提供了良好的环境。

现在的刘代娥儿孙满堂，晚年幸福，儿子孝敬，儿媳贤惠，女儿们也都经常回来看她。她说她颇感欣慰地是把这一生掌握的百余种传统土家织锦纹样，全部教给了儿媳，她希望儿媳能够担起土家织锦传承的重担。她的儿媳谭凤香不负期望，织花技艺精湛，其作品极具刘代娥的织锦风范和特色。这一章，跟随刘代娥老师的讲述，一起去认识她的家人。

第一节　我的父亲母亲

我父亲叫刘国富，在他很小的时候，我爷爷就过世了。他从小跟着我婆婆在我舅太公家生活。在我的记忆里，父亲永远是谦和慈祥的样子。他不爱说话，跟我交流很少，是个非常内向的人。平日里他也没有什么爱好，就喜欢闲下来的时候，坐在屋门口抽草烟（旱烟）。他还有个习惯，每顿饭都要喝点儿酒，即便没有下酒菜的时候也会喝。那时候我爱人就常开玩笑，说他健康长寿的秘密就是抽烟喝酒，抽烟杀菌，喝酒开胃，所以他身体才能这么好，当然这都是随便说的。我父亲是在2003年去世的，那时候他已经90岁了，他在山里生活了一辈子，虽然也有小灾小病，但身体一只是不错的。我觉得这跟他好干活、爱劳动的生活习惯有很大关系。我们山里的人每天的生活很规律，日出而作，日落而息，长年上山下地，把身体变得很结实，什么活都能担得起，所以，我父亲到老了还在不停地干些农活。虽然父亲现在已经去世十几年了，但他的音容笑貌，每日在田间地头埋头苦干的身影，历历在目，恍如昨日。

刘代娥的父母

我母亲叫梁三姐，娘家是梁家寨的。在她很小的时候父母都去世了，后来她嫁给了我父亲，就到捞车村这边生活了。我母亲这辈子命很苦，小小年纪就父母双亡，解放前她曾和我父亲生了几个孩子，但都没活下来。新中国成立之后，他们又生养了我们三姐妹，对我们三个是非常珍爱。我母亲活着的时候跟我讲过，我们这里小孩子长到7岁就算成人了（就好养活了），她说我们上面有个二哥，明天就要过7岁的生日了，谁知前一天竟然突发疾病去世了，让她非常难过，每次想起这件事就十分伤心，那时候把眼睛都哭坏了。后来，我们也都不当着她的面提及以前的往事，害怕她伤心。以前我们大山里面的医疗条件真的非常差，小孩子发烧感冒都有可能要命，特别是小娃娃，很多都长不大。我小的时候村里有个产妇生孩子难产，要去医院，因为我们住在大山深处，交通不便，后来她就生在了去医院的路上，以前有很多这样的事儿。

我母亲年轻时候家里条件不好，要务农、要生活，没有机会织花。她是后来嫁到我们家才跟着我婆婆学了一些。我婆婆织得好，在我们这一带很有名，大家只要提到我的"妈妈毕"织锦，是没有人不知道的。所以，我母亲也跟着我婆婆学织了一些简单的图案，但她年轻时候肩上的担子重，织的时间不长。最早的时候，我们捞车家家户户都有织机，我印象中，有几个老婆婆长年累月一直在织花。后来"文化大革命"开始了，有的人被划成了地主富农，他们的织机就被没收了，因为我屋里成分好，是贫农，那时候就没有没收我家的织机，我和大姐一直用那个机子偷偷织花。

在记忆里，我母亲年轻的时候，一直忙着在生产大队搞生产，挣工分，平时她还要管我姊妹三个的生活和学习。别看我父母没有什么文化，也不识字，但他们却比较有远见，愿意让我们去上学读书。我母亲曾经说过："三姊妹要一样地读书，一样地学东西。"我们家房前屋后的邻居大娘都劝我母亲，别让我们去读书了，早点儿回家干活，扯猪草，织织花，生活也不那么困难了，但我母亲却没有动摇，她跟我们讲："你们只管读书，哪个人读得高，哪个人读得矮，怕你们三姐妹有意见，所以我都愿让你们读书，你们能考取哪里到哪里，能读多高读多高，全凭自己的本事了。"就是因为我母亲坚持让我们多读书，我屋三姊妹才都读了高中，要不是那些年高考停止，我们都还想继续读大学。我母亲她懂得培养和教育孩子，在学习上对我们三个要求都特别严，哪一点没做好都要批评，非常严厉，从来也不袒护谁。我们从小就知道她是为我们好，所以都很努力地读书、织花。

我母亲是个很能干的人。她白天要干活记工分，那时候工分基本上是整个家庭的经济来源，每个人都对自己每天上工的工分值特别看重，因为工分的多少直接决定了一天的收入。她那时候每天起早贪黑，累死累活地干，就是为了多挣工分，而且我们家还养了一头猪，是为了过年的时候能卖些钱，贴补家用。我记得每天晚上，我母亲忙完之后还会点上灯，坐在那里打些草鞋，然后拿到集市上卖，我有时候还会帮她去摘稻草。她晚上打草鞋的时候，就让我们姐妹三个坐在她身边，给我们讲故事，哄我们睡觉。我印象最深的就是她讲的《蛇郎和七姐妹》的故事：

草鞋

据说很久很久以前有条蛇,他变成了个男子,到村子上玩儿,看见有个老爹爹,他家里有七个女儿。一天,老爹爹到山上砍柴,不小心把斧头甩到深水潭里去了。老爹爹围着水潭无计可施,只好叹了口气说:"哪个能帮我把斧头取上来,我就给他送个女儿。"蛇郎一听,就把斧头取上来了,然后就跟老爹爹到他家了,老爹爹对七个女儿说:"舍得娘,舍得爹,舍得小女给蛇啦!"大姐听了之后说:"我才不去呢!"老爹爹就去给二姐说:"你愿不愿意跟他去。"二姐也说:"我不去!"老爹爹就去找三姐、四姐,三姐、四姐也都不愿意去,他就问五姐、六姐,最后,她们都不愿意去。谁知最小的七妹说:"爹爹,我愿意。"于是,七妹就跟着蛇郎一起回到了蛇郎住的地方。

蛇郎那屋好漂亮,满屋子都是金子银子砌的墙。七妹婚后生活得很幸福,后来她回娘家,到娘家之后,六个姐姐看她穿金戴银,很有钱的样子,知道她过上了好日子,都很羡慕她,后悔当初没跟蛇精走。大姐看了之后很眼红,就跟七妹说:"好妹妹,让我跟你一起去你们家玩儿吧!"于是七妹带着大姐到了他们家,大姐一看七妹生活得这么好,就起了歪心眼,对七妹说:"妹妹,我俩去河边洗衣服吧!"七妹说:"好!"正在河边洗着衣服,大姐一下子把衣服搞到水里去了,衣服顺着水流走了,七妹就赶紧跑上去追,大姐于是用洗衣棒,从后面一下子把七妹打死了。然后大姐穿着她的衣服,装成七妹的样子被蛇郎接走了。

自从七妹被害死后,她一直思念自己的丈夫,最后变成了一只可爱的小鸟,每天飞来给蛇郎唱歌。那歌声悲伤至极,每日如此,后来被狠毒的大姐知道了那是七妹变的,于是就把它掐死了。蛇郎发现小鸟死了伤心极了。他把小鸟埋在了河边,很快土里就长出了一棵树苗,转眼之间,又长成了一棵结满苹果的大树。一天,狠毒的大姐从这里路过,看到这棵结了很多苹果的大树。她被树上又红又大的苹果吸引了,于是就伸手去摘苹果,结果被大树扎得满身伤痕。大姐很生气,回家找了一把斧子砍断树杆,却从里面走出一个姑娘,她定睛一看居然是被自己害死的七妹。大姐见到了七妹活生生地站在自己的面前,又羞愧又害怕,一不小心就栽进河里给淹死了。七妹回到了自己和蛇郎的家,把大姐怎样害死她的过程告诉了自己的丈夫,并告诉蛇郎现在大姐也得到了应有的惩罚。从此,他们两个就过上了幸福快乐的生活。

她给我们讲这个故事的时候,还会告诉我们,做人一定要本本分分,不要惦记别人的东西,不要好吃懒做。那时候我们三个都坐在她身边听,听得入神,根本不想睡觉,还缠着她要她再讲一个,除了这个故事,我母亲还给我们讲过《梁山伯与祝英台》和《狐狸精》的故事。我父亲不爱说话,平时母亲就经常跟我们讲故事交流,教育我们一些道理,虽然她没读过书,不识字,但是她却知道很多道理,也知道怎么引导我们。那时候,母亲干完活闲下来的时候,还会给我们唱些民歌,其中有一个是跟西兰卡普相关的歌,叫《叭台叭台卡普它》:

男:
你叭台叭台在织花,
我到你屋后把土挖,
我挖土挖了一整天,
你跟我中饭都不送一下。

女:
我叭台叭台在织花,
我父母双亲都在家,
等哪时候父母外出了,
我背起背篓假装打猪草来看你啊。

回想那些时光,总感觉再艰难辛苦的日子里,也有值得高兴快乐的事。母亲乐观的生活态度,让我很受感染,后来在我遇到困难的时候,也会像她那样,尽量去看生活积极的一面,从阴影里走出来。

母亲是我心里面最思念的人,她去世的时候我48岁,那时我们生活条件稍微好了,

刘代娥的父母和外甥女

汪为义夫妇和刘氏三姐妹合影

她有了外孙子，也有外孙女，晚年过得算是比较幸福的。但现在，每次全家人聚在一起享受生活的时候，我总会想起我的母亲，我觉得她辛苦了一辈子，最后也没能跟着我过几天好日子，现在全家老小欢聚一堂，她却不在了。我觉得即便自己再有名气，再有本事，也无法回报父母深厚的恩情。在我们那个重男轻女的时代，母亲为我们姐妹三个付出了一切，尤其是她后来还帮着我带孩子，让我和我爱人毫无后顾之忧地忙事业，她是非常不容易的。现在想来，我的父母就是这样，从不苛求我们能给他们多少物质回报，他们需要的只是子女对他们的问候、关心和陪伴。

第二节　我的大姐——刘代玉

我大姐刘代玉比我大三岁,她是 1952 年生的。她九岁的时候就跟着我婆婆学织花了。她那时候手脚麻利,学得很快,只学了大概两个月的时间,织出来的花,就能拿到集市上卖个好价钱了。现在我们村六十多岁的老人,都知道她是我们这儿最早织花卖钱的人。我读小学的时候,家里特别困难,大姐要上学,我也要读书,当时的学费虽然不高,小学每学期 1.5 元,初中每学期 2.5 元,但这两三块钱对于我们家来说,是特别不容易赚的,所以大姐从学会织花之后,就不停地织花卖钱,给她自己和我交学费。后来,我们三姊妹的学费,也都是靠她织花卖钱交的。当时,我父母在生产队上干活,收入很低,男人全劳动有一毛四分,女人一天八分。他们虽然支持我们读书,但学费还是要我们自己去赚的。

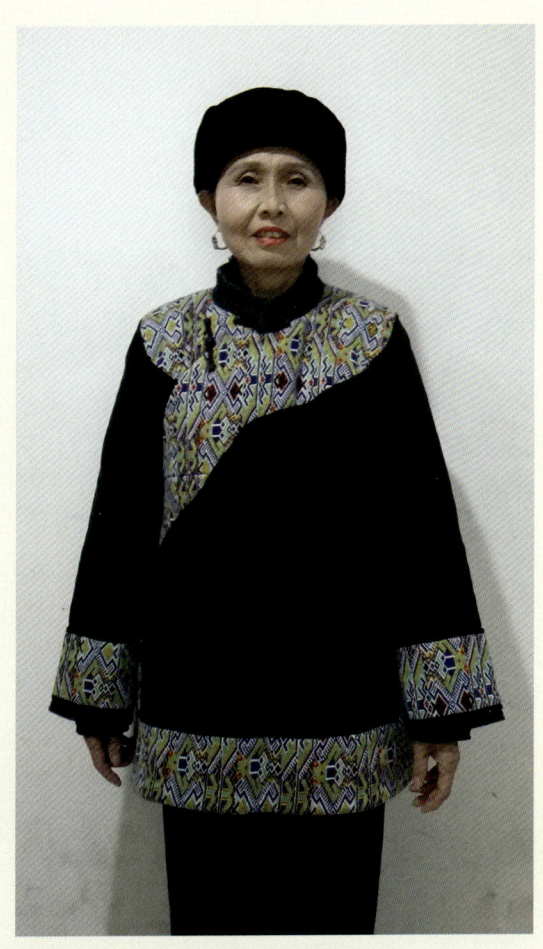

刘代娥的大姐刘代玉

土家织锦《小白梅》

我记得那次是梁家寨有一个兽医,听说我大姐织花织得好,就想给他女儿订床西兰卡普做嫁妆。他知道我母亲也是梁家寨的人,就找到我家里订货,跟我母亲谈生意。这个兽医家里面的条件也很不错,打算给他女儿置办两床土花铺盖,都让我大姐做。当时西兰卡普的价格也相当可观,48块钱一床,那时候对我们家来说,这可是天文数字啊,相当于部队上营连级干部一个月的工资了,所以后来寨子里有人跟她开玩笑,喊她"营长""连长"。那时候我大姐才十三岁,我也记不太清这件事儿的细节了,只记得她织了好久,做的是"小白梅"纹样的铺盖,不过从那以后我就明白了,织花原来可以卖这么多钱,所以就想我要是能像大姐那样会织花、能卖钱就好了。

我们捞车一条河,包括大捞车和小捞车,那时候哪家有个女儿出嫁,整个捞车河都很轰动,都会去看。给梁家寨做了嫁妆以后,我大姐织花的名气就越来越大了,因为我们土家族姑娘出嫁的时候,铺盖是要摆出来给人看的,很多人看了之后,就打听这是谁织的这么漂亮,在哪里买的,他们就讲是我大姐做的,后来很多人都上门找我大姐订货。

后来,我和我大姐一起聊天的时候,说到我们土家织锦为什么能传承这么久的时候,我们两个都觉得,最主要的原因是因为土家织锦在我们土家人生活中的重要作用和功能,而且在土家人心里面,西兰卡普还代表着一定的文化意义。土家人与土家织锦的联系密切,在日常生活中很多时候都要用土家织锦。用它来做嫁妆,能体现新娘子家里的生活条件好。那时候生活都不富裕,谁家女儿结婚的时候有土花铺盖,就是一件很了不起的事儿,这样新郎家对新娘子的态度也比较好。虽然后来土家织锦的这些功用渐渐减弱,

代代相传的土家织锦

但土家织锦技艺作为非物质文化遗产，受到了国家的重视，又重新回到人们的视线里，被更多人认识。当然，如果土家织锦还像以前有段时期那样，不再被人们重视，恐怕过不了多久，它就会消失。

我们小的时候附近有三个集市，分别在靛房、苗市和洗车。那时候我跟着我大姐，背着织好的花，到这些集市上卖，因为我大姐花织得好，基本上是刚摆出去没多久，一会儿就卖完了，供不应求。而且那个时候我大姐卖的价格还稍微比别人的高一些，梁家寨虽然也有人织，但都没我大姐织得漂亮，没她的好卖。记得有一次，我大姐织了一个婴儿的小窝被（当地话叫"脚边的"），拿到集市上卖了 5.5 元。那时 5.5 元钱能买好多东西呢！后来，要割"资本主义"的尾巴，不让公开卖了，我和大姐就在市场上偷偷地卖，我们把织锦放在背篓口子上搭着，碰上了人民公社的人来检查，就赶快收起来，没人查的时候再拿出来。当时家里生活好困难啊，不织花卖钱根本不行，我们要吃饭、要上学啊！于是，我在十一二岁的时候，也开始跟着大姐偷偷织花卖钱。

早些年我们家里太穷，大姐织花也织得早，织好了就全部卖了。她现在总说那时候太遗憾了，竟没有留下一件，十分可惜。后来她到苗市读书，还在坚持织花。她当时上的是农业中学（龙山八中），是半耕半读的那种，要到学校寄宿。农忙的时候学校会放假，这时候才能下到村里的生产队，支援农业建设，帮着搞生产，她每次回来都会就教我织花。

我记得"文化大革命"开始以后,搞串联的时候,大姐学校的毛泽东思想宣传队搞表演,她就跟着到宣传队到长沙表演摆手舞。那时候没钱穿不起表演服装,她就用红色、绿色的纸贴到衣服边上,那时候服装全都是学生自己做的。当时想穿一件客布的衣服都很困难,我们平时穿的都是土布衣服,里里外外都是自己做的,连染色都是自己动手染的,虽然最开始都染的不好看,但有点儿颜色总比白色的美观些,所以,我很早就跟大姐学会了植物染色。

我大姐是在她十九岁的时候去了龙山县,一开始是把她招到人民公社赤脚放映院学习班学习,后来那年年底,龙山县电影公司招人,看她转片很麻利,又能做事,又能吃苦,就把她招进了龙山县电影公司。因为我们家里穷,她去宿舍盖的铺盖都是她自己织的土花铺盖(大白梅)。她一背到县电影院,就被那时候的文化局、毛泽东思想宣传队、文化馆三个单位里的领导看到了,他们非常好奇,对她的土花铺盖很感兴趣,还专门请了县文化馆的摄影师拍她的铺盖,说这是个好的东西,要好好宣传一下,并且对她也是大加赞扬,夸她能干手巧。就这样一下子传开了,大家都知道铺盖是她亲手织的,她那个铺盖最后被州文化馆收去了。那年她回来过年的时候,在家里面跟我说了这个事儿,一直到1980年以后,国家改革开放,她多次跟我和我爱人说,土家织锦以后大有可为,让我们俩抓住机会把它发扬光大,搞好土家织锦,有机会的话,叫我们去村寨里面收些传统的土花铺盖,把一些精品复原,日后肯定有用。她知道,那时候像文化馆这样的单

刘代玉示范土家织锦技艺

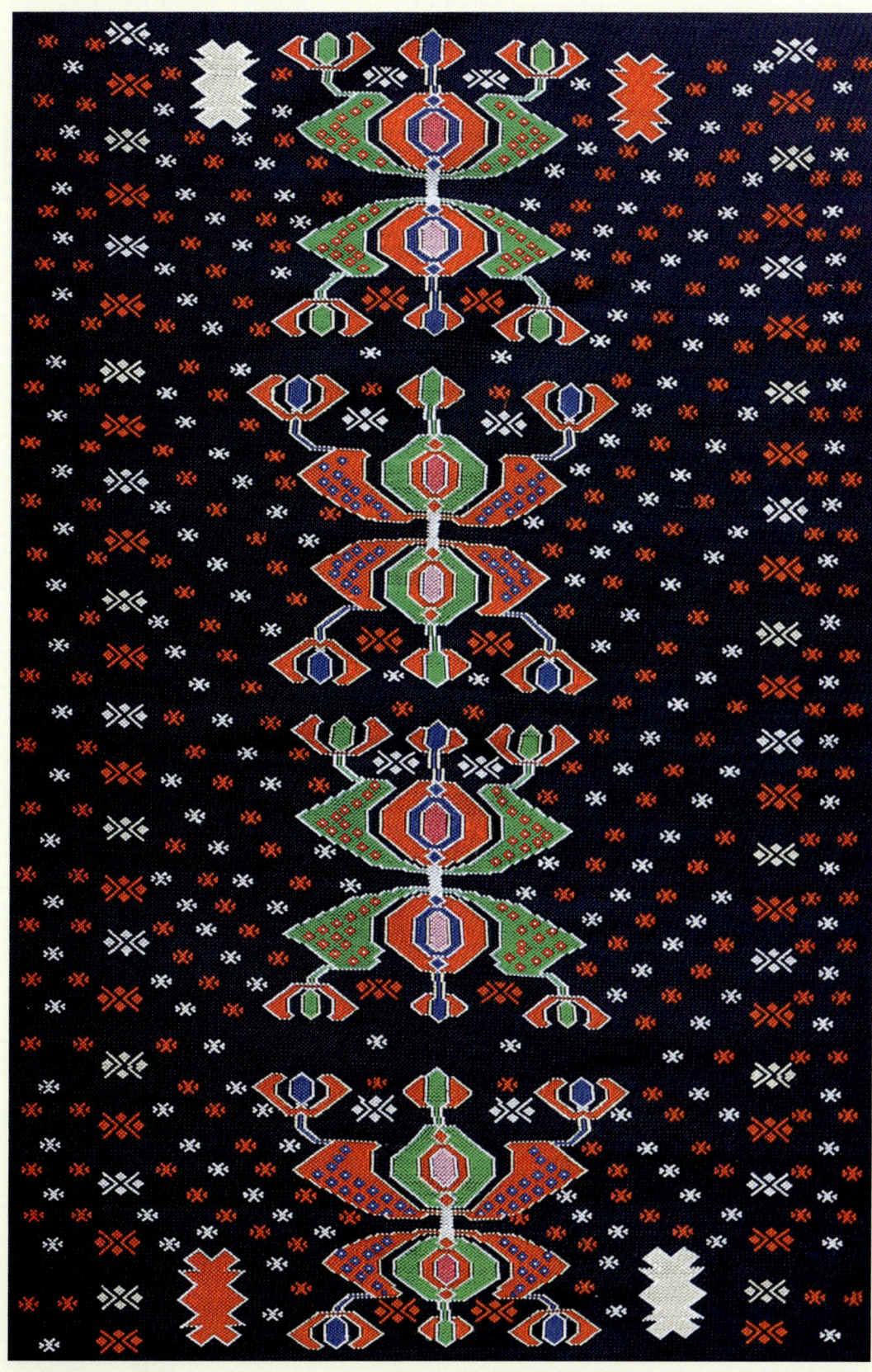

土家织锦《喜蜘蛛》

位很多的研究人员，都开始对土家织锦感兴趣，这是个很好的方向。从那以后，我和我爱人就逐渐以织锦为重心，一心一意要搞好土家织锦。

后来，我大姐于1981年随我姐夫一起调到长沙工作。她在长沙女子监狱幼儿园当老师，不久幼儿园被私人承包，她又调到办公室当话务员。工作之余，她和湖南省工艺美术研究所的田顺新老师一起，做了不少创新的土家织锦产品。田老师是保靖人，他擅长画图设计，我大姐负责织，有次她说她要研究汉字织锦，就趁星期天的时间把自己关到屋里搞了一天一夜，后来终于在土家织锦上织出了"湖南长沙"四个字的汉字和英文。那时候她工作之余跟研究所一直保持来往，汪为义等几个老师也经常找我大姐要货，但她当时一周只有一天可以休息，也没多少时间织花，她就把我和我妹妹织的花给他们，卖多少算多少，把钱都给了我们，那时候也接了不少订单。

我大姐是在1999年退休的。她退休之后，在自己长沙的家里支起了织花机，重新织起了花，而且她对土家织锦植物染色和固色情有独钟，这些年一直在反复钻研和试验。她跟我说，她退休的工资不多，基本上都搞在这个上面了，幸好我姐夫也很支持她，她才能坚持做下去。以前她每年都会回捞车好多次，跟我和三妹聚聚，现在她年纪大了，回来的次数也少了。

我大姐不仅是我们小时候的织花师傅，还是我们俩姐妹的榜样。她在生产队时期，带着我"偷织"土家织锦十多年，织花卖的钱，都供我们姐妹读书，补贴家用了。后来大姐即便参加了工作，工作之余还继续钻研织锦，创作了不少的优秀作品。她是织锦中把汉字织成正面的第一人，荣获了"全国民间工艺美术大师"的称号。平时在我们省会长沙，如果需要展演土家织锦技艺，那些文化部门和机构基本上都会请她过去表演示范。我记得在2005年国庆节的时候，她还在湖南"西兰卡普"湘西土家织锦展会上，现场表演了织锦工艺，湖南电视台经济频道、政法频道、女性频道、《今日女报》都对她进行了报道，中央电视台新闻频道还进行了转播。那一年，我们俩还在一起复原了失传多年的《喜蜘蛛》等传统土家织锦的图案。

现在回想起我们那时候的时光，过得又艰苦、又充实，家里生活上的花销，我上学读书的钱，都是靠我大姐织花赚的。现在我还记得她晚上偷偷地把桐油灯点起来，坐在织机前织花的样子，碗大的瓢里装上桐油，放几根灯草，三个夜工才能织一个盖裙。后来她正式参加工作以后，基本上就不再靠织花为生了，她把她的机子也交给了我，让我继续织，我当时胆子小，直到农村实行改革后，我才敢公开织花卖花。现在我大姐织的花，她都做成西兰卡普放起来了。她说她年纪大了，眼不好使了，织得也慢了，以后她织的花都要好好收藏起来，一件都不出售了。

第三节　我的幺妹——刘代英

我妹妹刘代英比我小五岁，她是1960年出生的。我们小的时候，就是大山里最普通的农村孩子，跟我们那个年代的同龄人没有什么区别。每天放学回家就要帮家里人干活，大姐要织花，我要帮妈妈干家务，我妹妹要打猪草，对于我们来说，能上学已经是莫大的幸运了。后来大姐去龙山县城工作，我在现在影视城那个地方读初中（新生完小），我妹妹在村里上小学，那时候我母亲身体也不好，小学生的上课时间很短，她早早放学回家，就要开始帮我们母亲干活。

我三妹从小是看着大姐和我织花长大的，大姐最先跟婆婆学会织花，然后教会了我，我学会之后，又教会了三妹，我们姐妹三个都会织花。当时大姐织得最好，拿到集市上也卖得俏，这对我和三妹来讲，是一种鼓励和鞭策。但那个时候，正处在"文化大革命"时期，土家织锦是"四旧"，不能织花，大姐和我放学以后，是躲在家里偷偷织的，梭子

刘代娥的三妹刘代英

刘代英近照

刘代娥和刘代英在讨论织花

都没敢打,不敢出声。大姐织累了换我织,我织累了大姐再接着织,哪个有空哪个织,家里面只有那一架织机。三妹那时候小,就在旁边看着、学着。

记得有一次,三妹应该是看我们织花感觉好奇,她也想在织机上试试,就趁我和大姐都没放学的时候,偷偷地坐在织机上摆弄,学我们的样子挑。等我们回家一看,她把我们织的花全部搞乱了,害得我们拆了重新织。那时候我脾气粗,非常严厉地训了她,我当时也是害怕她年纪小,偷织被外人发现把织机没收了就糟了,那时候宣传队还住在我们家,要是被发现就完了。虽然我那次说了她,但是之后她还找机会偷偷地学着织。再后来,等她十一岁的时候,我才开始正式教她织花。她学得也很快,没多久就掌握了基本的织法,我觉得这和她从小耳濡目染,在这个环境里面受到了熏陶有很大关系。

我三妹高中毕业以后,没考上想读的大学,回家之后就跟我一起织花。我们俩那时候在家织好了拿到靛房的集市上卖。那时候靛房集市是五天一场,每次都有很多永顺那边的人来买,因为永顺很少有人会做土家织锦,我们捞车河流域的一些村寨会织的人多,所以他们经常来这边买小孩子的盖裙,我和三妹织的盖裙一件能卖三四块,那时候鸡蛋才两分钱一颗,所以,我们俩织花卖的钱也很可观。后来,一直到1983年,民间工艺研究所的人来我们捞车村考察,见到我和我三妹织的花,非常欣赏,要请我去长沙的湖南省工艺研究所搞产品开发。当时我已经结婚了,而且大女儿刚出生不久,还要照顾家,

刘代英在龙山县织锦厂

我就把这个机会给了我三妹。她接受了他们的邀请去往长沙的研究所，主要任务就是把研究所设计的创新图案，加工制作成织锦产品。虽然我妹妹在那里只工作了一年多，但她帮着开发出了许多现代的织锦产品，效果都很不错，比如《岳阳楼》《北京八景》《火把节》等。

后来没过多久，她从长沙回来去了龙山县织锦厂，还带去了《北京八景》等新图案的织造技术。当时她是跟着叶玉翠老师工作的，经过叶老师的培养，她进步很快，后来还当上了龙山县织锦厂的技术顾问。我记得有一次她回来跟我讲，她们厂里成立了新老两个织锦车间，老的由叶菊秀任主任，新车间全是新手，让她担任主任。在两个车间的一次竞赛中，她领导的新人竟然战胜了老手，夺得了流动红旗，还赢了300块钱奖金，她高兴了好久，这是对她织锦技艺和工作能力的肯定。她跟我讲她最得意的作品之一，就是在1985年参与织造的大型壁挂《张家界风光》，这幅织锦在全省民族用品质量评比会上受到很多人的称赞，获得了很好的名次，她为此还代表龙山县织锦厂和厂长，出席了在武汉召开的全国工艺美术优秀产品表彰会，获得全国少数民族工艺大奖。后来，在武汉举办的全国少数民族用品展销会上，她织的花吸引了很多观众，各个省市的上百个单位都跟她订货。

不过到了1987年，我三妹他们家遇到很大危机。我妹夫在外面做药材生意赔了，他拉的一车价值好几万的药材全被没收了，一下子就欠外面好几万的债。当时我三妹一个

刘代英和她儿子

刘代英的丈夫身穿土家族服饰

刘代英的参会证

月的工资才35块钱,没办法为了还债,他们俩个只好一起去外面打工赚钱。她那段时间也收了很多旧货拿到集市上卖,有雕花的老木床,也有旧的织锦被面,那几年为了还债,他们屋里的东西都卖光了,过了一段非常艰难的日子。后来,我三妹和妹夫到深圳去打工。在我三妹上班的厂里,有一个厂长看到她背的一个手工做的土家织锦背包,非常喜欢,感觉是个商机,经过考察,她们厂长决定投资生产土家织锦产品,于是,就把她派回我们捞车河在家里织花。她那时候孩子也小,还要上学,她就留在家里织花,我妹夫还在深圳那边打工。

过了两年,整个织锦行业非常红火的时候。她就到苗儿滩镇开了一个小店,一边织花,一边销售,同时也收集一些老旧的西兰卡普。那时候我们俩正在商量,把传统土家织锦的百余种图案全部收集起来,然后一一复制出来,但当时我们两家的条件都不好,从各个村寨收的旧被面都留不住,只有转手卖了,才有钱再去收其他图案的旧被面,所以那个时候我们虽然见过好多漂亮的西兰卡普,想自己留着又不得不卖,很是舍不得。后来,在我的织锦厂遭遇了瓶颈,她镇上的织锦坊也关了门,我们俩就一块商量该怎么办。那时候我们一起设计制作了几件土家族的服饰。我记得我们俩合作的一件土家织锦挑花服饰,在2000年到昆明参加了中国民族服装、服饰博览会,还获得优秀设计奖、优

刘代英获奖证书

秀展品奖，赢得了各界人士的好评，后来我三妹就在土家族服饰这个方向上一直发展，现在还是我们湘西土家族服饰制作技艺州级传承人。

我三妹的人生经历也很波折，她从事织锦的时间不短，在捞车河织的时间不长。张家界旅游业发展起来的时候，她还到景区做过一段时间的织锦表演，后来是在省工艺研究所汪为义老师的指导下，又回到我们捞车河织花。但没过多久，她儿子要去龙山读书，她也非常关心孩子的学习，就跟着他去了龙山，白天给他做饭，晚上等孩子睡了，再起来织花，非常辛苦。这些年她培养孩子读书花费的二十多万，都是她织花赚的钱。不过我外甥也很懂事，他知道他妈妈为了让他读书吃了很多苦，所以他很努力地学习，后来考上了长沙中医学院。现在，孩子们都大了，我三妹就在捞车织花，她家就在我屋后面不远，所以她也经常过来帮我做一些传承工作，为到捞车河旅游参观的游客和学员们讲解、表演土家织锦技艺。我三妹从事土家织锦以来，没少获奖，她的证书也是一堆一堆的，除了土家织锦之外，她做的土家族服饰也不断受到社会各界的好评，如今，她自己还在钻研植物染色的东西，所以，整体来说，她是一个综合全面的织锦艺人了。

刘代英教儿媳妇向慧梅织花

第四节　我的丈夫

我和我爱人向光武是在 1981 年结婚的。我们结婚的时候还有一个结婚证书，可现在已经找不到了。我结婚的时候我父母都健在，我大姐已经出嫁，家里只剩三妹，生活条件改善了很多。因为我们家没有儿子，我爱人算是我们家的上门女婿，那时候农村还是有重男轻女的观念，有个儿子就好养老，"一个女婿半个儿"，他来我们家是跟我一起照顾我父亲母亲的，一直给他们二老养老送终。

我和我爱人俩个是中学同学，我们都是捞车村的，我俩算是自由恋爱吧！他高中毕业后就去天津当兵了，1976 年还支援过唐山大地震。我高中毕业后回村里面当村干部，后来我们之间一直有书信往来。他转业那时候写信问我要不要跟他去东北，我说我不想离开家，所以他复员之后就回到我们村了，然后我们俩个就结婚了。那时候我们双方父母都比较赞同我们的婚事。他们向家是村里的大姓，人丁兴旺，他家里面兄弟姐妹有四个，他排行老四。他父亲以前是我们这个地区的一个领导，管着从洗车河到隆头镇这一

刘代娥和丈夫向光武

块地方，算是国家干部，不过后来也不干了。

我出嫁时候的嫁妆是我自己织的一床西兰卡普，至今我还珍藏着，那是"船船花"的图案，两只船合在一起，成双成对，同舟共济，寓意很好。那床西兰卡普颜色上主要是用红色，黄色、灰色、黑色也都有一点，看着漂亮雅致，我平时都不舍得用，也没拿出来过，现在这床西兰卡普还在我柜子里面珍藏着，看上去就跟新的一样。不过我现在想想稍微有些遗憾，我作陪嫁的这床用的丝线是用化学染料染的颜色，不是用天然植物染料染的，因为在我十几岁刚学织锦的时候，我织的花还都基本上是用植物染料染，后来到了70年代，化学染料比较普遍，大部分的丝线棉线都是用化学染料染的，但整体来说，我对我自己织的这床嫁妆还是很满意的。

我们土家人婚姻比较自由，男女双方可以自由选择对象，唱山歌是我们最常用的表示爱慕的一种方式，所以在我们土家情歌里，就有这么一句"船船相合首尾连，情意绵绵永不散"，这是歌颂爱情的，寓意两个人白头到老，幸福恩爱，我就是觉得"船船花"的寓意很美好，才给自己织这个的图案的。我是在20世纪80年代初结的婚，这块织锦是七几年的时候织的，是三幅织锦合成的一个被面，虽然这个土家织锦已经有四十年了，但它的质地还是很紧致厚实，看着还是比较精美细腻的，不仅颜色一点儿没褪色，而且也没有一点儿破损的地方，所以我们土家织锦用来做被面的话是非常耐用的，一般都可以往下传个几代人。

我和我爱人结婚一年多之后，就在我们捞车开了土家织锦厂。最初的时候只有我屋

向光武的退伍证

前屋后的几个邻居跟着我干,后来生意好,订单多,活做不完,我们扩大生产规模,最多的时候发展到二三百人跟着我织。当时我在家里负责生产,监管质量,我爱人到外面跑销售,扩展市场。他常年在外面,经常去一些知名的旅游景点推销我们生产的土家织锦壁挂和包,那几年生意好得很,基本上一年下来就能赚一万多块钱。后来到了九十年代中叶,生意开始下滑,龙山县所有的织锦厂全部倒闭,产品滞销,我爱人当时为了跑市场、找路子,经常在外面奔波。1994年的时候,他是去花垣县联系订单,路上坐了一个中巴车,就在车上睡着了,谁知道车子半路翻了车,一下子把他的胳膊压伤了,在医院住了好久。后来他康复之后,我们两个就商量生意不好,以后该怎么办,就这样,他鼓励着我,我鼓励着他,我们凭毅力、靠手艺,还是坚持了下来。

等到过了新千年,国家开始重视非物质文化遗产的传承保护工作,我又被县里上报为国家级传承人,这样才算越来越好。其实那段时期如果没有我爱人对我的引导、鼓励和支持,我基本上不可能坚持织花,还坚持干了这么久。后来,他还建议把我大姐和三妹拉来,一起开办了刘氏三姐妹土家织锦公司。如果这一路没有他,我是不可能一直织花,成为国家级传承人的,恐怕中途就放弃了。现在,我即便成了传承人,他还是在帮我做我不擅长的事儿,比如填表、整理资料、打印文件等,他基本上把他的精力都用在了给我打下手的事情上。有时候传习所要接待来访的人员,也都是他替我安排联系好,只等我过去讲课就行了。他尽量不让我把精力用在琐事上,好让我腾出时间做我想做的创作。

向光武还经营着土家客栈

有一年暑假,一个学校的几十名师生来传习所参观学习。他看我忙不过来就帮我讲理论课,然后我讲如何实践操作的部分。到了下午吃饭之前,他背着竹篓上街买菜,然后再回来下厨做饭,一下子做了四五桌的饭,吃完饭他还要刷碗,安排师生们的住宿,一天下来一大半的活都是他一个人干的,如果没有他帮我,我自己根本应付不过来。平时,我女儿和儿子都说他爸爸做的饭好吃,都喜欢吃他做的饭,现在我们在家里办了农家乐,有客人来的话也都是他做饭。最近国家正在办理退伍军人的补贴政策,他作为退伍军人,有6年军龄,每个月还有固定的退休金,即便这样,他还是几十年如一日,在我身后默默地支持我,让我很感动,我常说他是牺牲自己,成就别人。

我和我爱人这几十年风风雨雨一起走过,可谓是同甘苦、共患难。平日里本该我操持的家务,他见我事情多,忙不过来,都帮我分担了,相依相伴,始终如初。他还帮我承担了不少传承工作,可以说是默默无闻、任劳任怨。我知道,我们现在能过上这么好的生活,也都全靠他几十年无声的付出才换来的。

刘代娥和丈夫向光武合影(旧照)

1974年向光武在天津武清当兵时的照片

1981年向光武退伍时拍摄的照片

第五节　我的孩子们

　　我有三个孩子，两个女儿和一个儿子。他们现在都长大了，各自有了自己的孩子，所以我也算得上是子孙满堂了。我的大女儿叫向流霞，今年37岁了，她从小就很爱美，喜欢漂亮。我三妹以前做了很多漂亮的土家族服饰，总会找她去当模特拍照，你看好多土家织锦的书上都有她的照片。她和我大女婿以前在无锡做餐饮生意，开了两家湘菜馆。他们俩有一个女孩儿，非常可爱。每年过年，他们都在初二那天回来跟我们一起过，那时候家里是最热闹的，都聚在一起。

　　我大女儿也跟我学过织锦。她从小就喜欢看我织花，她总说自己小的时候每天不是闹钟把她叫醒的，而是织机的响声把她叫醒的。因为那时候订单多，生意好，忙都忙不过来，我早起之后，没吃饭就坐机子上织花，一直到晚上天黑看不见线才停手，有时候还要开着灯加夜班。后来我的织锦厂越做越大，整个村的妇女，还有一些没去上学的年轻人，都在我家跟着我干织锦。那时候有几个比我大女儿年龄大的女孩子天天带着她，教她织花，她从小看我织得多了，也学得很快，但她还是织得少，做得不是很精。

刘代娥的大女儿向流霞

我和我爱人在她小的时候是最忙的，没有时间和精力照顾她，但还害怕她耽误了学业，于是，我和我爱人就商量着先把她送去长沙她大姨家，到长沙去读小学。毕竟长沙是我们湖南的省会，教学质量自然会比我们村里面的小学好，她能去那儿接受更好的教育肯定是好事，而且她大姨家也有一个女儿，她们两个在一起上学还能有个伴儿。所以我大女儿从小学一年级到五年级，都是在她大姨家长大的，跟她大姨的感情非常好。再后来，因为她不是长沙市的户口，不能在那儿继续读初中，我们就把她转回了老家苗市的中心小学读书。我大女儿很热爱体育，喜欢运动，她在这方面比较拔尖，后来就靠体育特长被保送到龙山一中，在那读了一年之后，她自己又考到湖南省体校，到体校跳健美操。在体校上完五年学之后，她就毕业工作了，现在在龙山开了一家养生馆，专门做美容美体和理疗养生。我大女儿跟我大女婿是中学同学，他们俩个是自由恋爱的，感情也很好，现在有了我外孙女，他们一家三口日子过得也很幸福。

我的儿子叫向彬南，排行老二，今年 33 岁。他和我儿媳谭凤香现在都在龙山，他们家里孩子多，有两个女孩儿，一个男孩儿。我儿子是做技术的，我儿媳会织锦，现在也是一名专业织锦艺人，她织的花还是很不错的，所以在家里她也是我的得力助手。我儿媳妇在到我家之前，也会织一点儿花，但没有专门从事这个，一开始织得也不精。后来她嫁到我们家之后，才开始逐渐跟着我做，做得越来越多，越来越好，慢慢地对织锦产生了感情，现在已经全身心投入织锦这一行了。

刘代娥的儿子向彬南

刘代娥的儿媳妇谭凤香

最开始，她也是抱着试试看的心态跟我学的，后来我教她的时候对她非常严格，织得不好的地方，我都要说她，有时候急了还会骂她，但她这个人脾气很好，也很虚心，我说她她能听得进去，马上就知道自己哪个地方出问题了，需要改正，所以进步得很快。她之前在龙山县开过织锦坊，后来因为孩子多照顾不过来，才把织锦坊关了。她这个人能吃苦也勤快，所以，我就把我知道的一百多种传统土家织锦纹样全部教给她了。她现在自己一个人就能复原这些纹样，这是让我感到欣慰的事儿，至少我们传统土家织锦后继有人了。这几年我也有意培养她，经常让她替我去参加一些展会和培训，比如前年，美国北卡罗来纳州的州府举办罗利艺术节，我因为有事去不了，就让我儿媳妇替我去了，她在那边表演土家织锦技艺，受到广泛好评，对于她而言出去不仅能见市面，还能跟其它传承人多交流交流，这对日后做好土家织锦的传承工作都很有帮助。

刘代娥的小女儿向流琴和女婿

我的小女儿叫向流琴，今年31岁。她小的时候还跟我学过织花，会织一些简单的图案，后来她出去上学就很少织了。她毕业之后到深圳打过工，之后又在无锡遇见了我小女婿。他们俩结婚之后，就留在无锡做纹身生意，现在生意做得挺不错，买了房又买了车。目前，他们有两个孩子，一个儿子，一个女儿。外孙刚上幼儿园，外孙女才一两岁，不过听我小女儿说，我外孙喜欢画画，以后也想培养他学艺术。

我记得我小女儿六七岁的时候，土家织锦的生意不是特别好，我总是带着她去镇上摆摊卖织锦。后来她长大一些，不仅能跟着我一起到北京、山东、安徽跑展会，还能在家里教我用手机微信跟客户联系，她那段时间在微信上给我管理订单，帮我联系了不少客户。

我小女婿是陕西人。他年轻的时候非常想上美院，但是家里条件不好，考上了没钱读，所以早早地就去给人打工赚钱了，他后来在一个玻璃厂跟师傅学在玻璃上画画，逐渐就成了美工雕刻师，手艺非常好。现在他转行做纹身，开了好几家门店，生意做得不错。我小女儿现在就在家当全职太太，照顾两个孩子了。平时如果有空，我小女儿也会带孩子回捞车河住，一住就是一两个月，住下就不想回城市里了。

我小女婿是个很节省的人。听我女儿讲，平时他们家里吃不完的饭菜他不让倒，下次吃饭他就把剩饭吃了，这一点我很欣赏，现在很少有年轻人能做到这么节俭。我一直认为，不管你本事再大，赚再多的钱，也应该知道勤俭持家的道理，这样才能过好日子，这样的人才是可靠的、值得托付的。上次我小女儿跟我讲，他们纹身的客户很多都是来

刘代娥和孙子、孙女

中国教书的外国人，有的一个客人会花上一万多在身上刺青，我听了之后觉得挺诧异的，感觉自己真是老了，跟不上年轻人的想法。不过我小女婿纹身的手艺是很不错的，他现在给别人纹身都是按小时收费的，一个小时一两千块，他带出来的很多徒弟现在也在帮他做。

  其实我的这些孩子们都很体贴我。看我坐机子上弯腰织花很累，就跟我讲："妈，你这个很辛苦，又不挣钱，还是别做了。"他们担心我颈椎不好，把自己累坏了。但现在织花已经成了我的一部分，一天不让我织，我就感觉浑身不舒服，闲得发慌，所以，我还得继续织。现在我们家除了我和我儿媳会织，我的这两个女儿也会织一些，但有了孩子她们也都没时间织了。不过我总觉得，孩子有自己的爱好和发展，我不会强求他们一定要跟我做一样的事儿，只要他们过得开开心心，一家人幸福平安我就满足了。

刘代娥的三个孩子

第十一章 西兰卡普的传承与发展

引 言

土家织锦作为发源于武陵山区的一种织物，千百年来，代代相传，延绵不绝，体现出独具特色的传承方式和发展过程。武陵山地区的土家族村寨一般是以姓氏聚居，一个村寨通常是由一个或数个大姓的人聚集组成，一个村寨或一个姓氏是一个大家庭，村寨之间往来频繁，相互交流，亲戚之间时常走动，相互促进。土家织锦技艺作为日常生活的必备技术，就是在土家族妇女的交流中得到传承和发展。

目前，土家织锦民间的传承区域仅剩酉水流域，其工艺的传承方式主要有家族传承和地域传承两种方式，家族传承是土家织锦技艺的主要传承方式，而地域传承则更多地依赖于文化和社会环境的影响。家族传承是家族内部亲属之间相互学习的方式，如祖母教会孙女、母亲教会女儿、嫂子教会小姑等。改革开放以后，逐渐出现了师傅授徒，同时也有集体学习培训等传承方式。

土家织锦经历了从传统到现代的转型。20世纪80年代中期至90年代中期是土家织锦最为繁盛的时期，进入新千年之后土家织锦又走向萧条。传统织锦与现代织锦相比，在原材料、图案纹样、用途与品种、生产形式等方面都发生了翻天覆地的变化，引起变化的原因是复杂的多方面的，如社会经济基础的变化，价值观念的变化，审美取向的变化，政治文化的影响，社会环境的影响等等，这些因素最终推动了土家织锦的创新和发展。近些年来，刘代娥推出了一系列土家织锦新产品，获得社会各界的一致好评。

社会的发展和科学技术进步的今天，商业物质改变着人们的传统审美趋向和价值观念，民族传统与生活方式遭受到现代文明的冲击。土家织锦作为家庭传承、母教女学、自织自用，满足本族审美和生活需求的手工艺产品，首当其冲地面临威胁，正逐步失去其赖以生存的土壤和环境。在小农经济状态下，土家织锦与土家族女性的一生紧密相连，织花、出嫁、生子、持家，土家织锦是土家族女性人格的体现。20世纪80年代以来，土家织锦传统实物大量流失，传统纹样消亡，严重威胁着土家织锦的技艺传承和发展。刘代娥就是在这种情况下，以其微薄之力，几十年如一日，广泛收集复原了百余种传统土家织锦图案和纹样。据说历史上土家织锦有四百多种纹样，保留下来的只有一半，刘代娥也只是复原了其中一部分。她收藏的近七十块传统的土家织锦，是带有岁月痕迹的古老织锦，加上时间的厚度，愈发古朴至美。

土家传统织锦是数千年来土家人民知识和智慧的结晶，反映的是土家人的思想观念、价值取向、审美意识和对生活的追求。刘代娥总结回顾了土家织锦发展走过的路，20世纪80年代，旅游业开始兴起，给土家织锦提供了一个千载难逢的发展机遇，但进入90年代末期以后，随着改革开放的不断深入，物质产品变得丰富，旅游业也得到飞速的发展，再加上打工潮兴起，土家织锦的萧条成了必然，因为它存在的社会基础发生了变化，所以，她还提出了保护的建议，在现代社会背景下，民族传统工艺必须顺应时代的需要，否则就将淘汰。

刘代娥深知传承工作的不易，她认为土家织锦传承不仅是技艺的传承，还是文化的传承，土家织锦所蕴含的传统土家族文化精髓博大精深，工艺的复杂性和现代文明发展，都要求织造艺人应该具有民族传统与艺术的多重修养，否则土家织锦的传承将受到相当大的限制。这一章，跟随刘代娥老师的讲述，一起了解土家织锦的传承与发展。

第一节 西兰卡普的传承

我今年已经63岁了,在我织花的几十年间,我看到过土家织锦的成长、繁盛、衰落和复兴,感受到自己肩上传承担子的沉重。从中华人民共和国成立初期到今天,土家织锦的发展一路坎坎坷坷,跌宕起伏,能有今天的局面,已经很不容易了。未来该往哪走,该如何走,谁来传承,都是我们应该好好思考的问题。

20世纪50年代,是我们土家织锦走向大众的时期,织花老前辈叶玉翠,把土家织锦从大山里面带了出去,让全国人民了解到还有这么好的传统手工艺存在。后来土家织锦漂洋过海,走向国外,在伦敦国际博览会上,世界人民都见识了土家织锦的魅力,这是土家织锦的成长和起步。但谁又晓得,到了"文革"时期,土家织锦竟然遭受那么大的打击,每家每户的织机都被劈了当柴烧,好多漂亮的西兰卡普也被人们当做"四旧"毁掉了,土家织锦技艺差一点儿就完全灭绝了,幸好在大山深处的捞车河流域的一些村寨里,有幸保留了这个工艺传统。在那段特殊的时期,我和大姐不敢光明正大地织,只能晚上偷偷地织,这样的日子到十多年后才有所改变。

刘代娥传习馆里摆放的各种荣誉证书

20世纪70年代末,国家改革开放,人们的思想观念逐渐解放,随着我们湘西地区旅游业的发展,各地区、各县市、各村镇都纷纷兴建起了土家织锦厂和个体作坊,土家织锦又开始复苏。到20世纪八九十年代,土家织锦算是迎来了明媚的春天,当时的发展速度之快,范围之广,规模之大,空前绝后,可以说历史上"家家有机声,户户织锦忙"的景象重现,从事织锦加工的人员数量猛增,土家织锦达到了繁荣的顶峰。不过自古以来,万事万物都是盛极必衰,这样的好局面在20世纪90年代中后期陡转直下,迅速衰落,土家织锦产品滞销,龙山、永顺、吉首、凤凰等地的织锦厂接连停产,那时候我在捞车村开办的土家织锦作坊也从最大规模时候的300多人,后来只剩下我和我三妹两个人在坚持织。土家织锦一夜之间没有了销路,没有了订单,刚热闹起来还没多久的酉水河两岸又恢复了平静,土家织锦再次回到了深山密林里。新千年以后,随着土家族织锦技艺被列入国家级非物质文化遗产名录,社会各界开始越来越重视非物质文化遗产的传承、保护和发展问题,土家织锦这才又得到相应的发展,有了今天的局面。这是土家织锦这七十年来的发展历程,我们要先弄明白土家织锦的历史,才能更好地认识传承的现状和问题。

传统的土家织锦是我们土家人自织自用的生活日用品。在我婆婆那个时代也没有织锦艺人的说法,没有人以织花为生,都是自己给自己织,给自己的女儿和外孙子(女)织,有的人织得多就拿出去卖,但大部分还是卖给土家人用,当被面或者做衣服都可以。

各种铭牌诉说着捞车村曾经的繁荣

打溜子艺人们身穿土家织锦服饰

所以织花这个技艺在那时候的传承也很自然，不需要保密，都是公开的，每个大家族里都会有几个织花好的人，如果想学，就可以请教自己家里的婆婆、妈妈、姑姑、嫂嫂、姐姐等。旧时候土家织锦技艺的传承就是开放的，全靠家里面老一辈的人带小一辈的人这样教出来的，同一个村寨和亲朋好友之间织花的技术也都很开放，不需要拜师，也不需要教学费，想学就能学，普及范围比较广泛。

虽说当时的普及面广，但是对于我们整个武陵山区来讲，还是有差别的。比如说湘鄂渝黔四省交界的地方都有土家织锦，但鄂西南的来凤和渝东南的秀山、酉阳等地的一些土家村寨，只有很少一部分人在织，数量不多。土家织锦的源生地主要还是集中在我们湘西酉水河流域的龙山、保靖、永顺和古丈一带，而且到目前为止，民间还能把土家织锦当做一种民俗实用品，并保留自发织造风俗的地方，可能就只有我们捞车河流域，以及龙山、永顺和保靖三县交界的部分村寨了。

不过后来，土家织锦开始成为一种市场上的商品，这个时候就有了利益之争，一些村寨与村寨，家族与家族之间开始出现密不外传的现象，织花的工艺技术只在家族内部传授，没有亲缘关系的基本都不教授。再后来就是改革开放，旅游业兴起，土家织锦成了很受欢迎的民俗旅游纪念品，于是织花就成了一个谋生的职业，出现了很多专业从事织花的艺人，这才有师傅带徒弟的传承方式，那时候徒弟不限于是哪个村寨，哪个地方的，只要是上门来拜师学艺的，就会教的。到土家织锦最繁荣的那段时间，政府也出台很多政策支持和培养织锦艺人，许多工厂和家庭作坊都开办了学习班，培养织锦人集中学习织锦技艺，我那个时候就去了花垣县织锦厂，指导他们生产，同时传授技艺，就这样土家织锦的传承方式又从封闭走向了开放。

后来又遇到土家织锦滞销的低谷期，很多艺人纷纷选择南下打工，不再织花，只有少数艺人坚持织，那段时间我过得也很艰苦，但最终还是撑过来了。但是20世纪90年代以后，打工潮就一直没停过，我们村镇上百分之九十的人都出去了，毕竟在外面打工一个月能有几千块的收入，要是留在村里面，可能一年才有几千块。所以年轻人都走了，没有人愿意织花，偶尔有几个年龄大的妇女在家闲着，愿意跟我学。但是这样土家织锦技艺的传承就成了问题，你看我们村三十岁以下会织花的没有一个人，年轻的女孩子没有考上学的都出去打工了，外面的世界当然更广阔，赚得多，选择也多，基本上没有女孩儿愿意再待在山里面埋头织花了。我记得他们吉首大学在2006年的时候，还到我们捞车村做过一个调查，当时我们村有一百八十多户人家，一百二十多户有织机，会织锦的有一百三十户，但仍然坚持织的只有十户（十一人），织花人的平均年龄是四十七岁，但我估计这几年会织、能织、还坚持在织花的人更好，可能只剩三五个了。

总之这十多年，想学土家织锦技艺的人越来越少，不只是一个方面的原因导致的，是整个大环境造成的，土家织锦技艺传承的最开始的原始环境已经改变了，原来的土家织锦做铺盖衣服，靠的是家庭传承，自织自用，只是为了满足我们土家人自己的日常生活需要，只要符合我们土家人的审美就可以了。但是现在随着社会的发展，科学技术的进步，以及商品物质的丰富，人们传统的审美观早就变了，而且现代人讲究卫生清洁，每隔一周都要洗铺盖、换床单，但我们用土家织锦做的铺盖不仅厚重，而且不易洗涤，费力费时，不符合现代人的审美倾向和生活习惯。再说一床西兰卡普的价格昂贵，没有印提花床单那么物美价廉，所以它的市场小，也不可能大批量生产，这就让织锦艺人们不得不考虑自己的生计问题。

我们村口的大河边有个碾坊，碾坊里有个大磨盘，你们过来的路上应该能看到。它以前是我们村民榨油的地方，碾坊榨出来的油味道很好，但现在社会发展了，都用机器榨油，逐渐就没有人再去碾房了，所以那个地方现在只是个景点。我每次想到这里，就会联想到我们土家织锦，因为土家织锦也是一个传统手工织造的东西，如果用现代社会的发展观点来看，人手工织造是赶不上机器生产的效率的。以前我们土家人的土花铺盖都是手工织的，现在你到超市看一下，想买铺盖的话，各式各样的床上用品应有尽有，而且物美价廉，有的很漂亮图案的铺盖，才一两百块钱一件，而且生产的产量大、生产周期短，可选择的图案花色也多，所以现在年轻人结婚，基本上都不用土花铺盖了。相比之下，我们土家织锦传统纹样只有固定的一二百种图案，织造起来周期长，耗时耗力，

现代人结婚陪嫁的被子

刘代娥每天都要在机子上织花

已经成为历史的碾坊

而且价格也比印花的被罩要贵些，所以实用价值丧失，没有多少市场了，就像那个被遗忘的碾房，如果我们再不重视土家织锦的文化价值，可能再过几十年以后，她也会像那个碾房一样，成为一个标本，只能在博物馆里见到了。

土家织锦的传承需要真正热爱土家织锦的人来做，只有发自内心愿意干、喜欢干，才能把土家织锦做好，如果一味只想用土家织锦来赚钱，那恐怕是不会长久。比如我见过现在市场上一些从事土家织锦生意的老板，他们与其他老板形成了一种恶性竞争的循环，有的为了抢一个订单，不断把土家织锦的价格压低，同样的东西别人卖1000块，他就卖600块，这样就成了恶性循环，到最后老板们为了获利，不得不从材料、工艺上面打折扣，降低织锦的价格，致使土家织锦质量下滑，最后不仅织锦老板得不到合适的利润，织锦艺人也得不到利益，如果连养活自己都是问题，那还有谁愿意继续织呢？

不过现在，我也看到了一些好的情况，随着国家对非物质文化遗产越来越重视，尤其是我们县委、县政府都很积极地推广宣传，土家织锦技艺已经被越来越多的外面的年轻人了解和熟悉，受到他们的喜爱和追捧。这几年外面有很多人专门到我的传习所来学习土家织锦技艺，尤其是每年寒暑假，很多大中专高校的学生也会慕名来学习，让我看到了土家织锦日后传承的希望，颇感欣慰。

第二节　西兰卡普的保护

土家织锦技艺是一种手工技艺,是靠我们土家织女的双手创造出来的,从大的方面来讲,我们人类的进步是离不开手的,世界上所有的成就都是人用双手创造出来的。在现代社会,手工技艺越来越稀少,虽然看上去手工的东西好像没有那么必要了,但手工制作出来的东西却有不可替代的意义。不管是工业社会的发展,还是尖端科学的进步,全凭人的手发挥作用,如果手丧失了这些先天的功能,那人类的创造就会停止,人类文明就会停滞,后果非常严重。

其实我们西水流域作为土家织锦的源生地,它的生存环境已经非常恶劣,现在我们这儿的年轻人结婚,陪嫁的铺盖还是要的,只是不像过去一样,必须要用西兰卡普,可以用现代提花被罩代替。而且年轻人现在在外面打工,有的去了北京、上海,有的去了深圳、广东,一年才回来一次,他们接受了外面的新生事物,观念和审美都不像以前那样了,所以年轻人的思想变了,不再那么看重织锦,也不像我们这一代对织锦这么有感

从未中断过织花的刘代娥

情了。我觉得土家织锦的美是要用心去体会的，要用心才能织出来的。别看我现在已经是织得很熟练的人，但每天从早到晚坐在机子上织的话，一天我最多也只能织一两寸那么长（宽50的幅面），要是想织一幅比较精美的土家织锦，至少也得一个月左右。但是问题就来了，花一个多月织的锦我能卖多少钱呢？有时候能卖一两千，有时候能卖三四千，一个月下来每个工作日平均也合不到一百块钱，而且这还没有除去材料等成本，如果再除去成本费用，基本上只有几十块钱，更何况这还没有考虑市场行情是不是好销，并不是你织出来就肯定有人买的，所以综合这些问题，也就能解释明白现在的年轻人为什么不想做土家织锦的原因。

我们土家织锦本身是一种传统手工艺，它有上千年的历史，是我们土家族传统文化的重要部分，也是我们土家族传统文化的物质载体，包含了土家人的生产生活方式、风俗习惯、审美趋向和文化精神，是所有土家人集体的珍贵遗产，也是学者专家们研究土家族文化的重要对象。所以，土家织锦技艺作为我们国家的非物质文化遗产项目，保护好它就是保护好社会文化的多种形态，有利于我们人类文明的进步和发展。

但是，土家织锦传统原物在我们民间，面临大量流失和消亡的状况，数量之多、速度之快，是我们想都想不到的。20世纪八九十年代开始，我在收集传统土花铺盖的时候，就见到过几个湘西的文物贩子，在大量收购古旧的西兰卡普，他们把收到的旧被面转卖给外面的老板，这些老板有的是台湾人，有的是日本人，不知道他们为什么要买，但他们一买就是两三百床，而且还都是传统西兰卡普的精品，很多纹样是我从来没见过的，实在可惜，那个时候我们县里没有专门的单位和资金，能来保护这些织锦，只有少数热爱织锦的有识之士，私人购买了一些，但数量很少，像我一样，只能收藏零星几件，根本起不了大作用。

我年轻时候收集的传统土家织锦的纹样，后来有条件我就把它们恢复出来，其中不少都是非常珍贵的织锦图案。我记忆最深的是《珍兽图》，我找到这幅织锦的时候，它已经破旧不堪，后来经过我仔细研究了它的织法，并全部用丝线还原了这幅织锦，做了一两个月才把它复制出来。后来很多织女知道有这样的织锦，也纷纷按照我恢复的把它织造出来了，这才逐渐引起大家对旧的土花铺盖的重视，才有更多的人开始关注传统土家织锦的经典纹样和魅力。

当然我也见到好多传统织锦的精品烂掉了之后，图案都看不清楚了，非常可惜，想复制都没办法恢复，而且在博物馆里也看不到完整的，后来我就想，如果是这样的话，恐怕连我们的后代子孙更没机会再见到这些珍贵的瑰宝。假如我们这一代人不去整理，那土家织锦就真有断代的危险了，所以在那么艰苦的时候，我还是要坚持收旧的土花铺盖，复制其中的经典纹样。说实话那时候我的条件也很困难，家里面上有老、下有小，还要考虑全家的生活问题，但我也迫切想把一二百种传统的织锦图案都织出来，保存下

小孩子围在织机前看织花的照片

与关心土家织锦发展的专家合影

去，将它们留在土家织锦的源生地捞车河，留给我们的后代子孙。这个愿望在那个时候是很难实现的，因为这是一个不小的工程，它不是靠一两个人就能完成的。

普通的一个织女，一般能掌握一二十种图案就不错了，能织出来二三十种的人已经很少见了，所以要复制出一二百种传统织锦图案的难度十分之大，而且织女们都要生活，也不可能放下手头的活，不顾生计，只去恢复传统图案。反复思考了之后，我认为这件事如果我不去做，那还有谁会比我跟有条件把它做出来呢？如果我们这一代人不能完成，恐怕下一代就更难实现了。就目前织锦行业的情况来看，我是最有可能完成这个计划的人，后来我就暗下决心，在接活儿的时候，主要做传统织锦图案的订单，这样给别人加工的同时，方便自己多做出一两件留着收藏。日积月累，就能把我掌握的一百多个传统图案一点点织出来，以后条件允许的话，我还想在捞车河建一个土家织锦展览馆，把我复制的传统织锦全部展出来。

对于土家织锦该怎么保护的问题，我也仔细考虑过，传统的土家织锦已经失去了原有赖以生存的封闭的历史条件和环境，随着时代的发展和进步它不可避免地会逐渐衰退，甚至走向消亡，因为人们也不可能回到以前那个生产和使用土花铺盖的年代了。但是它又是非常珍贵的文化遗产，是我们人类社会手工艺技能的见证，保护它是理所应当的，但怎么保护，如何保护呢？我觉得首先就是要继承好留下来的传统，其次是做好传承工作，最后是进行创新和发展，没有继承就没有发展，没有发展就不可能继续传承。

保护不应该是原来旧铺盖的保留收藏，不能停留在收集、整理、复制这个程度，因为这样只会最后把铺盖死板地放在博物馆，让它成为一个没有活力的标本，这样就失去了生命力，这种保护也不是真正的保护。我们作为这项手工艺传承人，应该要主动探索，找一些适应时代发展的传承方式。西兰卡普没有了以前的生存环境，必须适应现在的环境，必须寻求自己发展的路子，发展才是最好的保护，才是主动的保护。传统的土家织锦想要真正的振作起来，必须摆脱以前的路子，提高质量，把优秀的文化艺术内涵融入进去，适应现代社会生活，传承人要起到带头作用，多设计开发一些能为现代社会生活服务的产品，这是对土家织锦比较现实有效的保护。

我还清楚地记得20世纪90年代末，土家织锦所遇到的沉重打击，那时候为了迎合市场的口味，提高产量，很多织锦坊只顾着追求眼前的利润，不考虑土家织锦的文化特点和质量，最后满大街都在出售千篇一律的旅游产品，质量还非常差，把土家织锦做得面目全非，导致后来产品无人问津，差一点儿就断送了土家织锦的前途，这是非常值得我们总结经验、吸取教训的一个事儿。那时候我也尝试用膨体纱做过一段时间，当时这种材料做的一些装饰壁挂质量粗糙，题材混乱，体现不出土家织锦的优点，后来我听取了一些专家学者的意见之后，全部换成棉线和丝线，只织造传统土家织锦图案，加入土家族的文化内涵，这样渐渐地又恢复了土家织锦往日的光彩。

有了这些认识和教训，我对土家织锦保护的认识可能更实际一些，保护不是说把所有的传统图案全部搜集、整理、复制出来就可以了，而是要深入挖掘土家织锦的文化艺术价值，领悟传统土家织锦的精髓，然后在这个基础上有方向的抢救保护。可以把复制出来的传统土家织锦放在博物馆里展览，也可以利用传统织锦的艺术特色开发新的产品，因为脱离传统的创新或者死守传统的停滞，都是不可取的。

当然这些是离不开土家织锦人才的培养和织锦队伍的建设的，如果没有了传承的艺人，土家织锦就必死无疑，也就是说如果当下社会年轻人不愿意来做这项工作，那么以后肯定传承不下去。或者从另一个角度来讲，需要有一些对应的政策，来提高手工技艺传承的待遇，提高社会地位，把人们对土家织锦的社会责任感激发出来，让更多的人愿意接着做，所以政府的引导、投入和扶植都是必要的。同时还要让土家织锦跟得上现代变化，跟年轻人的喜好和审美倾向结合，做一些国内外都受欢迎的产品。像以前把土家织锦和旅游纪念品结合一样，这是它生存的基础，有了这个基础就可以在这之上发展创新，跟工艺美术结合，跟文化结合，这样土家织锦的发展前景才会越来越广阔。

刘代娥和徒弟讨论配色

第三节　西兰卡普的创新与发展

社会一直在发展和变化，土家织锦也要随社会的发展而不断进步。从功用、材料、织法、图案到产品、艺人、销售等，方方面面都应该做出创新。以前在男耕女织的时代，土家织锦是土家族妇女自织、自穿、自用的生活日用品，当然也不是谁家随随便便就能织的，也是家里面条件比较好，不用干农活的人家才有条件织，女孩子一般都是在出嫁前的两三年织得比较多，那个时代一个人一辈子可能最多织几十床就不错了，所以记忆的图案花纹有限，织的数量有限，织造技艺也有限，织造的水平普遍不是很高。但到了现在，织锦是由专门从事织锦工作的织锦艺人来织，我们洗车河流域的捞车、梁家寨、朱家寨、惹巴拉、叶家寨，都有专业织锦作坊。土家织锦已经是我们洗车河流域重要的家庭手工业，所以在这种相对专业化生产的情况下，培养出了一大批织锦能手，尤其是在激烈的市场竞争下，经过长期的摸索，织造技艺精益求精，出现了很多优秀的织锦艺人。

传统的土家织锦是用土丝和土棉线织造的，从植桑、养蚕、缫丝、拧线和种棉、纺线，到用植物染料把线染成各种颜色，然后再上机打花挑织，每一个过程都凝聚了织锦人的心血和汗水。后来有了洋纱以后，土家织锦用的线材一小部分使用机械纺的棉纱，剩下的还是用土丝土线。20世纪50年代以后，才开始用毛线和机械纺的丝线和棉线做线材。再后来，到改革开放之后，纤维合成的膨体纱被广泛使用到土家织锦里面，彻底改变了传统织锦的原材料，这个改变对土家传统织锦的发展产生了很大影响。传统土家织锦的土丝土线，织出来的锦朴实厚实、结实耐用，让人看着就感觉十分大气漂亮，而膨体纱织出来的土家织锦疏松轻飘、色彩俗艳，给人廉价和质量低劣的味道，失去了传统土家织锦的文化内涵，这个变化是导致现代土家织锦质量下降的重要原因，也是我这些年不断呼吁的土家织锦的质量问题。进入新千年之后的这十几年，社会和国家都越来越重视非物质文化遗产，同时人们现代的时尚追求棉质和丝质，土家织锦的线材又重新用棉线和丝线作为原材料，当然还有很多新的线材诞生，丰富了土家织锦的表现力，不过用得最多的还是棉线和丝线。

传统土家织锦的图案是土家族妇女凭着个人的聪明才智，把对自然、社会、生活的感悟和认识提炼出来，反映在一幅幅五彩斑斓的织锦上的纹样。这些经典的图案和纹样是一代代土家妇女心血和智慧的结晶，靠口传身授一代代传下去的，充分体现出前辈们的想象力和创造力。现代织锦图案的创新和发展，往往是跟市场的导向息息相关，如果订货方拿出图案纹样和设计要求,织锦艺人就要按图创作加工,当然这样的创作是受限制的,发挥不了自己的想象空间和创作冲动,生产出来的产品非常刻板,缺乏多样性,失去了民间工艺品所具有的自然、多元的特点,就好比那时候我给韶山风景区加工的一些旅游纪念品织锦袋,就是织"韶山风光"四个字和一些抽象的图案,没有太多的创作,只是简单的加工。

也有为了适应市场的需要,为了满足不同客户的心理需求,紧跟人们审美取向的变化,在传统织锦图案的基础上,创作一系列新的图案和纹样,并获得成功的案例。比如人民大会堂湖南厅的巨型土家织锦壁挂《岳阳楼》,还有《张家界》《北京八景》等作品,

旧铺盖

都非常新颖。除此之外，还有一些从事工艺美术创作的文化人构思出来的作品，让我们织锦艺人织造表现出来的，比如《开发山区》《月是故乡明》《赶场》《茅古斯》《巴山舞》《摆手舞》等，不少创作都是取材于我们土家族文化。当然还包括我和李开奇一起创作的《甲子顺锦》《凌宇先生》《藏女·娜么塔》等，其中《甲子顺锦》就是把传统图案与我们俩的设计构思结合起来的新作品，既体现了传统，又彰显了时代特点。我在织的时候，经常会有新的想法和尝试，如果时间充足，我很愿意挑战一些新的东西。

刘代娥给外甥女做的人像织锦

20世纪80年代以后，织传统织锦图案的艺人越来越少，因为传统图案的制作成本高，没有市场竞争力，订单也少，所以年轻一代的很多织锦艺人，都不会织传统图案了，传统图案只有我们少数老织锦艺人的作品和博物馆收藏的旧的土花铺盖上才有。土家织锦现代图案取代传统图案后，织锦本身所承载的历史和文化也丢失了，这种丢失不只是一种传统工艺的丧失，更是一种精神的缺失，如果你做的东西没了精神，那它的价值就只剩它的物质价值了。所以我觉得应该继承传统，在传统的基础上做出新的产品。前几年我设计制作了一款披肩，就是吸取了濒临消失的土家花带的一些艺术特点，很多人都知道有苗族花带，但都不知道有土家花带，而且土家花带随着它在现代社会中的功能的退化，也基本快绝迹了，所以我就想留住土家花带，把它的艺术特色织在锦里面。我把它设计成五条黑底白花的款式，正反两面都能呈花，既有时尚的韵味，又保留了土家花带的精髓，表现方式还是土家织锦披肩的形式，这样它的内涵和意义都很丰富。

这几十年，土家织锦作为商品，在种类和形式上的创新，可以说是经历了翻天覆地的变化。传统土家织锦的主要用途我前面也说了，是用来做衣裙和土花铺盖的，以土花铺盖居多。土花铺盖分为平时睡觉的铺盖和小孩子的盖裙，睡觉时候的铺盖用"幅不逾尺"的三幅织锦连幅而成，四周用土布镶边；而小孩子的盖裙只有一米多宽，有三面是用土家织锦镶边，遮盖小孩，辟邪驱晦，保暖遮光。当时的织锦完全是自产自销，基本上都是为了自己用或作为姑娘出嫁的陪嫁，或织给孙子们作盖裙，织造的每一个步骤都是土家织女亲手做成，所以产量很小，保持了传统手工艺的原生形态。到了近代，土家织锦逐渐成为外销的一种商品，在洗车河、靛房、苗儿滩、隆头等地，每逢场期，就会有专门交易织锦的人，摆成一条长龙，在集市长售卖。20世纪80年代末，在对传统织锦进行全面调查，挖掘整理的基础上，为适应现代人的心理需求和审美倾向，各个织锦厂都开始研发新的产品，开发了比如壁挂、沙发套、电视机罩、各种口袋、马甲等产品，生产经营的模式也发生了变化，由原来的家庭作坊发展为规模化的生产，家庭生产与工厂生产相结合。这是我们洗车河织锦最为繁荣的时候，全国许多旅游景点都销售我们这里生产的织锦产品。

改革开放以后，人们的生活水平提高了，旅游开始兴起，像张家界和芙蓉镇这样的景点都刚起步，旅游业的刺激带动了土家织锦行业的发展。这一段时间的物质产品，特别是点缀生活的装饰品相当匮乏，而且当时人的购买力又比较高，所以新开发出的土家织锦各种产品都深受购买者的青睐，一上市就被抢购光了。那时候很多景区的老板都到我家里提货，等着我们这边加工完了，他马上提货走人，生怕他的货被别人先抢了去，那时候的生意真是好的不行，直到1997年，这种规模性的生产才停下来。

现在，市面上的土家织锦产品就更丰富了，有礼品系列，有服饰系列，有家居饰品系列，有旅游纪念品系列，还有工艺美术品系列，可谓百花齐放，百家争鸣。不管是壁挂、桌旗、拖鞋，还是颈枕、背包、抱枕；不管是披肩、领带，还是宾馆里的礼仪服装、演出服装和校服；不管是被单、地毯、罩布，还是沙发、电视机、冰箱饰品等，各种产品斑斓多彩，五颜六色，俗话说"百货酬百客"，这就给人们提供了很大的选择空间。我妹妹她是专门做土家族服饰的，她设计的服饰获过很多奖，要不是土家族服饰没有被列入国家级非物质文化遗产名录，她也早就是国家级的非遗传承人了。你看她做的衣服上的图案都是一些传统经典的纹样，有的放在袖口、衣襟口上，有的放在领口、前胸和后背上，非常有特色，让人看了就知道这是土家族的衣服，而且有的设计新颖，符合年轻人的口味，穿上去也很舒服时尚，跟得上时代的潮流。

　　总结了这么多土家织锦从原材料到图案，从产品形式到功用范围的创新和发展之后，我们可以看到，土家织锦根据它功能的改变而变化的，功能的改变是由社会的改变引起的，也是市场发挥了作用，所以，只有多样化的产品，才能满足多元化的市场需求。因此，土家传统织锦的创新和发展是必然的，这种必然要求土家织锦的必须紧跟社会的需求和时代的风尚，这样才能把路子拓宽，把织锦做活，常织常新。

借用土家织锦纹样的丝巾

第四节　我的忧虑
——西兰卡普的技艺传承和文化传承

作为从事土家织锦技艺五十多年的传承人，我必须清晰地看到，土家织锦在传承过程中存在的一些问题，并且试着找到解决问题的办法，只有这样，其他人才能逐渐意识到问题的严重性，才会来关注这个现象，齐心协力想办法解决困难。我认为土家织锦的传承主要存在两个方面的问题：一个是技艺传承的问题，另一个是文化传承的问题。从我们传承人这个角度来看，技艺传承的问题就是土家织锦的质量问题，质量一直是我非常强调的一个事儿，因为我经历过那个时代，吃过亏，看到过凋零的时候，知道质量的保证才是最根本、最基础的，如果没有质量，就不是真正的土家织锦，还讲什么传承？我其实很不喜欢织商业化的东西，那些东西就是为了走个量，卖得又廉价又泛滥，做工都是非常粗糙的，很不精细，没有任何留下来的价值，即便是留下来了，那样的产品也不能算是真正的土家织锦，还会毁掉土家织锦的声誉。

纵观土家织锦的发展历程，我们能够很清楚的看到，土家织锦的生存环境、织造人、功能作用和色彩纹样等，都发生了很大变化。我们土家族织锦是在独特的自然和文化环境里面成长起来的，在自然经济的时候，土家族人久居深山，与世隔绝，物资贫乏，这才孕育和保留了传统的生活方式，土家织锦就是普通土家族人日常生活的必要方式。改革开放以后，土家织锦被推向市场，织造的人数、时间及产量都有了大幅度提升。后来进入非物质文化遗产时期，尽管织的规模和产品数量没有以前多了，但这个时期也是我们土家织锦传承人观念和意识发生转变的时期，开始重视传统织锦的精髓，设计生产了很多土家织锦的精品，而且不论是工艺水平，还是审美配色上，可以说都达到了一个历史的高峰，是从"量"到"质"的飞跃。

就目前来说，我认为尽管土家织锦的整体质量比以前有了很大的提升，但在部分传习所和织锦厂，还是有生产有品质低劣的土家织锦民俗纪念品的情况，他们生产的产品主要销往周边几个省的旅游景区，破坏了土家织锦的市场生态环境。我觉得无论是传承人还是普通织女，把盈利挣钱当做首要任务没什么不对，只是在赚钱的同时，也应该兼顾一些不能丢的东西，如产品的质量。政府让你当了传承人，不是说让你传承粗制滥造的东西，而是让你传承好的东西、精的东西。打个比方，你花精力教了一百个徒弟做土家织锦，没有一个能做好做精的，全部都只会做些粗糙简单的，那有什么意义？还不如你花同样的精力，只教三五个徒弟，对他们严格要求，培养他们做出精品来，这样再让他们往下面传承，才有实实在在的意义啊！

　　土家织锦本是土家族传统文化的重要组成部分，虽然只是被作为一件民族传统手工艺品走进市场，被人们认识，但它也是土家族文化的一种重要输出方式，具有十分深远的意义。市面上充斥的那些大量低劣的民俗纪念品，不仅不具备宣扬土家织锦文化价值的作用，还损毁了民族文化的品牌口碑，混淆视听。严格来讲，做低劣产品是非常不负责任的行为，这些所谓的民族手工艺品做工拙劣，质量粗糙，虽然能为老板们带来可观的经济收入，但也不会是长久之计，更何况实际上它悄无声息的阻碍了土家织锦的保护与传承工作。不论

刘代娥的徒弟彭冬香

什么时候，传承群体的数量和规模大小，只是评定非遗项目发展的一个参考因素，仅注重"量"的增长，而不把握"质"的提升，非遗项目根本得不到真实有效地保护与传承。

当然，相对文化传承问题来说，技艺传承的问题还是比较容易扭转和改善的，最难的是文化传承。文化传承该怎么实现，怎么去做，现在还没人想明白，也没有人提出什么好的解决办法。我们应该知道，土家织锦它首先是一个民俗产品，原本是普通人生活中的日常用品，它是在土家族民俗的基础上生根发芽的，正因为有了民俗文化，它才能生存成长，才有了活力和动力，如果对应的民俗文化没有了，这个赖以生存的民俗环境没有了，那它就只是一件可有可无的东西，民俗产品都会走向消亡。

结合这些年我对土家织锦传承工作的经验认为，文化传承问题需要多方面的力量共同协作来解决。比如以政府为主导，让政府相关部门在传习所中间进行文化传承的宣传，要首先在各级传承人中间定期进行一些文化方面的交流，而不能任意发展，否则他们只是传承了技艺，而失去了文化。具体实施措施可以是在传习所组织开设土家族文化课堂，定期请一些著名的专家和学者来给织女们上课，同时也可以编印一些土家族文化手册和宣传页，发给织花的织女们，让她们翻阅学习，多了解些土家族文化以及土家织锦的历史文化，当然实施方式是很灵活的一个东西，最重要的是要通过文化知识的传播，使土家织锦艺人们真正全面地认识什么是土家织锦，土家织锦的经典图案都有哪些，代表了什么意义，这样才能为土家织锦技艺未来的传承和发展奠定基础。

1989年汪为义与龙山县织锦厂织工交流土家锦配色规律

生活在不断变化，时代在不断发展，土家织锦从繁荣到萧条与社会的发展是分不开的。我有时候也会忧虑土家织锦的未来，如何与时俱进才能跟得上时代的潮流。从历史的角度来看，土家织锦的几次繁荣和社会经济的发展有密切的联系，经济基础决定上层建筑，可以说经济基础是民间工艺兴衰的根本，土家织锦离不开大环境的影响。民族民间工艺的现代转型是大势所趋，传统文化的生长传承必须要有合适的文化土壤，要有相应的社会大环境和文化背景。土家织锦的发展与社会的发展和地区社会经济的发展都有关系，作为传承人，我们应该把握时代的脉搏，把能做的都做好，好的时期能传承好容易，不好的时期也能传承好就不容易，所以，传承人要提前为民间手工艺的发展探索可行的出路。

当然除了社会经济基础之外，影响土家织锦发展的因素还有很多，比如人们的价值观念、审美观念等，都是很重要的因素。虽然土家织锦历来被称为我们土家族的"艺术之花"，它的质地、图案、彩色，都属于民间工艺中的上品，但20世纪90年代以后，由于打工潮的影响，土家族地区的一大批年轻人外出打工，这样一来，不仅从事织锦的专业人员减少，而且这些到发达地区打工的年轻人，因为受到都市文化的影响，受到现在商业文化的熏陶，对民族传统文化的认知也发生了变化，他们认识不到民族传统工艺的价值，甚至认为那是老掉牙的东西，不是时髦而是落后的象征。即便是没有外出打工的一些年轻人，因为受到现代服饰文化的影响，对传统工艺也很冷漠，而是追求时装和名牌，这种价值观念的改变，使民族民间工艺失去传承的土壤和根基，我认为年轻人对民族民间工艺的冷漠是最可怕的，这关乎着民族传统工艺未来的兴衰。

我们土家织锦是有悠久的历史、华丽精致的图案和独特复杂的织造工艺的，所以在对外宣传中，就要从土家织锦这几个比较典型的方面介绍宣传，包括对西兰卡普这个土家传统品牌进行全面的宣传和推介，让西兰卡普的故事、文化、内涵，分层次地讲给不了解的人，让和土家织锦有关的故事饱满起来，比如可以讲一讲有关西兰姑娘织造西兰卡普的美丽传说；讲一讲每一种土家织锦图案背后所蕴含的文化意义；把土家织锦的传承历史和工艺流程梳理出来，讲讲如何继承传统；还可以印刷出版各式各样精美好看的传统图案画册卡片，介绍土家织锦的整个织造过程和方法；把一些知名的织锦传承人的经典作品重点推广一下，为织锦名人丰富多彩的织锦人生写一些口述；或者是把土家织锦做成现代流行的文化创意产品，进入年轻人的视野，把西兰卡普做成为少数民族工艺品牌中的精品，成为让世界认识的民族特色品牌，让更多的人喜欢的民族品牌。

回想20世纪八九十年代，我们土家织锦还曾作为国礼，赠送给美国前总统布什夫妇和国际奥委会主席萨马兰奇，那时候土家织锦代表的可是我们中华民族的优秀文化，是我们对自己文化的骄傲、自信的表现。所以，我觉得要趁着现在的好政策、好时机，对土家族的民俗文化和土家织锦的内涵进行全方位的宣传，让更多人了解这门传统手工艺，关心土家织锦，喜欢土家织锦，热爱土家织锦。如果通过宣传能让整个社会都重视了，就能唤起大家对土家织锦进行重新的认识，民族传统工艺只要整个社会重视，就会有繁荣复兴的那一天。

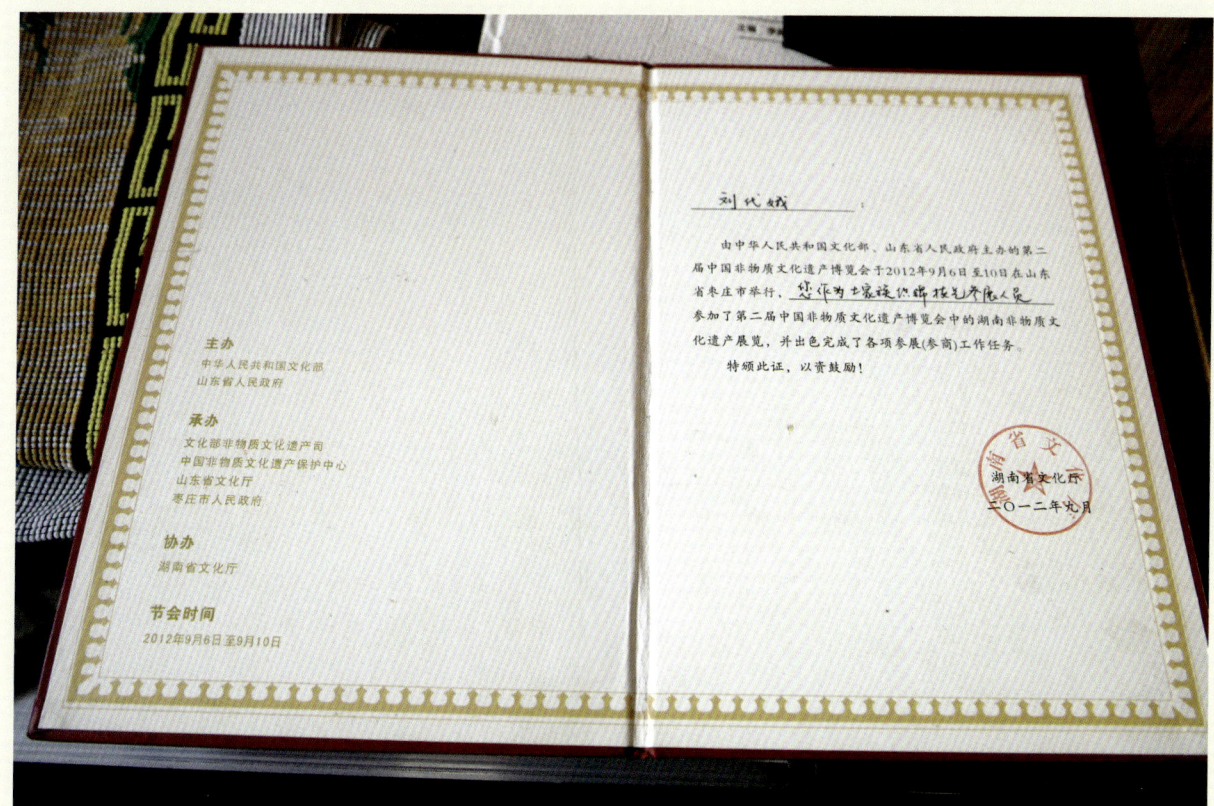

刘代娥的参展证书

被评为国家级传承人

刘代娥传承谱系图

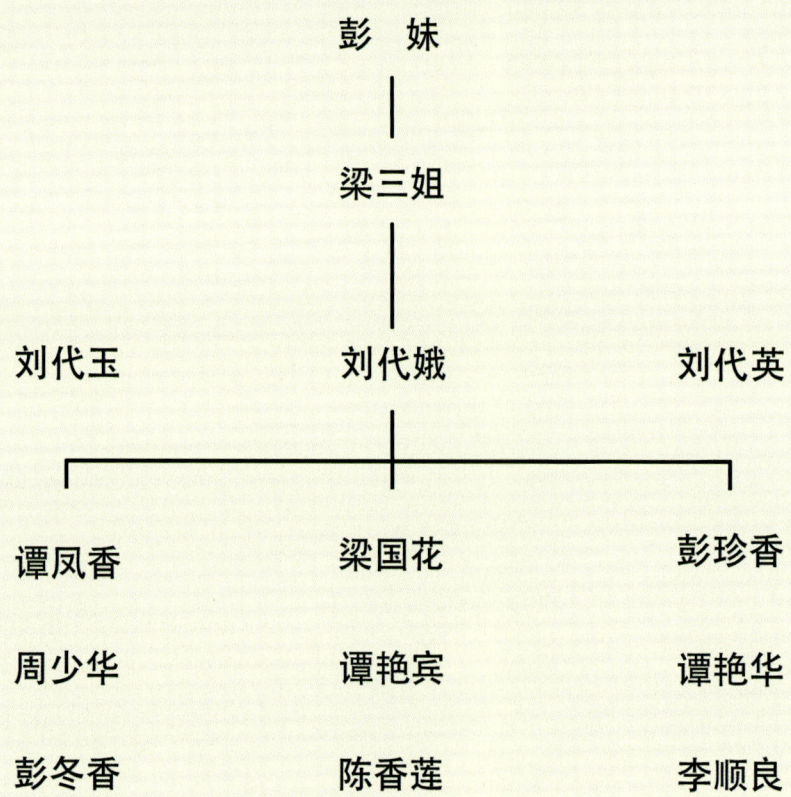

附录：刘代娥大事记

1955年12月14日，出生于捞车村。

1963—1969年，在黎明村黎明小学读书。

1966年，跟随大姐刘代玉开始学习织花。

1970—1976年，在新生完小读书。

1976—1978年，在洗车河三中读书。高中毕业后，到龙山县苗市公社红卫大队，担任团支部书记。

1979—1981年，在龙山县苗市公社红卫大队担任妇女主任。1980年，与向光武结婚，大女儿向流霞于1981年出生。

1981—1985年，花垣县民族民间工艺美术厂当技术顾问和业务厂长，儿子向彬南于1985年出生后回龙山县苗儿滩镇捞车村。

1986年到张家界森林公园织锦厂。小女儿向流琴于1987年出生后回龙山县苗儿滩镇捞车村，专业从事织锦加工生产。

1987—1995年，与姐姐刘代玉、妹妹刘代英在龙山县苗儿滩镇捞车村创建织锦厂。

1988年，参加川、滇、黔、桂、藏、渝六省市联合举办的"第四届商品交流会"，创作的产品被抢购一空。

1990年，土家织锦作品《岩墙花》《船船花》等在湘西州民间工艺美术大赛中分别获得一、三等奖。

1990—1995年，与湘西州二轻局工艺美术研究所合办试制工厂，其产品远销海南、韶山等地。

1992年，被授予"中国民间艺人"荣誉称号。

1998年，他和刘代英合作的土家织锦系列挑花服饰，在昆明的中国民族服饰博览会上获得"最佳展品奖"。

2005年，获得"湖南民间工艺美术事业突出贡献奖"。

2006年，被评为湘西州级非物质文化遗产项目"土家族织锦技艺"代表性传承人，以及被授予"中国织锦工艺大师"称号。

2007年，被文化部授予第一批国家级非物质文化遗产项目《土家族织锦技艺》代表性传承人荣誉称号。

2010年，土家织锦作品《四十八勾花》荣获首届中国非物质文化遗产博览会金奖。土家织锦作品《珍兽图》荣获"湘西州民族工艺美术协会会员旅游工艺品新作展"优秀奖。

2012年，荣获"湖南十大文化人物提名奖"；荣获中华非物质文化遗产传承人"薪传奖"。

2013年，荣获中国民族工艺美术"神工·百花奖"金奖。

2013年，荣获"中国民族工艺美术大师"称号。

2014年，被评为非物质文化遗产保护优秀代表性传承人。

2015年，土家织锦作品《喜蜘蛛》《四十八勾》被中国艺术研究院收藏。土家织锦作品《双面织锦》《椅子花》入围第五届湖南艺术节湖湘工艺美术创意成果展。

2017年，带领徒弟完成60米土家织锦长卷《甲子顺锦》。

2018年，土家织锦作品《四十八勾》《椅子花》《桌子花》荣获2018年少数民族传统工艺品展示展演活动"一等奖"。

2019年，受邀参加中华人民共和国成立70周年国庆招待会。

参考文献

［1］马丽，陈明针.论西兰卡普的文化内涵与审美特征［J］.纺织科技进展，2010（1）.

［2］王文章，等.西兰卡普的传人：土家织锦大师和传承人口述史［M］.北京：中央编译出版社，2010.

［3］王卓敏.湘西土家织锦图案的艺术研究［D］.湖南师范大学硕士学位论文，2007.

［4］邓辉.土家族的艺术之花"西兰卡普"［J］.历史知识，1985（1）.

［5］叶洪光，陈龙.论土家织锦对巴楚文化的精神继承［J］.武汉纺织大学学报，2014（5）.

［6］叶德书.论土家族织锦的构图内涵［J］.吉首大学学报，1991（4）.

［7］田明.土家织锦［M］.北京：学苑出版社，2008.

［8］史红玲.西兰卡普多元价值评价与保护传承研究［D］.华中师范大学博士学位论文，2017.

［9］冉红芳.20世纪80年代以来土家族织锦文化研究综述［J］.中南民族大学学报（人文社会科学版），2007，27（1）.

［10］朱世学.土家族"西兰卡普"的源流、特点及功能［J］.民族论坛，1994（4）.

［11］刘亚明.从"西兰卡普"看土家人的审美意象［J］.作家，2011（22）.

［12］刘能朴.老家记忆——湘西北土家文化拾遗［M］.太原：北岳文艺出版社，2018.

［13］阮璞.土家族美术史（节录）［J］.浙江美术学院学报，1989（1）.

［14］李梦.西兰卡普纹样的艺术特色及其艺术传承与保护［J］.武汉理工大学学报（社会科学版），2014（2）.

［15］肖智慧.土家织锦工艺传承的教育人类学研究［D］.西南大学硕士论文，2009.

［16］员勃.土家族土锦艺术审美特征在现代包装设计中的运用［J］.艺海，2014（6）.

［17］辛艺华，罗彬.土家织锦的审美特征［J］.华中师范大学学报，2001（3）.

［18］汪为义，田顺新，田大年.湖湘织锦［M］.长沙：湖南美术出版社，2008.

［19］张婧，许佳.土家族西兰卡普的艺术特性［J］.前沿，2013（18）.

［20］张登赤，黄立俊.土家织锦工艺教程（上、下）［M］.海口：海南出版社，2014.

［21］邵长波.土家织锦当代发展研究［D］.中南民族大学硕士学位论文，2013.

[22] 彭英子.土家源[M].北京：光明日报出版社，2016.

[23] 蒋文，张明涛.走近洗车河（内部资料），吉首大学文学院，2007.

[24] 湘西自治州民族工艺美术研究所.《土家织锦》大家谈（内部资料），2009.

参考文献

[1] 马丽，陈明针.论西兰卡普的文化内涵与审美特征［J］.纺织科技进展，2010（1）.

[2] 王文章，等.西兰卡普的传人：土家织锦大师和传承人口述史［M］.北京：中央编译出版社，2010.

[3] 王卓敏.湘西土家织锦图案的艺术研究［D］.湖南师范大学硕士学位论文，2007.

[4] 邓辉.土家族的艺术之花"西兰卡普"［J］.历史知识，1985（1）.

[5] 叶洪光，陈龙.论土家织锦对巴楚文化的精神继承［J］.武汉纺织大学学报，2014（5）.

[6] 叶德书.论土家族织锦的构图内涵［J］.吉首大学学报，1991（4）.

[7] 田明.土家织锦［M］.北京：学苑出版社，2008.

[8] 史红玲.西兰卡普多元价值评价与保护传承研究［D］.华中师范大学博士学位论文，2017.

[9] 冉红芳.20世纪80年代以来土家族织锦文化研究综述［J］.中南民族大学学报（人文社会科学版），2007，27（1）.

[10] 朱世学.土家族"西兰卡普"的源流、特点及功能［J］.民族论坛，1994（4）.

[11] 刘亚明.从"西兰卡普"看土家人的审美意象［J］.作家，2011（22）.

[12] 刘能朴.老家记忆——湘西北土家文化拾遗［M］.太原：北岳文艺出版社，2018.

[13] 阮璞.土家族美术史（节录）［J］.浙江美术学院学报，1989（1）.

[14] 李梦.西兰卡普纹样的艺术特色及其艺术传承与保护［J］.武汉理工大学学报（社会科学版），2014（2）.

[15] 肖智慧.土家织锦工艺传承的教育人类学研究［D］.西南大学硕士论文，2009.

[16] 员勃.土家族土锦艺术审美特征在现代包装设计中的运用［J］.艺海，2014（6）.

[17] 辛艺华，罗彬.土家织锦的审美特征［J］.华中师范大学学报，2001（3）.

[18] 汪为义，田顺新，田大年.湖湘织锦［M］.长沙：湖南美术出版社，2008.

[19] 张婧，许佳.土家族西兰卡普的艺术特性［J］.前沿，2013（18）.

[20] 张登赤，黄立俊.土家织锦工艺教程（上、下）［M］.海口：海南出版社，2014.

[21] 邵长波.土家织锦当代发展研究［D］.中南民族大学硕士学位论文，2013.

[22] 彭英子.土家源[M].北京：光明日报出版社，2016.
[23] 蒋文，张明涛.走近洗车河（内部资料），吉首大学文学院，2007.
[24] 湘西自治州民族工艺美术研究所.《土家织锦》大家谈（内部资料），2009.

后 记

《刘代娥口述史》的撰写工作对于我而言是个复杂的系统工程，有幸让我来完成这项工作，让我坚信这是冥冥之中的缘分注定，同时也令我诚恐诚惶，生怕自己做得不好。不得不承认，在前期也曾经犹豫徘徊过，不过，最后我接受了挑战，并竭尽全力去做。

在做博士论文的时候，我选择的田野点本就是湖南省湘西土家族苗族自治州龙山县，从此和武陵山区的这片土地、和精美的土家织锦结下了不解之缘。从那时候起到现在，细细数起来已经在这里进行了三年多的田野考察，三年对于人类学研究来说时间太短，我只能勉励自己要将实地调研继续深入，扎扎实实地做下去，只有这样才能透过表象看清本质。土家织锦博大精深，我深知自己作为"他者"对土家族文化还有许多功课需要做，边做边学无疑是最好的方式，这样的学习历程让我非常享受，也让我受益匪浅。

采用口述史的研究方法，关注非遗传承人，是非物质文化遗产保护的新途径，这样的方式不仅能探索我们在非物质文化遗产保护过程中遇到的实际问题，而且能从传承人的角度理解非物质文化遗产的原生态面貌。在长达三年的田野工作中，我采访了刘代娥、刘代玉、刘代英等土家织锦传承人，也采访了刘能朴、彭英子等土家族文化学者，通过多方面、循序渐进的求索，使我对土家织锦有了更深层次的认识和理解。

众人拾柴火焰高，在调研、撰写、编辑、出版的过程中，我得到了太多人的帮助和支持，首先要感谢龙山县民族宗教事务局向邦平局长，他是这项工作的发起者和合作者，其间多次到田野点帮我解决实际问题。

其次要感谢刘能朴、彭英子和李开奇老师，他们不仅经常给我答疑解惑，还给予各方面的支持和关照，使我终身难忘。还要感谢刘代娥老师一家人，在捞车村住的日子，已经让我们成为亲人。感谢摄影师雷勇大哥，是他陪我拍摄了许多漂亮的织锦图片。感谢我的父母、爱人和儿子，是他们的支持让我潜心完成工作，放心大胆地做自己热爱的事。最后，感谢本书责任编辑洪文雄老师为建构本书的总体框架，提出了许多专业而行之有效的建议，感谢你们为这本书的顺利出版给予的无私帮助。需要感谢的人太多，唯有将这项工作不断继续努力做下去，才能表达内心诚挚的谢意。

作者简介

李芳，清华大学社会科学学院人类学专业博士，师从张小军教授，湖南师范大学民族学与人类学研究中心兼职研究员。主要研究方向文化人类学、建筑、仪式、民俗。主持国家社科基金重大委托项目《中国史诗百部工程》"土家族英雄史诗《八部大王》"项目，参与"壮族史诗《稻神娅王》"。主持国家社科基金重大委托项目《中国节日志》的"土家族舍巴节""神垕窑神节"项目。出版有《北京周边山区历史景观图》系列（十三五国家重点图书项目）、《城市文脉与城市文化空间研究》、《解读〈承德老街〉》、《老北京的洋建筑》等书，发表有《非物质文化遗产口述史图书编写出版的思考》、《新格局下史诗类图书编写出版的模式探讨》、《文化传播语境下图解类图书出版的探索与实践研究》、《大型专题文献类图书数据库建设的困境与对策研究》、《民族传统建筑艺术及其建造工艺在高校传统文化教育中的作用》、《Application of VR Technology in After-earthquake Restoration of Cultural Architecture》（德国springer出版社）、《河南大学近现代建筑群体特征分析》、《当代我国城市"千城一面"现象成因浅析》、《北京白羊城防御建筑研究》等论文。

周鼎，出生于河南省郑州市，现任学苑出版社艺术编辑室主任，湖南师范大学民族学与人类学研究中心副研究员，硕士生导师。先后毕业于中央民族大学美术学院、俄罗斯国立师范大学造型艺术系。先后在北京市古代建筑研究所、《中华民居》杂志社、学苑出版社工作。常年从事文物建筑保护与修缮、艺术理论、民俗文化研究等，主持编辑近百本关于古建文物保护、民间技艺、民俗文化类书籍，对艺术学、民俗学、纪录片等方面有一定涉猎和研究，曾经主持多个国家重点图书（十二五、十三五期间）的出版工作，参与国家社科基金重大委托项目《中国史诗百部工程》的文本筹划、评审和出版工作。参与国家社科基金重大委托项目《中国史诗百部工程》"土家族英雄史诗《八部大王》"项目。参与国家社科基金重大委托项目《中国节日志》的"神垕窑神节""土家族舍巴节"项目。